社区治理的
实践与政策演变

基于"两工联动"到"五社联动"的发展历程

任德靖　张网成◎著

国家行政学院出版社
NATIONAL ACADEMY OF GOVERNANCE PRESS
·北 京·

图书在版编目（CIP）数据

社区治理的实践与政策演变：基于"两工联动"到
"五社联动"的发展历程 / 任德靖，张网成著 . -- 北京：
国家行政学院出版社，2024.11. -- ISBN 978-7-5150
-2976-4

Ⅰ . D669.3

中国国家版本馆 CIP 数据核字第 2024QE0063 号

书　　名　社区治理的实践与政策演变：

　　　　　基于"两工联动"到"五社联动"的发展历程

　　　　　SHEQU ZHILI DE SHIJIAN YU ZHENGCE YANBIAN：

　　　　　　JIYU "LIANGGONG LIANDONG" DAO "WUSHE LIANDONG "

　　　　　DE FAZHAN LICHENG

作　　者　任德靖　张网成 著

责任编辑　曹文娟

责任校对　许海利

责任印刷　吴　霞

出版发行　国家行政学院出版社

　　　　　（北京市海淀区长春桥路6号　100089）

综 合 办　（010）68928887

发 行 部　（010）68928866

经　　销　新华书店

印　　刷　北京九州迅驰传媒文化有限公司

版　　次　2024年11月第1版

印　　次　2024年11月第1次印刷

开　　本　170毫米×240毫米　16开

印　　张　17

字　　数　247千字

定　　价　60.00元

本书如有印装质量问题，可随时调换，联系电话：（010）68929022

目录

上编

第一章 · 绪论

第一节　研究缘起 003

第二节　文献综述 006

第三节　研究目的与内容 020

第四节　研究设计与方法 021

第五节　核心概念与理论依据 022

第二章 · "两工联动"的背景及其联动分析

第一节　"两工联动"的背景及参与主体 032

第二节　"两工"（社会工作者与志愿者）的相关概念 044

第三节　"两工联动"的联动机制分析 055

第四节　"两工联动"的实践案例与联动分析 063

第三章 · "三社联动"的背景及其联动分析

第一节　"三社联动"的背景、概念及参与主体 068

第二节　"三社联动"的要素分析 074

第三节　"三社联动"的联动机制分析 088

第四节　"三社联动"的实践案例与联动分析 092

第四章 · "四社联动"的背景及其联动分析

第一节 "四社联动"的背景、概念及参与主体 107

第二节 "四社联动"中对志愿者的再认识以及对社会
组织的再阐释 113

第三节 "四社联动"的联动机制分析 127

第四节 "四社联动"的实践案例及联动分析 132

第五章 · "五社联动"的背景及其联动分析

第一节 "五社联动"的背景及参与主体 146

第二节 "五社联动"中关于社会慈善资源的概况 151

第三节 "五社联动"的联动机制分析 154

第四节 "五社联动"的实践案例及联动分析 159

下编

第六章 · 理论依据与实践经验借鉴

第一节 西方社会工作者与志愿者联动服务简史 171

第二节 基于"两工联动"对志愿服务的再认识 178

第三节 基于"三社联动"对社区的再认识 189

第四节 基于"四社联动"对社会组织的再认识 196

第五节 基于"五社联动"对社会慈善资源的再认识 206

**第七章 · 社会工作方法简介与在具体情境下的最优合作
模式**

第一节 社会工作方法简介 211

第二节 在具体情境下的最优合作模式 229

第八章 · 联动服务的中国路径

第一节 治理政策解读 239

第二节 实践案例及联动分析 245

第三节 反思与结论 255

参考文献 261

上

绪论

"两工联动"的背景及其联动分析

"三社联动"的背景及其联动分析

"四社联动"的背景及其联动分析

"五社联动"的背景及其联动分析

编

第一章

绪　论

第一节　研究缘起

随着我国对社会治理的不断重视，作为社会治理重要组成部分的社区治理也随之不断创新发展并逐渐成为社会治理创新的出发点和落脚点。社区作为个体的生活空间以及社会的基础单元，其功能与意义日益凸显，社区治理的成效也在一定程度上影响着国家治理体系和治理能力现代化的进程。《中共中央关于制定国民经济和社会发展第十四个五年规划和二〇三五年远景目标的建议》要求"十四五"期间要"改善人民生活品质，提高社会建设水平"，从而赋予了社会政策新的发展内涵和目标，将进一步推动我国全面发展性社会政策体系的发展。但是在城镇化进程逐步加快、市场化进程深入发展、基层社会结构渐趋松散、不同群体的利益不断分化、阶层矛盾日益显著的情境下，一系列社会变化给社会治理带来新的难题。

作为社会治理重要组成部分的社区治理工作也面临着新难题的考验，如以往在社会主义计划经济背景下形成的"单位制度""街居制度"逐渐瓦解，政社经一体化的组织功能不复存在，人们的生活维度不再局限于传统单位空间内。[①] 在此，要说明一下单位制度，不了解单位制度，就无法

---

① 高岩.我国社区治理政策的现状和优化路径：基于多源流理论的分析［J］.内蒙古师范大学学报（哲学社会科学版），2022（1）.

真正了解中国社会。所谓单位制度，是指由单位给予其员工社会行为的权利、身份和合法性，满足他们的各种需求，代表他们的利益，并控制他们的行为。单位制度既是一种高效的社会资源的动员、配置和社会整合制度，同时也是一种高能耗、低效率的生产制度。[①] 在中观层面上，转型意味着单位制组织（企业、事业单位、政府部门）向功能性组织转变，[②] 原先单位提供的工资之外的各种福利和服务开始逐步减少或全部取消，更为严重的是，单位曾经想方设法开辟的就业渠道也迅速萎缩。由此快速增加的就业潜在需求和其他公共服务需求，政府无法很快地作出足够的回应和跟进。潜在的就业需求、单位不再满足的福利和服务需求，以及新增人口（包括外来人口，如进城农民工）的各项公共服务需求，都迅速在社会中沉积、发酵，日渐滋生各种不满和不安，亟须寻找出路。

与此同时，商品房快速涌现的同时也显现出物业管理的紊乱；城镇化进程中导致的社区人口结构异质化的同时显示出居民诉求的复杂化；快速的市场化进程下社区自治发展缓慢等一系列问题日益凸显。而从现实来看，当前一系列社区问题在社会学的学科链上，最薄弱、最容易"掉链子"的环节之一就是社区治理政策。

自2008年第一个关于社工、义工的政府文件《深圳市"社工、义工"联动工作实施方案（试行）》颁布以来，社工引领义工服务、义工协助社工服务"两工联动"的工作机制初步形成，并呈现互补的关系，但是关于"两工"参与社区治理的政府文件一直是空白。随着社会的发展，2014年，出台了第一个关于"三社联动"参与社会治理的意见——《浙江省民

---

① 梁绿琦.中国社区志愿服务的发展历程［J］.北京青年政治学院学报，2008（4）.

② 更严谨地说，是从"以单位制为主、街居制为辅"的人口管理体制向"以街居制为主、单位制为辅"的社会管理体制转型。这一过程并非一帆风顺，至今也未彻底完成。在单位制时代，单位既是职工就业和领取工资的场所，也是职工享受劳保和退休福利、住房、医疗、子女入学与就业等服务的地方，还是职工办理结婚等证明、购买车船票证之地，单位职工的衣食住行、生老病死完全由单位包揽。此即所谓的"企业办社会"。在城镇，单位即人们的工作单位；在农村，单位即社队。

政厅关于加快推进"三社联动"完善基层社会治理的意见》。"三社联动"创新了由政府主导社区治理的模式，将社会组织和社会工作者放在具体的场域——社区中，形成了"社区＋社会组织＋社会工作者"的模式并在社区治理中协同联动，联动多元主体共同参与到社区治理中来。随着各地探索社区治理进程的不断推进，"三社联动"逐步显露出对社区治理发展需求的回应性和效用性有所减弱的问题。推进国家治理体系和治理能力现代化，是党的十八届三中全会以来备受关注的话题。"四社联动"在"三社联动"的基础上，进一步突出了社会志愿者的补充功能，着力打造共建共治共享的社会治理格局。2020年，新冠疫情防控中涌现出另一股新的社会力量——社会慈善资源，启发基层治理要吸纳新要素，将"四社联动"升级为"五社联动"。自2020年5月以来，湖北省民政厅在民政部的支持下开展"五社联动"项目，内蒙古、浙江、河北等省区相继出台推动"五社联动"建设相关政策举措，从"一枝独秀"到"多点开花"，各地"五社联动"的探索实践取得了系列成果，也很快得到政策层面的回应。"五社联动"的社区治理模式开始在广东、湖北等部分地区进行试点实施，并取得了初步成效。2021年7月，《中共中央 国务院关于加强基层治理体系和治理能力现代化建设的意见》提出，要"完善社会力量参与基层治理激励政策，创新社区与社会组织、社会工作者、社区志愿者、社会慈善资源的联动机制"，这是中央文件第一次提出"五社联动"，为"五社联动"提供了政策支持与实践依据。2021年9月，"五社联动"社会工作理论与实务研讨会在武汉召开，对"五社联动"探索和发展等问题进行了探讨，认为"五社联动"是对已有"三社联动"机制的提升和进一步发展。可见，从"两工联动"到"五社联动"是在实践的基础上衍生出来的。

为了构建现代化社区治理体系，实现社区的创新发展，中国政府也在探索出台有关社区治理的政策性文件，以期通过政策手段，加强社区在国家基层治理体系中的基础性作用。自党的十八大以来，国家围绕社区治理领域制订了多项综合性、系统性的宏观政策规划。2017年，中共中央、国务院颁布的国家首个关于城乡社区治理的纲领性文件——《关于加强和完善城乡社区治理的意见》中指出，未来5年到10年，城乡社区的发展目标及城乡社区治理体制更加成熟定型，城乡社区治理能力更为精准全面，并明确要求到2020年，基本形成基层党组织领导、基层政府主导的多方参与、共同治理的城乡社区治理体系，城乡社区治理体制更加完善，城乡社区治理能力显著提升，城乡社区公共服务、公共管理、公共安全得到有效保障。由此可见，自2017年起，国家对未来社区的治理工作已明确指明了战略重点、主攻方向及推进策略。

随着社会的发展，社区层面的治理难题不断涌现，这为社区治理政策制定的科学性和合理性提出了更高的要求。如果缺乏能够反映我国社区治理客观规律的政策运用体系，不仅严重影响政策工具在化解治理困境时的作用，使其效力大打折扣，还导致政策本身在时间和内容上出现双重滞后，进而降低社区治理政策的针对性，影响治理效能的达成。[①] 基于此，探讨从"两工联动"到"五社联动"发展过程中政策的演变以及各行动主体服务的本质、服务的原因、服务的价值、服务的理由、服务的领域、服务的组织类型对于更好地加强和改进社区治理，提高社区治理水平，为新形势下的社区治理政策制定提供参考具有重要的意义。

第二节　文献综述

一、文献数量的梳理分析

有关"两工联动—三社联动—四社联动—五社联动"参与社区治

---

① 程宇，郑志康. 中国社区治理政策工具的运用及启示：基于2000年以来社区政策文本的内容分析 [J]. 云南行政学院学报，2023（4）.

理的研究有多个切入点：有的选择理论论述，有的选择案例分析；有的从服务模式入手，有的从联动机制入手；有的偏重政策文本的解读，有的侧重实施效果。正因如此，从文献搜索的情况看，目前的相关成果还是比较丰富的。分别以"两工联动"（社工＋义工联动）、"三社联动""四社联动""五社联动"为主题词在中国知网（CNKI）上搜索（时间为2023年10月17日）发现，四类主题文献分别为16篇（66篇）、847篇、53篇和253篇；以"两工联动（社工＋义工联动）＋社区治理""三社联动＋社区治理""四社联动＋社区治理""五社联动＋社区治理"[①]为主题词在CNKI上搜索（时间为2023年10月17日）发现，四类主题文献分别为1篇（20篇）、534篇、65篇和200篇。"两工联动—三社联动—四社联动—五社联动"参与社区治理的研究比例则可理想化地认为分别占6.20%、63.05%、122.60%、79.05%（见表1-1）。

表1-1　"两工联动（社工＋义工联动）—三社联动—四社联动—五社联动"
参与社区治理的研究比例

主题词	数量（篇）	主题词	数量（篇）	参与社区治理的研究比例（%）
两工联动（社工＋义工联动）	16（66）	两工联动（社工＋义工联动）＋社区治理	1（20）	6.20（30.30）
三社联动	847	三社联动＋社区治理	534	63.05
四社联动	53	四社联动＋社区治理	65	122.60
五社联动	253	五社联动＋社区治理	200	79.05

通过上述数量关系可以看出：第一，初始阶段"两工联动"的说法并没有得到统一，很多学者还是采用义工＋社工联动的说法，且"两工联动"（社工＋义工联动）参与社区治理的比例并不高，不论是研究"两

---

① 搜索主题词中的空格在文中用"＋"表示。

工联动"（社工 + 义工联动）的文献还是研究"两工联动（社工 + 义工联动）+ 社区治理"的文献都寥寥无几；"四社联动"参与社区治理的研究比例最高，我们可以理想地认为"四社联动"实践的空间是基于社区而设定的，我们会在"四社联动"参与社区治理的章节重点介绍相关内容。

第一，"两工联动"+ 社区治理的文献仅发表了1篇（如图1-1所示），且至今并没有被大范围地推广（研究此领域的学者很清楚地知道所谓"两工"就是指社工和义工）。社工 + 义工联动 + 社区治理的文献可以追溯到2009年，且文章始终处在不温不火的研究状态，到2022年出乎意料地达到一个研究的小高峰（如图1-2所示），研究层次则主要分布在应用研究和政策研究方面，其中政策研究的文章仅有2篇，又分为开发研究政策研究和应用研究政策研究，说明此时的研究以政策指导下的探索实践为主，缺少深入研究政策的文章（如图1-3所示）。"三社联动"+ 社区治理的研究比例有了很大的提高，发文的高峰期在2017年，仅此一年的发文量就高达94篇（如图1-4所示），占"三社联动"参与社区治理总发文量（534篇）的17.6%，依然分布在应用类和政策类（如图1-5所示），后面涉及"三社联动"的章节会详细分析出现此情况的具体原因、研究层次。"四社联动"+ 社区治理的研究在2021年达到峰值，也仅为14篇，2022年下降到8篇，仅为2021年发文量的57.14%（如图1-6所示）。从表1-1以及图1-6可以看出自2015年开始有"四社联动"的研究以来，相关学者研究此内容的并不多，但是到了2023年知网数据库却预测此类研究呈现出上升的趋势，研究层次主要集中在应用研究和开发研究两个方面，其中开发研究又细分为政策研究、管理研究及聚焦开发研究本身（如图1-7所示）。"五社联动"+ 社区治理的研究自2020年起呈快速上升趋势，在2022年达到峰值90篇（如图1-8所示），而与此同时"四社联动"参与社区治理的研究却呈现断崖式下跌的迹象，"五社联动"+ 社区治理的研究至今仍然没有快速回落的迹象，也就是说，学者依然在关注着"五社联动"的动态，"五社联动"依然有潜功能可深挖，其研究层次则主要集中在应用研究和开发研究两个方面，但不论是应用研究还是开发研究都涉及政策研究的方向（如图1-9所示）。

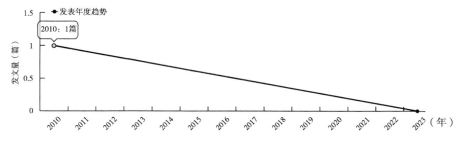

图1-1 "两工联动+社区治理"的计量可视化总体趋势分析

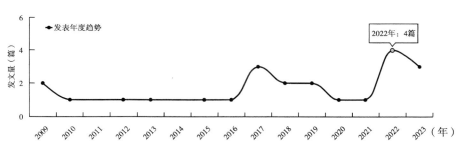

图1-2 "社工+义工联动+社区治理"的计量可视化总体趋势分析

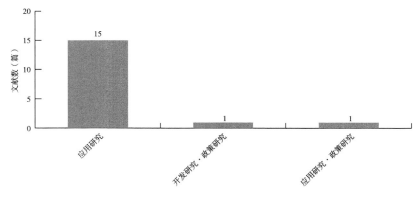

图1-3 "社工+义工联动+社区治理"的研究层次分布

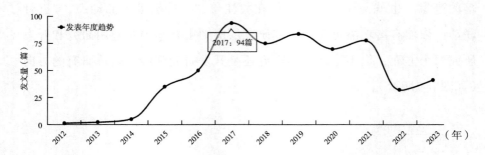

图1-4 "三社联动＋社区治理"的计量可视化总体趋势分析

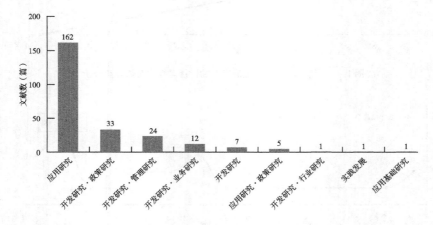

图1-5 "三社联动＋社区治理"的研究层次分布

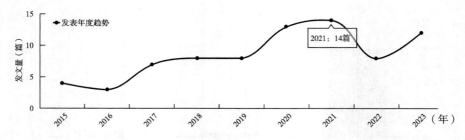

图1-6 "四社联动＋社区治理"的计量可视化总体趋势分析

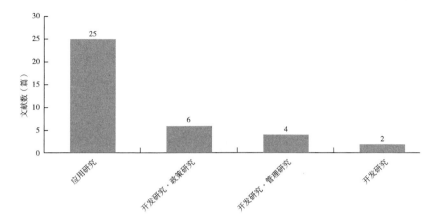

图1-7 "四社联动＋社区治理"的研究层次分布

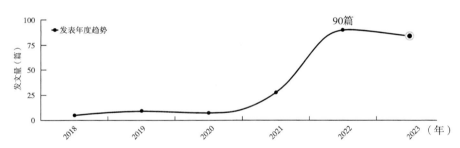

图1-8 "五社联动＋社区治理"的计量可视化总体趋势分析

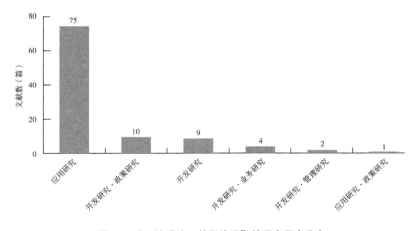

图1-9 "五社联动＋社区治理"的研究层次分布

第二，通过以上梳理可以发现"两工联动（社工＋义工联动）—三社联动—四社联动—五社联动"参与社区治理的文献中都包括政策研究。研究政策的主要目的是执行政策，政策目标执行是激发社区治理和服务探索创新的权变成因。政策目标在社区执行中凸显了"多重"与"组合"的特征。"多重"指的是政策目标是多样的。从政策制定主体来看，同级政府不同职能部门，不同层级政府不同职能部门制定了各自的公共政策，有学者称之为"政策层级性"与"政策多属性"的特征。[①] 多项政策内容配置多项政策工具的组合形式，是政府在社区获取预期试验成效的制度安排。[②] 从政策分布领域来看，国家社会发展覆盖了诸多领域，主要集中在保障和改善民生的基本目标，撬动社会、政治与经济方面的国家治理体系与治理能力现代化建设。[③] 我国学术界中"国家管控—社会管理—社会治理"的变迁，也是以政策导向的演变为依据，而这种政策导向演变既反映政府组织内部权力关系的结构性转变，也体现国家权力与社会自治边界的持续波动。[④]

进一步分析可知，在以社区治理为主题词的 25905 篇文献中（截至2023 年 10 月 19 日），自 2006 年的 116 篇、2007 年的 181 篇、2008 年的 180 篇起研究社区治理的文献逐年呈上涨趋势，预测到 2023 年底相关研究文献可达 5007 篇，说明学界对此问题的关注越来越高（如图 1-10 所示）。研究层次则主要分布在应用研究领域，在知网统计的 10950 篇研究文献中涉及应用研究的文献有 5470 篇，占总文献的 49.95%，由此我们可以理想地推测应用研究推动了社区治理方向的发展（如图 1-11 所示）。再看文献来源分布，在统计的 30 个研究机构（主要为高校）中排名在第 3 位的就是中国社会工作参与社区治理的研究，社会工作与社区治

① 贺东航，孔繁斌. 公共政策执行的中国经验 [J]. 中国社会科学，2011（5）.
② 张树吉，颜德如. 社区治理和服务缘何"嵌套"创新：基于职能转移、政策试验与目标执行的分析 [J]. 党政研究，2023（5）.
③ 关信平. 当前我国社会政策的目标及总体福利水平分析 [J]. 中国社会科学，2017（6）.
④ 兰峻. "政策—技术"互动与社区治理的组织变迁 [J]. 特区实践与理论，2023（2）.

理之间有着紧密的联系。秉持以人为本和民主原则的社会工作逐渐融入和服务于社区治理，与社区党组织、社会组织、社区志愿者、社区公益慈善资源等要素整合联动，在促进居民参与、共建幸福家园中彰显专业力量。①

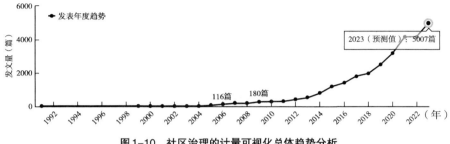

图1-10 社区治理的计量可视化总体趋势分析

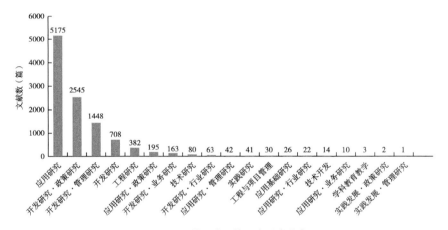

图1-11 社区治理的研究层次分布

在以社区治理政策为主题词的研究中，仅查到相关文献263条（截至2023年10月28日）。2008年仅有3篇，2009年达到4篇，2010年又跌至3篇，2012年5篇，之后研究数量逐渐增加且呈逐年上涨之势。到

① 孙点点.社会工作介入基层社区治理的路径研究：以张家港市J社区为例［J］.村委主任，2022（11）.

2021年研究数量达到顶峰，高达49篇，1年的发文量占20年总发文量263篇的18.63%，预测到2023年底的发文量为52篇，占总发文量263篇的19.77%（如图1-12所示）。由此可见，自党的十八大以来，国家不断围绕社区治理领域开展多项综合性、全局性、系统性的宏观政策规划。社区治理问题既是中国众多政策议程的核心议题之一，也是创新社会治理、化解社会矛盾的基础场域。社区治理是在实践中被检验，被重视的。为实现社区的创新发展，中国政府不断出台有关社区治理的政策性文件，其目的在于通过政策手段，加强社区在国家基层治理体系中的基础性作用，构建现代化社区治理体系。[1] 以社区治理政策为主题词的研究层次分布与以社区治理为主题词的研究层次分布相同，都主要分布在应用研究领域，在知网统计的133篇研究文献中涉及应用研究的文献有78篇，占总文献数的58.65%（如图1-13所示）。由此可以看出，社区治理实践与社区治理政策是密切联系、互为基础的，社区治理政策作为推进社区治理现代化的方向引领和重要抓手，是解决社区治理问题、达成社区治理目标、推动社区治理发展最直接有效的工具，社区治理能力也与社区治理政策体系的实施与完善息息相关。[2]

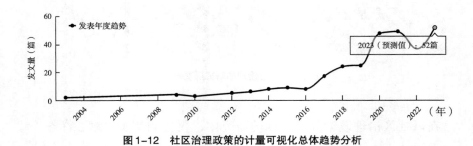

图1-12　社区治理政策的计量可视化总体趋势分析

① 程宇，郑志康 . 中国社区治理政策工具的运用及启示：基于2000年以来社区政策文本的内容分析 [J] . 云南行政学院学报，2023（4）.

② 吴烨，黄膺旭，徐晓林 . 我国社区治理政策研究：基于102份政策文本的量化分析 [J] . 中国房地产，2021（3）.

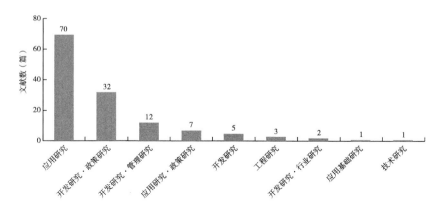

图1-13　社区治理政策的研究层次分布

　　笔者在文献回顾中对数据进行进一步分析观察到两个现象。一是
"两工联动"参与社区治理的时间从图1-1、图1-2可以看出是从2009年
开始的,而关于社区治理的文献从图1-10也大概可以看出是从2009年
开始回温并呈现稳步上涨的态势,关于社区治理政策的文献从图1-12可
以看出是从2008年开始有所变化,从2012年开始呈现逐年上涨偶有波
动的趋势,并在2022年出现一个回落的低谷后在同年又开始呈现上升的
趋势。这几个时间点的接近是偶然还是特殊背景下的必然,在后续的背
景梳理中我们将进行更详尽的分析。二是"两工联动—三社联动—四
社联动—五社联动"参与社区治理的研究是在不同时间提出的,但是
从"两工联动"到"五社联动"并不是一个替代的过程,而是一个叠加
和共存的情况。笔者有一个推测,即不同类型的社区需要不同的联动主
体,"两工联动""三社联动""四社联动""五社联动"可以并存并根
据社区的具体情况、软硬件设施以及社区条件、居民需求参与社区的
治理。

二、文献内容的梳理分析

　　2008年深圳市发布了首个关于社工与义工联动的实施方案《深圳

市"社工、义工"联动工作实施方案（试行）》。该方案明确规定了"社工、义工"联动的主要方式。社工作为社会工作的职业队伍，应充分运用专业的方法和技巧，指导义工开展服务，提升义工的服务水平，形成"社工引领义工服务、义工协助社工服务"的运行机制，实现"社工、义工"联动互补、互动共进。同年，朱海滔对"社工"和"义工"的概念进行了区分，"很多人误把社工等同于义工。其实，社会工作者不同于在本职工作之外从事福利性、公益性助人活动的'义工'。从表面看，社工有酬劳，而义工一般是义务的。深层次分析，'社工'是具有系统专业知识背景的专业人士，需要经过高等院校的专业教育，才能获得执业资格。而'义工'，主要是社会上一部分有余力的，通过爱心与他人沟通，改善他人生活质量的人群"。他在文中进一步指出，随着我国经济和社会的高速发展，社会问题的增多，社会工作者职业涉及的面也会越来越广泛。在这种情况下，改革创新社会管理体制，加紧建立起专业化、职业化的社会工作者队伍，让大量社会工作人员运用社会工作专业方法，协助党和政府帮助社会上处于不利地位的个人、群体、社区，解决困难，预防问题的发生，并倡导维护这些群体的权益，以维护社会的和谐发展。[①] 其实，早在1997年，深圳市社会工作者协会就在深圳市举办过深圳市开展"优秀社工"、"优秀义工"评选活动，当时的评选标准明确地说明了社工和义工的共同特点是充满爱心，无私奉献，热心社会公益事业，坚持经常为社会做好事善事。[②] 但是，当时并没有提出需要义工协助社工共同参与治理，而且之后的一段时间，社工和义工的身份并没有引起社会有关部门的关注。直至2008年，社工和义工重新走进人们的视野，此时已有学者明确提出将社工引入社区协助社区治理。基于此，社会急需大量专业社工，可是社会工作是一种专业性很强的职业，一时间出现供需不平衡，没有充足的社工

---

① 朱海滔.人才稀缺与就业难：社工人才队伍面临的双重困境［J］.中国人才，2008（13）.

② 深圳市开展"优秀社工"、"优秀义工"评选活动［J］.社会工作，1997（3）：24.

数量以满足社会的需求，此时义工的加入，无疑是对社工队伍的有益补充。社工与义工形成"两工联动"参与社区治理的模式开始试行并逐步推广。

2009年，《中国社会报》发表了一篇名为《"三社联动"服务满足民生需求》的报道，指出在政府提供公共服务之外，由社会或市场提供社区服务公益项目正在成为上海创新社区服务模式的新选择。而通过公益招投标的运作途径，可将社区公共资源向社会组织开放，引导社会组织参与民生服务，提高社区服务效能，此外，将"慈善超市"模式深入社区"慈善车轮"，逐步形成社区、社团、社工"三社联动"的新服务格局。① 这是全国首次将三社（社区、社团②、社工）引入社区之中参与社区治理。社区、社会组织和社工队伍已经成为发挥社会矛盾调处功能、服务社会功能、促和维稳功能的重要载体和动力之源。③ 在此时，已有学者关注到要善于发挥社区、社会组织、社工这些社会管理中最基础元素的积极作用，并对这三个角色进行了初步的定位。至此，虽然有关于"三社联动"的研究，但是少之又少，"三社联动"＋社区治理的文献在知网上则是从2012年才有统计（见图1-4）。2013年，党的十八届三中全会通过的《中共中央关于全面深化改革若干重大问题的决定》正式使用社会治理的概念，取代了原来的社会管理。一字之差，治理的主体却发生了很大的变化，社会治理的理念较社会管理而言，更强调多元主体的多向度协同共治，这无疑为社会工作者参与社区治理提供了政策支持。同年11月，民政部在借鉴上海"社区、社工、社团"三社互动经验的基础上，出台了《关于加快推进社区社会工作服务的意见》，正式提出"三社

---

① 章文峰."三社联动"服务满足民生需求［N］.中国社会报，2009-10-15.

② 此时的社团就是指社会组织，但是此时社团、社会组织还在混用，并没有形成统一的提法。

③ 叶南客，陈金城.我国"三社联动"的模式选择与策略研究［J］.南京社会科学，2010（12）.

联动"的思路和构想。自此,"三社联动"成为社区治理和服务创新的重要举措在全国推广。2014年浙江省民政厅发布《浙江省民政厅关于加快推进"三社联动"完善基层社会治理的意见》,明确指出通过加快推进"三社联动",激发多元参与、合作共治,构建民生保障的服务体系和有序参与的自治体系,完善基层社会治理。自此之后,逐步有一些学者开始涉及"三社联动"到"五社联动"相关内容的研究。"三社联动"治理实践在地域差异下呈现社区内需驱动型、政府主导型、项目引领型、理念践行型和体制创新型等形态。"三社联动"模式在一段时间带来了一定的治理成效,但由于"三社联动"中协同不畅、新老社工合作效率不高、社会工作专业人才队伍建设落后、服务的供需不对等、居民参与流于形式等问题的逐渐显现,[①]一些省份的地方政府开始探索以"三社联动"为基础的"四社联动"参与社区治理的模式,紧接着各地根据自身的情况有的在"三社联动"的基础上直接探索"五社联动"的社区治理,有的则是在"四社联动"的基础上探索"五社联动"的治理模式,目的是希望在增加多元主体和资源的助力下,实现社区治理能力和治理水平的提高。由于不同地区面临的情况不同,"五社联动"的初步发展时期是以地区政策为指导的,基于支持政策的不同,各地的具体发展模式和内涵也差异纷呈。

2021年7月,《中共中央 国务院关于加强基层治理体系和治理能力现代化建设的意见》中指出,要"完善社会力量参与基层治理激励政策,创新社区与社会组织、社会工作者、社区志愿者、社会慈善资源的联动机制,支持建立乡镇(街道)购买社会工作服务机制和设立社区基金会等协作载体"。此时,关于"五社联动"参与社区治理的研究呈现指数级增长之势(如图1-8所示)。"五社联动"的探索,打通了社区资源链接路径,促进资源互助共享,多方共赢,形成良性循环:志愿者服务更加热情

---

① 吴江,范炜烽."三社联动"社区治理模式的反思与提升[J].云南社会科学,2018(6).

高涨，社区社会组织更趋活跃，空巢独居老人等困难群体得到更全面服务①。在"五社联动"框架下，"五社"要素在社区治理中都各自发挥着重要作用，但相对来说，社区（主要指社区"两委"）和社会工作者的深度融合——彼此间一定程度的目标互嵌、思路互通、行动协同，即"嵌合"，成为"五社联动"机制有效运行的基础。"五社联动"参与社区治理，根据治理元素的作用发挥程度划分为三种治理模式，一是社区社会组织作用发挥突出型，二是社区志愿服务发展突出型，三是社区公益慈善资源筹措突出型。②在不同类型的社区中对社区治理挑战大的一类社区是易地扶贫搬迁社区，此类社区治理难度大且需要持续投入人力、物力等资源，利用社会工作在困难家庭救助帮扶、资源联动、社区社会组织培育等方面的突出专业优势，培养高素质、能实战的民族社工队伍，能够为"后搬迁"阶段的社区治理工作提供强有力的社工人才保障，通过与社工站、社会组织的合作，逐渐转变社会工作者的观念和意识，发挥其在社区治理中的角色、功能及优势，提升其参与意识和能力，并形成对居民的带动作用，使得"五社联动"中的各要素能够共同认同社区治理的目标，彼此间相互认同、相互促进，以项目牵引社会慈善资源，持续推动"五社联动"回应社区需求。③

梳理从"两工联动"到"五社联动"的研究文献发现，截至目前，关于"两工联动"到"五社联动"的概念与内涵、实践经验与做法、现存问题与对策这几方面的探讨都已有不同侧重的研究。从"两工联动"到"五社联动"参与社区治理的发展历程中，我国社区治理政策逐渐从关注行政控制转向注重多元主体协同治理。从管理层级看，社区治理已由服从纵向的行政命令逐渐转向横向的多元主体共同参与治理，各主体之间的关系也从以往的单向服从转变为协同共治。在关于"两工联动"

① 闫薇，张燕."五社联动"增强社区治理力量［J］.中国社会工作，2021（3）.

② 任敏."五社联动"参与社区治理的三种模式及其共同特点［J］.中国社会工作，2021（10）.

③ 兰树记，张玲，陈喜纯."五社联动"促进易地扶贫搬迁社区治理［J］.中国社会工作，2022（30）.

到"五社联动"的相关文献中，有学者认为"五社联动"的发展，是对"三社联动"的摒弃，是对"四社联动"的替代，笔者认为此类视角失之偏颇，可以说"两工联动"是多元主体参与社区治理的探索，"三社联动"是萌芽，"四社联动"是发展，"五社联动"是完善。"五社联动"是以"三社联动"的架构为基础的，社区、社会组织以及社会工作者仍然是"五社联动"中的重要联动主体。从"两工联动"到"五社联动"不是一种迭代关系，而是一种共存的关系，只是在不同时期的社会大背景下根据社区的具体类型有所侧重，越来越多的社区社会组织诞生，它们不断加强政社之间的联系，更好地协同政府、社区和社会的力量，促进社区治理不断向前发展。但是，关于联动主体的解读，各地区尚未形成一致的通用模式或概念标准，且从"两工联动"到"五社联动"与社会治理政策演进之间存在着怎样的关系的研究目前还是空白，由此本书从"两工联动"到"五社联动"的发展历程入手分析社区治理政策的演进无疑是一个崭新的视角。

第三节　研究目的与内容

一、研究目的

从"两工联动"到"五社联动"是基层治理的需要，也是作为基层治理基本单元的社区的迫切需求，这种转换不仅是数量上的变化，更重要的是治理逻辑的深刻变革。其在治理主体、治理目标、治理资源、治理模式和治理机制五个方面都有所变化，与之相应的社区治理政策也在与时俱进地适应现代化环境。从深层次看，"两工联动""三社联动"秉持二分逻辑，是"国家－社会"关系的产物，其主要目的是促进政社互动。而发展到"四社联动""五社联动"则秉持三分逻辑，是"国家－社会－个体"

关系的产物，更加注重激发个体的主体性和能动性，其目标是更好地实现"政府治理、社会调解与居民自治良性互动"。"联什么、怎么联、如何动"的问题，不仅需要利用治理技术完善联动结构、健全联动机制，打造社区治理共同体，还需要社区治理政策的顶层设计与方向性指导。

二、研究内容

回应社区治理的需要，具体探讨"两工联动""三社联动""四社联动""五社联动"的创新发展是如何推动社区治理政策演进的。具体来讲就是从不同联动产生的背景、基本模式、运行框架，以及运行中的内容、方式及相互关系等方面分析联动中存在的问题。此外，本书会着重分析新增的参与要素的相关内容，以期分析添加此要素的创新意义、创新价值。

第四节　研究设计与方法

一、研究设计

受研究资源和能力的限制，数据着重以知网以及超星发现的数据为主，案例则以调研以及部分具有典型性的案例为主。为了满足研究的需要，本书遵循以下研究原则：一是所选相关文献以近 20 年的为主，且日期截至 2023 年 10 月 19 日；二是所选案例具有典型性，可以体现联动在社区治理中发挥的积极作用；三是以章为单位对新增的治理主体做详尽的介绍，并分析其在联动中的问题及作用。

二、研究方法

（一）文献研究法

通过在知网、超星发现等学术网站及各级各类政务网站搜寻相关报道及文章，对政策、数据、文献等进行研究和归纳整理，形成有关研究对象的背景资料及研究进展情况以期为本研究提供理论参考。

（二）个案研究法

个案研究可用于研究现实生活场域中与所处背景环境相适宜的现象。个案研究设计主要分为单案例研究和多案例研究两大类，本书中基于联动要素的不同选择具有典型性的、启示性的案例，可用于批判的案例或者是纵向的案例。其中，纵向案例有助于反映出研究对象案例在不同时期和阶段的变化，能了解案例的发展历程。[①]纵向研究设计是按照预定的时间间隔来考察和测量同一变量。考察其变动情况，不只是了解其变化程度，还需要明晰其变化因素。[②]本书在"五社联动"的部分以 A 社会工作机构在不同时间段内参与 J 街道社区治理的表现及成效为研究目标，故采用纵向单案例研究的思路。需要注意的是，较之于多案例研究，单案例研究可能存在普适性不足的问题，因此所选取的单个案例应该注重其代表性。

第五节　核心概念与理论依据

一、机制与联动机制的定义

机制一词源于希腊语，原指机器的构造和运作原理，借指事物的内在工作方式，包括有关组成部分的相互关系以及各种变化的相互联系。在社会科学中，机制指一个工作系统的组织或部分之间相互作用的过程和方

---

① 罗伯特·K.殷.案例研究：设计与方法［M］.周海涛，史少杰，译，重庆：重庆大学出版社，2010：70–112.

② Yeqidis, B.L, Weinbach, R.W.社会工作研究方法［M］.上海：华东理工大学出版社，2004：157–170.

式。机制具有内在性、系统性、客观性、自动性及可调整性五个方面的特征。要理解一个系统的机制，就需要了解该系统的构造、运行及功能。构造涉及系统内部的要素组成；运行则是系统基于内部构造体而体现出来的一种特有的秩序；功能则是系统的产出。

联动则是指若干个相关联的事物，一个运动或变化时，其他的也跟着运动或变化，即联合行动。如果不同事物的运动或变化之间存在稳定且自调整的关系，那么这些事物之间就已经形成了某种联动机制。如2011年全国31个省（自治区、直辖市）建立了社会救助和保障标准与物价上涨挂钩的联动机制。该联动机制的启动条件是城镇居民基本生活费用价格指数（或居民消费价格指数）在一定时期内上升到一定幅度时，将对困难群众发放价格临时补贴或提高社会救助和保障标准。从这个例子可以看出，所谓联动机制就是在不同的事物之间建立了某种互相作用的过程或方式。

联动机制与机制之间的差异在于，联动机制存在于两个及两个以上彼此外在的事物之间，而机制则存在于同一事物（系统）内在的组成部分之间。从进化的角度看，联动机制有可能会朝着机制的方向演进，比如处于联动关系中的不同事物逐渐整合成一个系统；而机制则有可能朝着联动机制的方向退化，则系统发生分裂。

在社会领域，机制的建立离不开体制和制度。确立体制，就是要确立系统（组织）内部各组成部分的职位、责任和权利分配；制定制度，就是要规范系统（组织）内部各组成部分的行为方式及各部分之间的协作（联动）方式。只有当体制和制度相互适应，系统（组织）的机制会在运行过程中体现出来。由于社会系统（组织）的信息开放性和资源依赖性特征，不仅系统（组织）的运行需要与外部形成结构性链接，而且机制的作用也并不总是稳定的。

在社会领域，联动机制可以理解为存在于不同的系统（组织）之间基本稳定的合作关系。根据卢曼系统（组织）之外都是环境的观点，系统（组织）间的合作关系对于具体的系统（组织）来说就是一种结构性链接（structural coupling）①，系统（组织）只有在这个结构性链接所传递的合作关系与系统（组织）内在运行逻辑相一致时才会对合作关系作出沟通反应。也就是说，联动机制的建立依赖于参与联动的各方主体均对它们之间的结构性链接作出沟通反应。如果联动机制的设计无法满足这一条件，联动机制就不能发挥作用。

二、赋权理论

赋权指的是一个过程，通过这个过程，个人、组织和社区获得了支配自身事物和参与社区政治进程以及利用机构的能力。② 赋权中的权力引用的是社会学的概念，本书的赋权是指广义上的赋权，既指政府对社区自治的影响力，也指个体基于自我掌控能力对他人、群体、社会的影响力。

其一，赋权理论学家关注的焦点是导致社会分层的过程，具体指根据财富、权力、名望、性别、年龄、人种、民族、伤残、宗教及性取向的不同而被分入不同的等级群体的过程，这与冲突理论学家关注更多的是由权威和那些控制生产方式的人所造成的强迫和服从不同。赋权理论学家和冲突理论学家有一个共同的信念：权力关系对抵抗和推进社会系统中社会结构变革有着很大影响。他们都认为只有足够多的人采取了能够促使权力关系重新协商的集体行动时，变革才可能发生。然而，赋权理论学家也认识到，只有当一些人对某个社会问题有共同的生活体验时，致力于共同解决该问题的集体行动才有可能发生。个体共同分享有关某个社会问题的信息和集体经历的过程被称为批判意识激发。

其二，赋权与无权相对，本书中是指由于个体的能力不足以支持其应对

---

① 由于生命系统必须在其所在环境中自我组织，获取系统维持所需的各种信息和资源，系统必须与环境（其他系统）发生联系。这种联系就是结构性连接。经由结构性连接，系统可以体验到环境的动荡（perturbation），反之亦然。参见张网成. 养老沟通的现代障碍及其理论出路［J］. 学习与探索，2008（3）.

② Rappaport，J. Terms of empowerment/exemplars of prevention：Toward a theory for community psychology［J］. American Journal of Community Psychology，1987（2）.

外界的威胁，结果导致个体的社会功能受损。该理论假设的服务对象是有能力的、有价值的，他们可以通过参与改变自己的现状，而服务对象与服务主体是一种平等的伙伴关系，社区在赋权实践活动中扮演着支持者、使能者的角色，即要充分调动、发掘服务对象（社区居民）的内在潜能，使其能自主利用身边的资源（比如社区人力资源、社区慈善资源），从而具备生存与生活的能力以及更高的自我实现的影响力，以期有更大的概率改善自身状态。

赋权维度有多种划分，本书主要从政府、社区、社会组织、个体四个维度阐述，这四个维度并不是独立分开的，而是相互作用、相互影响，甚至会交叉运用。政府层面主要是指政府改变以往的全能政府的状态，从全能政府转变成有限政府的角色，赋权给社区，统筹监督社区实行自治；社区层面主要是指更多地关注公众利益，通过参与社区公共事务的管理从而获得更多话语权；社会组织层面在本书中主要是指社会组织的行为，通过培养社区社会组织与领袖，实现居民与社区层面的沟通以便采取集体行动时更顺畅地解决问题；个体层面则是指帮助服务对象（居民）纠正认知偏差，让其了解并行使个人的权利以提高自身的幸福感及实现自我价值。

三、马斯洛的需求层次理论

党的十九大报告指出，人民日益增长的美好生活需要和不平衡不充分的发展之间的矛盾已经成为我国社会发展的主要矛盾。主要矛盾的转变说明人们的需求层次越来越高。不同于弗洛伊德将人类行为视为在很大程度上是由无意识、本能以及自私冲动所决定的，也不同于行为主义者将人类行为看作对刺激和结果的反应，人本主义心理学家亚伯拉罕·马斯洛强调人类自身的力量源泉以及希望拥有爱、亲近自然、寻求生命意义、富有创造性、渴望自由和尊严等积极品质。自我实现和自我超越描述了人类发展自我潜能过程的两个不同方面。自我实现指人们实现其与生俱来的潜能的一种内在先天倾向；自我超越则是自我实现的一种延伸，人们持有一种自我满足之外的更高潜能。随着人们对美好生活的向往,人类的需求越来越呈现多样的特征,从人类个体的需求出发研究其行为,得出个体的不同需求以及对于不同需求的必要程度,才能对症下药。在社区治理过程中制定科学有效的管理措施来实现人的需求,提升个体获得感、满足感和幸福感显得尤为重要。

马斯洛发现,拥有强烈自我超越感的人一般会经历三种类型体验的平衡:高峰体验、低谷体验及高原体验。高峰体验是简明、强烈而富有冲击力的体验。低谷体验包括心理创伤以及死里逃生的经验。高原体验是相对来说是比较平静的体验,它给予人们愉悦和幸福的感觉。马斯洛还发现,更重要的是人们在体验过程中培养了一种洞察能力和反思能力,而正是这种洞察与反思培养了一种生活超越观。马斯洛提出的需求层次理论(见图1–14)认为,个体在期望经历自我超越之前,必须先满足一些需求。

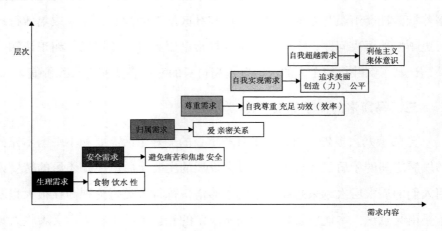

图1–14　马斯洛的需求层次理论

志愿服务为人们提供了体验自尊、正义、意义、掌控、关爱他人的机会,也为人们提供了经历高峰、低谷及高原体验的机会,也就是说,其能使人们体验自我实现和自我超越。根据马斯洛的需求层次理论,社会工作者在与志愿者合作时,应该扮演好两种角色:第一,社会工作者能够帮助志愿者确保他们的生理及安全需要得到满足；第二，社会工作者可以帮助志愿者反思他们的经验以及提升自我超越的洞察力。源自马斯洛的需求层次理论中的这两个社会工作者角色是招募及留住忠诚志愿者的关键策略。依然根据马斯洛的需求层次理论，在社区治理中，应该关注不同人群的需要。以社区老年人为例，现在有很多老年人都是独自生活，难以照顾自己。生理需求方面，这些老年人希望通过社区养老服务可以得到年轻老人或年轻志愿者帮助，保证他们的基本需求。在安全方面，由于老年人的身体机能与年轻时相比有所退化，因此日常活动中能否确保安全显得尤为重要。此外，很多老旧小区中也以老年人居多，公共设施比较老旧且设计有很多漏洞，对特殊群体的需求考虑甚少，进一步加剧了老年人的安全风险。在归属需求方面，中国现有大量的独居老人，长期不与子女、亲友生活和团聚，难免会产生孤独感甚至与社会隔绝。因此，随着社区治理政策的不断演进，人性化的治理要素也在持续地添加进来，如社会慈善资源要素的加入，可以在公共设施等方面以项目的形式参与进来。此外，社区治理过程中养老服务模式不仅要保障老年人的基本需求，还要加大对老年人精神世界的关注力度，给予他们需要的亲密感，让他们感受到社会的温暖。在自我实现需求方面，每个人都希望得到外界的认可，当老年人退出社会劳动链时，很容易产生无能的错觉，产生自卑感，甚至有一些错误的言论把老年人当成负担。在社区中注重对老年人服务模式的优化，尽量让他们有机会得到他人认可，贡献自己的光和热。在自我超越方面，即使是老年人也有利他主义和集体意识。社区服务模式可以让老年人有效地利用自己的精力和空闲时间，为其他老年人提供力所能及的服务，在这个过程中，老年人会获得满足感，实现自我价值的提升。

从"两工联动"到"五社联动"的社区治理不是治理模式的改变、治理主体的增加，而是强调更多的主体参与进来，通过满足更高层次需求以实现共建共治共享，此时的政府应该简政放权，把治理的权力逐渐下放到社区内，由社区内的居委会、居民、社区社会组织及社会工作者等主体共同治理，这样一方面有利于激发社区的活力，另一方面也可以满足社区居民等社区多元主体参与治理实现自我价值的需要。

四、结构化理论

20世纪70—90年代，安东尼·吉登斯首次明确提出了结构化理论，他通过对微观的行动者和宏观的社会结构及其互动的关注来了解事物发展的逻辑脉络，从而窥探社会的发展。

其一，结构化理论是一个以二重性为基础的理论。一方面，人们在日常生活中习以为常的活动，经过反复的实践形成实践意识，并基于实践上升到制度层面，然后再反过来通过人们的反思性实践，逐渐强化这种共识。另一方面，在这种宏观的社会结构中，人是具有能动性的，个体与个体之间的互动行为，又能够促成社会结构的动态调整，即"我们在受制约中创造了一个制约我们的世界"[①]。将社会的结构理解为一种超越个体并对个体有约束力的行为与思维模式，且规范着个体的社会行为，通常将其理解为结构化中的社会性；将社会整体理解为个人及其行为后果的行为，通常将其理解为个体性。

其二，吉登斯所说的行动者是带有生活目的、依据一定的逻辑来行事的个体，是对行动者的理性化强调。个体行动者正是通过这种无声的挑战对社会结构带来影响，不像那些有着巨大历史影响力的改革者直接对社会制度的制定进行改革。一方面，行动者具有自我反思的能力，从而带来了其思想观念和行为的变化。正是因为行动者具有这种接收、选择和发出信息的能力，行动者才成了理性的个体。另一方面，行动者也会对外界环境和行动者有着监督的能力，行动者通过对外界的观察来塑造自己的知识储备。因此，人的行为和认知一直会受到其他行为者的影响，同时自己也影响着他人的行动，行动者也不是孤立的，是紧密联系的系统。行动者是理

---

① 安东尼·吉登斯. 社会的构成：结构化理论纲要［M］. 北京：中国人民大学出版社，1998.

性的，他们依据以往的知识和经验计划行动，但限于个体的认知有限，其行为不可能做到理性的最大化。对于那些日常行动中可能没有意识到的指引思想的行动可以姑且将它们称为未知的理性①，其可能藏在行动者对深层次文化的解读中。这是基于知识与行动的假设，即知识与行动是贯穿于行动者的行动过程中的。行动者都具有一定的认知能力，包括对自己、对他人、对社会的感知力，这是他们行动的基础。知识的积累可以用来改变认知，即知识对认知具有引导作用，认知对行为具有引导作用，行动也会反过来改变个体的认知。

对行动者进行探讨后，吉登斯运用结构的二重性理论将个体和结构连接起来。吉登斯认为，在社会总体再生产中产生的根深蒂固的结构性特征是结构性原则。"结构既是实践的再生产的媒介，也是其结果"②，具体而言，实践是行动者的实践。个体的行动是对社会结构的反映，个体的有意识后果和无意识后果一起对结构进行了再生产。社会的结构是体现在个体的行动之中的，因此，考虑行动者的行为机制时也有必要考量社会的结构。社区治理旨在基于社会发展与地域特色提升治理主体的能力和效能。治理模式也是螺旋式上升调整的过程，治理主体们需要依照政策的指引开展协同合作，同样，作为行动者的治理主体的行动也会影响到政策的制定，行动者全程参与政策制度的间接再生产。一方面，社会结构本身受制于人的活动，是由人类的行动建构起来的；另一方面，经过人的实践活动建构起来的结构又是行动得以实施的中介。

社区治理从"两工联动"到"五社联动"模式的转变，是各地方社区治理实践经验的提炼。笔者尝试运用吉登斯的结构化理论框架对这一模式的转换进行分析。以社区治理主体为微观行动者，以民政等部门的相关政策为中观影响因素，以社会发展和人民需求为宏观结构，分析个体行动者

① 赵旭东.结构与再生产［M］.北京：中国人民大学出版社，2016.

② 安东尼·吉登斯.社会的构成：结构化理论纲要［M］.北京：中国人民大学出版社，2016.

与政策及结构的互动关系，理解联动模式发展的内在逻辑。同时，剖析从"两工联动"到"五社联动"多元主体参与治理的治理模式演进的过程；并促进政策制定者、微观行动者进行自我反思、自我批判、自我革新，从而预测社区治理政策的演进方向及优化路径。

第二章
"两工联动"的背景及其联动分析

　　社会工作与志愿者服务（义务服务、义务工作）都起源于西方国家，社会工作是伴随工业化引发的社会问题而产生的，志愿者服务（义务服务、义务工作）因其民间性和宗教性而具有良好的社会基础，并逐渐发展成一种较为稳定的模式得以发展。自社会工作和志愿服务传入我国，在解决社会问题、维持社会稳定等方面发挥着至关重要的作用。随着社会的发展，社会工作因其专业人才匮乏、社会认可度低、岗位设置不合理等问题影响了服务效率与质量，与此同时，志愿者服务（义工）队伍松散性、非专业性等问题严重，为进一步发挥我国社会工作和志愿者服务（义务）的服务水平和质量，在中央的倡导下，"社工与义工联动"（"两工联动"）的模式开始在各地纷纷开展实践探索，并且形成了指导性的文件《中共深圳市委、深圳市人民政府关于加强社会工作人才队伍建设推进社会工作发展的意见》《上海市人口和计划生育委员会、上海市民政局关于推进人口计生系统社会工作者队伍建设的实施意见》，这两份文件都明确地说明了推进社会工作者和志愿者积极参与社会公益、公共管理和社会援助等活动，并且在实践中形成了可供参考的"深圳模式""上海模式"。从此之后，各界学者纷纷开始涉及此领域开展研究工作，但是起初关于社会工作者和志愿者联动（"两工联动"）的提法并不统一，且有一些概念在混淆使用，所以了解社会工作者与志愿者的服务领域及服务的理由等显得尤为重要。

第一节 "两工联动"的背景及参与主体

起初，关于社会工作者与志愿者的联动，有的称"社工、义工'两工联动'机制"（上海），有的称"'社工＋义工'联动机制"（深圳），有的称"社工与志愿者联动服务机制"（北京），还有的称"社工、义工联动模式"（南海）、"社工、义工联动制度"，[①] 等等。20世纪80年代的社区服务探索期，社区志愿服务就出现过，或者说社区志愿者就曾服务过，而且还可能受到过社区居委会的重视。90年代的社区服务大发展时期，社区志愿者也应该在社区服务过，但角色应该是边缘的。只有在社区服务向社区公共服务转向后，社区志愿者作为一种独特的组合力量才有可能得到社区的真正重视。也正是在转向开始后，"两工联动"才被提出和开始实践探索。在此后提出的"三社联动""四社联动""五社联动"中，志愿者都被设定为参与联动的主体之一。与志愿者的角色定位略有差异的是，社会工作者从"两工联动"到"五社联动"都是参与主体。由此产生的问题是，社会工作者因何在21世纪初才开始与志愿者捆绑在一起？

一、"两工联动"的背景

改革开放后，计划经济时代的一体化国家管理体制解散。经济从政治中解放出来，开始拥抱市场规则；社会从政治中独立出来，开始探索自我管理；法律从政治中分离出来，开始重塑律法尊严；文化从政治中解脱出

---

① 李迎生，方舒.现代社工、义工事业兴盛的条件和机制研究：基于西方及中国港台的经验［J］.河北学刊，2010（5）.

来，开始重构生活意义；个人从政治中解脱出来，开始重建自我身份。转型意味着经济系统、社会系统、法律系统、文化系统开始重新拥有自己的内在一致性（在结构与制度双重意义上），也意味着政府、市场、社会三元结构形成，国家与个人二元关系出现。

1980年，重新恢复合法身份的城市社区居委会迅速感受到了压力和责任，从20世纪80年代中期开始推行社区服务作为回应。社区服务以服务对象（所谓的"社会人"）分为两类：一是社区中的孤老残弱、精神病人，烈军属等民政福利对象，这是主要服务对象，但人数相对较少；二是社区中的非民政福利对象，即一般社区居民，这是次要的服务对象，但人数相对较多。前一类接受的是无偿服务，后一类接受的则是有偿服务。对一般居民的服务促使了社区经济体的形成，城市社区居委会成为经营体，在相当一段时间内城市街道也参与其中。社区居委会的主要收入来源有辖区内经济提留、有偿服务收费和社会募捐等。社区居委会开始以自筹资金形式组织和提供社区福利与服务，标志着城市福利供给中"两条腿走路"格局的形成。至少在形态上，这一时期的城市居委会经济体与同时代的农村集体经济体类似。除了社区居委会，大转型过程中解放出来的个体、家庭、社会团体也开始为社区居民生产和供给产品与服务，其中多数采取有偿服务的形式，也有少量提供无偿服务。可以说，多元福利供给模式的雏形开始出现了。不仅福利供给的主体多元化了，而且福利供给的原则和理念也多元化了。社区志愿服务就是在这一时期形成的。

伴随着单位制向街居制转型的，还有共青团、工会等群团组织从"统战型"向"服务型"的转型。需要说明的是，与单位制至今并未消失一样，群团组织的统战功能一样被保留下来。群团组织的传统功能是在群体内区分精英和群众，前者是先进分子，后者是教育、培训和"改造"的对象。改革开放后，群团组织在坚守对党的政治承诺的同时，开始在两个方面组织和提供服务：一是以群众为服务对象，二是以社会及个体为服务对象。转型使群团组织成为社区服务的重要力量和组织者。这一转变，深刻影响了我国社区服务的走向。20世纪90年代，青年志愿服务的蓬勃发展正是共青团在转型压力下谋求自我革新的重要举措。尽管有1995年北京世界妇女大会的加持，妇联的转型并未取得重大成就。工会的转型则乏善可陈，至少对社区发展未产生重要影响。

至80年代末，全国超过2/3的街道开展了社区服务。官方对社区服务的定义并不完全一致。如当时的民政部部长崔乃夫（1987）强调社区服务的互助性质，认为社区服务在政府的倡导下，发动社区成员开展互助性的社会服务活动，就地解决本社区的社会问题。民政部副部长张德江（1987）则强调社区服务的实用性质，认为社区服务指在社区内为人们的物质生活和精神生活所提供的各种社会福利与社会服务。相应地，学术界也围绕社区服务的福利性和经营性展开了激烈的争论。一种观点强调社区服务的福利性，认为社区服务并不等同于社区内存在的所有服务活动，它应该只包括其中的福利性、公益性服务，而不包括商业性服务。另一种观点则强调社区服务具有福利性和经营性的双重属性，认为福利性虽然是社区服务的根本性质，但在当时的现实条件下，纯福利服务无法解决资源短缺的问题，因此社区服务应既包括福利性服务，也包括一定程度的营利性服务，需要通过引入商业化机制摆脱资源困境。①

社会工作起源于西方贫民救济，是伴随着工业化引发的社会问题而产生的。工业化先行国家解决社会问题的理念和方法也为社会工作的产生奠定了实践基础。经过近百年的发展，社会工作在许多国家和地区已成为维持社会正常运转、造福于民的一种重要服务模式。

中国社会工作重建始于20世纪80年代后期。1987年的"马甸会议"被认为是拉开专业社会工作恢复与重建序幕的标志性事件。1988年北京大学开设社会工作与管理专业则是社会工作教育的开始。1991年中国社会工作者协会成立。1994年中国社会工作教育协会成立。1993年中国青年政

① 陈雅丽.社区服务研究：理论争辩与经验探讨［J］.理论与改革，2006（6）.

治学院成立了全国第一个社会工作系，至2006年全国200所高校开设了社会工作专业，目前有300多所高校开设社工专业。社会工作硕士教育始于2009年，目前有100多所高校招生。最早开始招聘社会工作毕业生的是上海浦东（1997），但社会工作职业化则始于21世纪初。2004年，《社会工作者国家职业标准》出台。2006年，《社会工作者职业水平评价暂行规定》《助理社会工作师、社会工作师职业水平考试实施办法》颁发，社会工作者开始有了独立的职业水平等级和资质证书。2008年开始国家社工考试，[①] 截至2022年底，全国持证社会工作者共计93.1万人。[②] 2003年上海成立全国第一家专业社工机构——上海乐群社工服务社，[③] 至2019年社工机构发展到7500家。[④] 我国社会工作重建有以下特点：一是"教育先行"，社会工作实务机构建设不仅远远落后于教育，而且多数也是在高校社工教师的大力助推下成立的；二是"社区为主"，不仅城市社区成为社工实务的主要领域，而且医务社工、学校社工等始终没有形成规模；三是"自上而下"，不仅政府（主要是民政部门）是社会工作发展的主要推动力，而且政府购买服务成为社会工作发展的最大资金来源。[⑤]

党的十六届六中全会作出的《中共中央关于构建社会主义和谐社会若干重大问题的决定》明确指出，造就一支结构合理、素质优良的社会工作人才队伍，是构建社会主义和谐社会的迫切需要。加强专业培训，提高社会工作人员职业素质和专业水平，抓紧培养大批社会工作急需的各类专门人才。充实公共服务和社会管理部门，配备社会工作专门人员，完善社会工作岗位设置，通过多种渠道吸纳社会工作人才，提高专业化社会服务水平。以方针政策的形式要求逐步健全法治保障，完善社会工作机制和社会

---

① 事实上，原劳动和社会保障部在2008年之前曾举办过几次社会工作专业人员国家职业资格考试。

② 数据来源于民政部《2022年民政事业发展统计公报》。

③ 闫冰，乐群. 内地首家社工事务所发展故事［N］. 公益时报，2012-11-20.

④ 王勇. 我国持证社工达44万人 社工机构7500多家［N］. 公益时报，2019-02-19.

⑤ 彭秀良. 中国社会工作发展史几个问题的寸论［J］. 社会工作，2016（2）.

工作岗位设置、确定职业规范和从业标准，以充分发挥社会工作调整社会失衡的重要作用，为我国社会工作的进一步发展奠定基础，各级党政机关也逐渐加大了对社会工作的扶持力度。但是因为社会工作专业人才匮乏、社会认可度低、岗位设置不合理等一系列问题的存在影响着服务的效率与质量。

志愿者服务（义务服务、义务工作）起源于19世纪初的西方国家，因其民间性和宗教性而具有良好的社会基础，并逐渐发展成一种较为稳定的模式。随着我国改革开放的深入，积聚在我国社会各个层面的能量有了释放的环境，多样化的社会需求也逐渐显露。全能型的政府管理体制逐渐向开放的和多元的服务型政府管理体制转变，应大环境的需求我国孕育了一批志愿者组织。第一条义务服务热线在广州诞生，第一个注册的义工社团在深圳诞生，由此，义务服务热潮逐渐在全国涌现。[①]随着义工数量的不断发展壮大与组织类型的多样化发展，义工逐渐成为政府、市场外的一股新兴力量，在经济、政治、文化等领域作为有益补充发挥着重要的作用。但随着义务服务的深入发展，也开始暴露出义务服务方面的不足，如资金不足、流动性较大、专业性不强、约束力较差等问题，这一系列问题直接影响着服务的质量和效率。

为进一步提高我国社会工作与义务服务水平和质量，发挥社会工作与义务服务在解决社会问题、维持社会稳定等方面的作用，在中央的倡导下，各地纷纷开展实践探索。2006年《上海市人口和计划生育委员会、上海市民政局关于推进人口计生系统社会工作者队伍建设的实施意见》中明确提出，在社区建立人口计生社工队伍，引入社会工作理念和方法，有助于政府转变人口管理的模式，积极培育社工专业人员开展人口计生专业服务，发展义工辅助服务，不断提升人口计生社会工作的专业水准和社会化运作水平。2007年《中共深圳市委、深圳市人民政府关于加强社会工作

---

① 谭建光.和谐社会需要志愿服务的创新发展［J］.中国党政干部论坛，2007（9）.

人才队伍建设推进社会工作发展的意见》中指出，社会工作是综合运用专业知识、技能和方法，为有需要的个人、家庭、群体、组织提供专业社会服务，预防和解决社会问题、恢复和发展社会功能、促进社会公正和谐的职业活动。要推行"社工＋义工"模式，充分发挥社工在组建团队、规范服务、拓展项目、培训策划等方面的专业优势，形成"社工引领义工服务、义工协助社工服务"的模式，建立社工、义工联动发展的机制。2009年《中共广州市委、广州市人民政府关于学习借鉴香港先进经验推进社会管理改革先行先试的意见》中指出，改革开放以来，随着经济社会的快速发展，广州社会管理逐步加强。但是，社区服务等方面还存在不少突出问题，还不能完全满足人民群众日益增长的多元化社会服务需求，因此，需在增强社区服务和管理网络、增强社会组织服务社会功能等领域先行先试，力求在发展社会组织、加强社工和志愿者队伍建设等方面取得突破。自此之后，关于社会工作者与志愿者"两工联动"的研究逐渐被更多的学者所关注。

二、"两工联动"的参与主体

（一）社会工作人才队伍

在我国，官方文件所指的社会工作人才队伍包括三类人员。一是社会工作人员，通常也被称为社会工作者，是指职业从事社会工作的人。按照归口单位（民政、司法、教育、卫生、劳动、计生、工会、团委、妇联、信访、街道、乡镇等），社会工作人员分为26类：从事社会福利、社会救助、优抚安置、慈善事业、民间组织管理、社区建设、殡葬管理、婚姻介绍和婚姻登记、离婚调解等类别工作的人员；从事残疾人权益保障工作的人员；从事残疾少年儿童特殊教育的人员；从事收养服务类事业的工作人员；从事学生心理疏导工作的教师、机关工委工作人员和民办学校的部分负责人；从事司法矫正工作和法律援助工作的人员；司法机构从事司法调解和处理、疏导家庭纠纷的人员；监狱或看守所对罪犯或嫌疑人进行疏导、规劝的人员；少管所或劳教所直接从事心理疏导和规劝的人员；从事戒毒康复工作的人员；人民法庭、派出所、司法所从事社会工作的人员；从事劳动仲裁、劳动就业服务、就业培训、社会保险工作的人员；医疗卫生系统从事救灾救助、人道主义援助服务的人员；医院从事医政工作的人员；从事疾病预防控制和社区卫生服务的人员；从事病人心理疏导工作的人员及协调医患关系，化解医患纠纷的人员；计划生育指导站直接从事计生服务工作的人员；从事职工维权等事务的人员（含企业）；从事青少年事务的人员；从事妇女儿童权益保障和协调处理家庭矛盾工作的人员；从事信访接待、调处工作的人员；从事消费者权益维护工作的人员；各乡镇、街道直接从事民政、计生、劳动保障、工会、妇联、团委、信访等工作人员；敬老院和福利院工作人员；各社区、居委会、行政村的主要负责人、民事调解员、农村妇女工作者；社区居委会工作人员及各乡镇（街道）辖区内其他从事以上类别工作的人员。

二是社会工作师。目前分为初级和中级社会工作师，是指经过社会工作专业教育或培训，取得社会工作职业资格，在特定机构登记注册的社会工作人员。

三是社会工作人才，是指具有良好的思想道德素质和一定的社会工作专业知识或技能，创造性地进行社会服务与管理、社会工作教育和研究等工作，为构建社会主义和谐社会作出积极贡献的人员。与社会工作人员相区别，社会工作人才在狭义上是指社会工作管理人才，分类如下：街镇、村、社区基层单位党组织履行管理协调社会工作（包括对服务类社会工作人才的管理协调）职能的部分负责人和工作人员；各级政府机关履行管理协调社会工作（包括对服务类社会工作人才的管理协调）职能的部分负责人和工作人员；社会福利事业单位（老年人福利院、残疾人福利院、儿童福利院、精神病人福利院、聋儿康复中心、康复中心、残疾人综合服务中心）的部分负责人及社会福利类民间组织（社会福利类社会团体、社会福利类基金会、社会福利类民办社会服务机构）的部分负责人；社会救助类事业单位（农村敬老院、救助管理站、流浪儿童救助保护中心）的部分负责人及社会救助类民间组织（社会救助类社会团体、社会救助类基金会、社会救助类民办社会服务机构）的部分负责人；收养服务类事业单位机构及收养服务类民间组织（收养服务类社会团体、收养服务类基金会、收养服务类民办社会服务机构）的部分负责人；社区服务中心、城乡居民自治组织（城市居委会、农村村委会）及社区民间组织（社区社会团体、社区基金会、社区民办服务机构）的部分负责人；优抚安置类事业单位（荣誉军人康复医院、复员军人慢性病疗养院、复退军人精神病院、光荣院、军休所）及优抚安置类民间组织（优抚安置类社会团体、优抚安置类基金会、优抚安置类民办服务机构）的部分负责人；社会捐赠中心及慈善类民间组织（慈善类社会团体、慈善类基金会、慈善类民办服务机构）的部分负责人；减灾救灾机构及减灾救灾类民间组织（减灾救灾类社会团体、减灾救灾类基金会、减灾救灾类民办服务机构）的部分负责人；婚姻登记机构及家庭生活服务类民间组织（家庭生活服务类社会团体、家庭生活服务类基金会、家庭生活服务类民办服务机构）的部分负责人；教育类事业单位（各类学校、残疾少年儿童特殊教育学校、工读学校）及教育类民间组织（教育类社会团体、教育类基金会、民办学校）的部分负责人；司法矫正类事业单位（看守所、少管所、戒毒所、监狱、劳教所、街道司法所、派出所、镇司法所、派出所负责社区矫正、人民调解和安置帮教的）及司法矫正类民间组织（司法矫正类社会团体、司法矫正类基金会、司法矫正类民办服务机构）的部分负责人；就业服务类事业单位（就业服务机构负责职业指导和职业介绍的、就业服务机构负责农民工职业指导和职业介绍的、街道劳动保障事务所、镇劳动保障事务所）及就业服务类民间组织（就业服务类社会团体、就业服务类基金会、就业服务类民办服务机构）的部分负责人；医疗卫生类事业单位（医院从事医政工作、精神病院、疾病预防控制中心、社区卫生服务中心）及医疗卫生类民间组织（医疗卫生类社会团体、医疗卫生类基金会、医疗卫生类民办服务机构）的部分负责人；计划生育指导站及计划生育类民间组织（计划生育类社会团体、计划生育类基金会、计划生育类民办服务机构）的部分负责人；企业负责职工权益维护及职工权益维护类民间组织（职工权益维护类社会团体、职工权益维护类基金会、职工权益维护类民办服务机构）的部分负责人；青少年事务类事业单位（青少年宫、儿童活动中心、青年志愿服务指导中心）及青少年事务类民间组织（青少年事务类社会团体、青少年事务类基金会、青少年事务类民办社会服务机构）的部分负责人；妇女权益代表与维护类事业单位（妇女法律帮助中心、妇女活动中心）及妇女权益代表与维护类民间组织（妇女权益代表与维护类社会团体、妇女权益代表与维护类基金会、妇女权益代表与维护类民办社会服务机构）的部分负责人。在本书中仅指社区民间组织（社区社会团体、社区基金会、社区民办服务机构）的部分负责人。

（二）志愿者队伍的界定

关于社会工作者与志愿者联动服务机制的官方说法是社会工作人才与志愿者队伍联动机制。所以，这里要对志愿者队伍做一些界定。不过，志愿者队伍虽然经常出现在各种文件、书籍和文章中，但其本身的含义却是含混不清的。因为队伍作为一个从军队来的转借词，看似词义确凿，但具体定义起来却难以下手。从基本词义看，队伍由属于某个集合的一群人组成；从延伸词义看，队伍是体现某种力量的从属性工具——这可能也正是官方提倡志愿者队伍建设而非组织建设的重要原因，因为组织在本质上是具有主体资格的，而队伍不是。即便以组织形式存在或队伍内部存在具有主体资格的组织，队伍本身的从属性质也是非常明显的。

从组织社会学的角度看，队伍至少可以分为三类不同的社会集合体（social aggregates）：群体、团队、组织。这三类社会集合体的内在结构（structure）差异（见图2-1）十分明显，基本上无法在一个有意义的理论框架下进行分析。复杂之处在于，所谓社区志愿者队伍，既可以包括社区内部的社区老年志愿者队伍、社区青少年志愿者队伍、社区党员志愿者队伍这样的群体，也可以包括社区秧歌队、社区歌咏队、社区治安巡逻队这样的团队，还可以包括社区志愿者协会这样的志愿者组织；反过来，这些志愿者群体和志愿者团队又可以是社区志愿者协会的成员，因此情况会变得更为复杂。总而言之，志愿者队伍这样的概念很难作为严谨的学术研究对象。也许正是认识到这一点，目前国内各自制定的地方性志愿服务条例中很少使用志愿者队伍一词。事实上，在西方有关志愿者组织及志愿服务研究的文献资料中，几乎没有出现过志愿者队伍一词，因为它不是法律认可的组织形式。

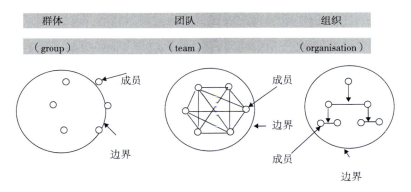

图2-1 群体、团队及组织内在结构差异

从组织的角度考察志愿者队伍，可以视志愿者队伍为志愿者组织的某种形态。不同的组织形态之间可能互相转化。如某个企业有数名偶然会从事志愿服务活动的员工，由他们构成的志愿者群体一般也被称为该企业的志愿者队伍；当他们需要更为密切的合作和配合来完成某种志愿服务任务时，这个志愿者群体就演变成为志愿者团队，此时他们仍然被称为该企业的志愿者队伍；当志愿者群体或志愿者团队因追求经常性地开展志愿服务而形成较为稳定的内部分工和管理关系时，志愿者组织就出现了，该组织当然还可以被视为该企业的志愿者队伍。当然，组织形态也存在其他逆演进情形，即志愿者组织可以退化为或内部分化出志愿者团队或志愿者群体。事实上，任何一个社会中，都存在这三种志愿者组织形态，而且从数量来说，非正式的志愿者群体和志愿者团队占大多数。不过，正式的志愿者组织一直被认为是主流的志愿者组织形态。而近年来随着人们对基层小型社会组织之于人类社会生活和社会团结功能的重要性的认识不断提高，非正式组织（如志愿者团队、志愿者群体）在国际学术界形成了一股新的潮流。①

三、社会工作者与志愿者联动机制的界定

社会工作者与志愿者的联动机制有三种不同的表述方式，体现了不同的侧重点，在上海民政局的相关文件中表述为社工、义工"两工联动"，在深圳民政局的政策文件中表述为"社工 + 义工"联动机制，在学术研究中也有专指社工和义工互助服务的用法。本书主张只有当社会工作者和志愿者来自不同机构，才会发生真正意义上的联动。

（一）社工、义工"两工联动"机制

社工、义工"两工联动"机制是指在社会服务中采用社工引领义工开展服务，义工协助社工改善服务的运行机制，整合社工、义工的人力资源，实现"两工联动"，互补互惠、互助共进。"两工联动"的核心是社工。社工是社区服务项目策划、组织、实施的主体。社工制定各类服务项目，根据需要招募义工、培训义工、组织义工、指导义工、监督义工、服务义工。"两工联动"的基础在义工。义工是社会服务中的一支重要力量，扮演着参与和协助的角色。义工开展服务依托于各类社会工作机构，需要专业社工的引导和带领。这一界定的特点是，通过将社工界定为社会服务项目的策划、组织、实施主体，而义工只能依托社工机构开展服务。但是，社

---

① Andrea Skuin, Jörg Kelter, Martina H. Gerst. Innovations- und Produktivitätssteigerung durch die gezielte Förderung informeller Strukturen［M］. Alcatel SEL Stiftung. Stiftungs-Reihe 61. Stuttgart，2004.

工仅是社会服务项目的执行主体之一，义工也不总是通过社会工作机构才能提供服务。这就是说，要实现社工与义工联动，就需要政府购买服务时做有意识的安排，如将社会服务项目委托给社工机构并对通过社工机构提供服务的志愿者实行必要的激励措施。

（二）"社工 + 义工"联动机制

"社工 + 义工"联动机制是在党委的统一领导下，政府起主导作用，积极推进社会工作职业化建设，开发社工岗位，培育专业社工队伍，购买社工服务，改进公共管理，改善社会服务；同时，扶持义工组织，积极推动全民参与义务工作，扩大社会参与，增进社会认同。社工和义工在服务过程中良性互动，社工引领义工，义工发动群众，群众参与义工，义工协助社工，通过良性互动引发循环效应，共同致力于解决社会问题、缓解社会矛盾，实现社会和谐，促进社会进步。[1] 这一界定的特点是，通过推动社工与义工在解决社会问题和缓解社会矛盾中的合作来推进社会工作职业化和扶持义工组织，其实现方式则是政府购买岗位及服务形式。与前一个界定不同的是，这个没有对志愿者的激励做限定，社工机构也能得到政府委托的项目。

（三）社工和义工互助服务

联动是社工和义工两种不同类型的队伍互相配合，发挥自己优势的同时也能弥补对方的不足，为对方工作的开展提供资源的支撑；联动所凸显的是关系越发密切和信息沟通越发顺畅。联动机制与普通合作机制的最大区别是：社工和义工这两个群体之间存在一种转化的可能性，社工在工作中可能被感化成为义工，义工则可能在志愿服务中被培训成为社工。[2] 这一界定的特点是区分社工与义工合作的不同层次，但没有就二者可以合作的领域进行界定。

---

① 共青团深圳市福田区委:《福田区"社工 + 义工"联动工作调研报告》。

② 武一婷.社区青少年工作中"社工、义工"联动机制研究：以深圳市盐田区为例 [D].中山大学硕士学位论文，2009.

第二节 "两工"（社会工作者与志愿者）的相关概念

一、与社会工作者相关的概念

（一）何为社会工作者

社会工作者可以简单地理解为从事社会工作的人，但从事社会工作的人并不一定都是社会工作专业意义上的社会工作者。事实上，各国对于社会工作者的从业资格有着不同的要求。

一是美国社工协会（National Association of Social Workers，NASW）对社会工作者的要求是受过社会工作专业训练，有能力考虑人们的生活环境和文化氛围，设身处地地帮助别人，确保人们的健康，预防危机，为个人、家庭和社团提供咨询，保证人们从最恰当之处得到他们所需的帮助。而这里所谓的帮助，包括帮助人们提高解决问题和应对环境的能力，帮助人们获得必要的资源，促进个人之间以及个人与环境之间的相互作用，使组织机构更好地对案主负责，并影响社会政策。[①] 美国关于社会工作者的定义强调的是基于专业训练基础上的服务能力。

二是英国社会关怀委员会（General Social Care Council，GSCC）要求社会工作者"适应复杂多变的社会，为人们提供服务，尤其是为社会上大多数易受伤害的、社会地位低下的人们服务。社会工作者受雇于法律允许范围内的各种志愿的和私人的组织，由这些组织组成社会健康、住房、教育、犯罪制裁的社会福利网。社会工作与犯罪制裁代理具有特殊的责任和

[①] National Association of Social Workers. NASW Practice Standards & Guidelines［EB/OL］.（2024-08-01）［2024-09-18］. https://www.socialworkers.org/Practice/NASW-Practice-Standards-Guidelines/NASW-Practice-Standards-Under-Review-in-2024.

法律权利。社会工作者和缓刑执行官必须在法律规定及社会政策允许的范围内开展工作；必须借助于更广泛的社区资源去平衡各方面的需要、权利、责任等关系。以此给予当事人适当的支持、建议、关怀、保护和控制"[1]。显然，英国更强调社会工作者受雇于私人组织和志愿组织提供福利服务的能力。

三是在瑞典，社会工作者泛指在社会服务机构的工作人员，包括从事具体事务性护理和服务工作的一般社会服务人员和专业社会工作者。[2]与英国不同，瑞典的社会服务机构多数是公营的。可能与其公营性质有关，社会工作者的用法比较宽泛。

四是中国与瑞典类似，我国部分学者对社会工作者下的定义比较宽泛，泛指在社会福利、社会救助、社会慈善、劳动保障、残障康复、优抚安置、医疗卫生、青少年服务、司法矫正等社会服务机构中，从事专门性社会服务的专业技术人员。[3]与瑞典不一样的是，我国社会服务机构内设的社工岗位主要通过提升、转换来实现，但目前这一工作进展很缓慢。从强调民间组织应该成为吸纳社会工作者的主要载体这一规定看，我国政策设计与英国相似——这与我国借鉴香港经验有关，所不同的是，英国相对完善的福利制度为该领域的志愿组织和私人组织提供了足够的支持，而我国的福利制度刚刚起步，现有的福利机构绝大部分还没有开始接纳社会工作者。

社会工作者在广东沿海地区习惯上被称为"社工"，在大量的学术文献中也常将社会工作者简称为"社工"。为尊重不同的用语习惯体现各地不同特点，本书没有将其进行统一。

社会工作者是专业社工还是在社区中工作的人员，这个概念在很多文章中一直处于含混不清的状态。有些学者倾向于凡是在社区工作的人员都

---

[1] GSCC: Rules and Regulation for the Diploma in Social Work（1994，document）.

[2] 王秀玲，陈承新，林海.美国、加拿大和瑞典的社会工作［J］.国外社会科学，2008（6）.

[3] 何明宝.走向社工：专业社会工作实录［M］.上海：上海人民出版社，2004.

可以归类到社会工作者的范畴，但更多的学者倾向于将社会工作者区分为专业社会工作者和一般社会工作者。1999年，民政部颁布的《全国社区建设试验区工作实施方案》指出，要建立职业化的社区工作者队伍，并将社区工作者队伍概括为四类：一是职业化的社区居委会干部；二是社区志愿者；三是社会中介组织；四是（专职、兼职相结合的）理论工作者队伍。以上四类人员可归为社区工作队伍，但不能都等同于社区工作者。2000年出台的《民政部关于在全国推进城市社区建设的意见》是我国第一次以中央文件的形式十分具体地提出了中国城市管理中的社区建设问题，开启了城乡全面开展社区治理的新时代，文件中指出要逐步建立社区工作者队伍。社区建设需要大批专业的社区工作者。要采取向社会公开招聘、民主选举、竞争上岗等办法，选聘社区居委会干部……积极发展志愿者队伍。这里已经开始对社区工作者与志愿者进行了区别。社区工作者目前主要指社区居委会干部，属于传统意义上的社区工作者，这些人员大多数具有良好的工作经验和工作方法，但提供的服务还是以经验型、粗放型、低水平的为主，尤其是在基层政府维稳体制和管控思维下，此部分社区工作者容易出现行政化、官僚化的趋势。比如，习惯于对某些社区居民，尤其是弱势群体的个别化需求不予理睬。而专业的社会工作者在经过培训后，有着强烈的价值取向，体系化的助人理念和方法，善于从居民和社区的需求出发，提供专业化的服务。因此，社会工作者不同于传统意义上的社区工作人员，他们是一群接受过社会工作教育或是取得国家或地方社会工作资格认可的，从事社会工作实务、自觉实践社工价值、理念和方法的专业从业者。专业社会工作者目前主要依托社会组织这一载体来提供服务，随着《国家中长期人才发展规划纲要（2010—2020年）》的发布，越来越多的居委会工作人员通过培训获得了国家或地方的社会工作资格认证，逐渐成为专业社会工作者。本书所讲的社会工作者主要是指从事专门性社会服务的专业技术人员或在社会工作机构工作的以服务社区为主并开展实务活动的专业社会工作者。

（二）社会工作的定义

关于社会工作，并无统一的定义。这里先列举三类学术界的定义。一是目的论的、广义的定义。联合国于1960年出版的《国家社会服务方案的发展》一书中指出，社会工作是协助个人及其社会环境，以使其更好地相互适应的活动。这一类定义的特征是目的论的，强调的是社会工作的结果，即人与社会环境的相互适应，对于社会工作的专业性质则没有明确要求。根据这一定义，从事社会工作的人并非要来源于特定的专业，因而也是广义的。史坡林（Siporin）在1975年出版的《社会工作实务概论》一书中也认为：社会工作是一种协助人们去预防和解决社会问题，恢复并增强他们社会生活功能的一种社会制度化方法。这一定义显然也是目的论的、广义的，但与联合国定义不同的是，通过强调社会工作是社会制度化的方法，史坡林的定义突出了社会工作的现代特征。

二是科学主义的、过程论的定义。弗瑞德·兰德（Fried Land）认为，社会工作是一种以科学的知识和技能协助个人以达到社会与个人的满足和自主的专业服务的过程。这一类定义的特征是强调社会工作的专业性，即社会工作是科学的专业服务，其目的是实现社会与人的满足与自主。但显然，科学的助人服务并非只有社会工作者能做，医生、心理咨询师同样也可以。从这个意义上讲，兰德对社会工作的界定也是广义的。我国学者王思斌将社会工作定义为"以利他主义为指导，以科学的知识为基础，运用科学的方法进行的助人服务活动。社会工作的本质是一种助人活动，其特征是提供服务。更确切一点说，社会工作是一种科学的助人服务活动，它不同于一般的行善活动"①。与兰德定义的差别在于，王思斌的定义突出的是助人活动，且以利他主义一词强调了社会工作伦理的重要性。

三是功能论的、助人自助的定义。芬克（Fenk）认为社会工作是一种艺术和科学，它通过提供助人的服务来增进个人和团队的人际关系和社

---

① 王思斌.社会工作概论［M］.北京：北京高等教育出版社，1999.

会生活的功能。这一类定义强调了社会工作承担者的主体性和能动性，其目的是实现调整人际关系与社会生活的功能，由此，这一定义点到了社会工作与其他专业的区分关键。此外，芬克的定义还强调社会工作者不仅需要科学的知识与技能，更需要有灵活和创造性的工作能力。威特默尔（Witmer）1942年在其所著的《社会工作：一种制度的分析》一书中认为，社会工作是有组织的机构或团体为解决个人所遭遇的困难而实施的一种援助，是为协助个人调整其社会关系而实施的各种服务。与芬克的定义相似，威特默尔也突出了社会工作与其他社会服务专业的比例，但他对社会工作服务的理解更为宽泛。

从上面的定义和分析可以看出，因为不同的专家对于社会工作主体、服务对象、目标设置等的理解有所差异，因此关于社会工作的定义也不尽相同。但无论是在哪种定义中，社会工作作为目的性很强的理性行动都是围绕着服务对象的需要而展开的；可以说，没有服务对象也就不需要社会工作。

我国官方对社会工作的界定是十分宽泛的，不仅包括社会福利、社会保险和社会服务，还包括移风易俗等社会改造方面的工作。为了与国际接轨，官方采用"专业社会工作"一词，但该词与国外所用的社会工作概念还是有区别的。与国外的定义相比较，我国的专业社会工作更加强调其工具特征和附属特征。一是基于附属性质。要"贯彻实施《关于加强社会工作专业人才队伍建设的意见》，充分发挥社会工作专业人才服务有需要的群众、'助人自助'解决社会问题的作用，将专业社会工作纳入党和政府的社会管理体系和基层组织体系，在广义的社会工作中发挥辅助作用，有利于满足人民群众日益增长的社会服务需求，完善基层群众自治和服务功能，促进社会主义和谐社会建设"[1]。二是基于工具性质。"社会工作专业人才是具有一定社会工作专业知识和技能，在社会福利、社会救助、慈善事

---

[1] 李立国.《全国社会工作专业人才队伍建设暨民政系统人才工作会议》（2011年12月22日在北京召开）上的讲话［EB/OL］.［2012-8-27］. http://www.bcsa.edu.cn/news_6363.html.

业、社区建设、婚姻家庭、精神卫生、残障康复、教育辅导、就业援助、职工帮扶、犯罪预防、禁毒戒毒、矫治帮教、人口计生、纠纷调解、应急处置等领域直接提供社会服务的专门人员。"[1]

基于以上梳理，目前我国官方接受的定义是社会工作是社会建设的重要组成部分，它是一种体现社会主义核心价值理念，坚持"助人自助"宗旨，遵循专业伦理规范，在社会服务与管理等领域，综合运用专业知识、技能和方法，帮助有需要的个人、家庭、群体、组织和社区，整合社会资源，协调社会关系，预防和解决社会问题，恢复和发展社会功能，促进社会和谐的职业活动。本书仅指坚持"助人自助"宗旨，遵循专业伦理规范，综合运用专业知识、技能和方法，帮助在社区中有需要的个人、家庭、群体和组织，整合社会资源，协调社会关系，预防和解决社区中存在的问题，促进社区治理的有序开展。

二、与志愿者相关的概念

（一）何为志愿者

在东南沿海地区常将志愿者称为"义工"，在大量的学术文献中也常将志愿者称为"义工"。为尊重不同的用语习惯，体现各地不同特点，本书没有将其进行统一。

关于志愿者，目前还没有统一的定义，将来可能也不会有，但是有几个地方的定义可以做参考之用。一是加拿大统计局（2006）将志愿者定义为不求报酬履行服务的人，代表着慈善或其他非营利组织的利益。该定义强调志愿者的无报酬动机和服务的间接性（慈善与非营利组织），换句话说，加拿大统计局（为统计目的而定义的）所谓志愿者是有组织的志愿者，也即通过或为了一个组织而提供志愿服务的人。美国劳工统计局（2008）下的定义与加拿大统计局（2006）下的定义极为类似，它将志愿者定义为在某个组织或通过该组织提供无偿志愿服务的人。

---

[1] 关于加强社会工作专业人才队伍建设的意见［N］.中国社会报，2011-11-09.

二是《广州市志愿服务条例》（2009）等国内志愿服务条例均将志愿者定义为志愿服务组织登记，不以获得报酬为目的，以自身知识、技能、体能等，自愿帮助他人和服务社会的个人。与美、加统计局的定义相同的是，强调志愿者的组织特征，所不同的是，广州条例所谓的志愿服务组织是依法成立，从事志愿服务活动的非营利性社会组织，从范畴上看也比美国和加拿大统计局界定的狭窄多了。另外，美国、加拿大统计局的定义中没有限定最终的受益对象，而我国的定义则明确限定为人和社会。与下一条定义相比，可以看出，我国地方性志愿服务条例是非常狭窄的。如果说美国、加拿大统计局为了计量的目的而仅考虑有组织的志愿者是可以理解的话，那么，我国地方性志愿服务条例相关规定的合理性就在于将所有志愿者"归口管理"。

三是《加拿大志愿者守则》（2012）将志愿者定义为任何为公共利益（public benefits）而自愿且无偿地奉献自己的时间、精力和技能的个人。与加拿大统计局的定义不同，这里的定义没有规定志愿者必须为组织或通过组织提供志愿服务。《台湾志愿服务法》（2001）也将志愿者定义为，对社会提出志愿服务者。本书中，志愿者与《加拿大志愿者守则》的定义是相一致的，但是服务地点限制在社区内。

（二）何为志愿服务

关于志愿服务，目前并没有广泛认可的统一定义。选择以下几条，仅做分析之用。一是英国国家统计局（2007）将志愿服务界定为："任何活动，包括花时间，不求报酬地做一些事情，目的是造福除了近亲属以外的他人（个人或团体），或造福于环境。"这一定义强调志愿服务的无偿性质，但受益对象则不仅在于人及团体，还包括环境——而这显然不是社会工作的服务对象。二是《江苏省志愿服务条例》（2007）、《广州市志愿服务条例》（2009）等都将志愿服务定义为"不以营利为目的，经志愿服务组织安排，由志愿者实施的自愿帮助他人和服务社会的公益行为"。[①] 这

---

① 事实上，其他各省市的志愿服务条例中关于志愿服务的界定也都类似。

一定义在强调志愿服务的公益性质的同时，还规定志愿服务组织为志愿服务的提供主体——这种中国特色的规定背后隐藏的是对志愿服务的控制需要，受益主体则是人和社会，而不包括自然与环境——与客观上存在大量环保志愿组织的事实，这一规定体现了条例制定者的官方背景与保守性质。三是《台湾志愿服务法》（2001）将志愿服务定义为民众出于自由意志，非基于个人义务或法律责任，贡承以知识、体能、劳力、经验、技术、时间等贡献社会，不以获取报酬为目的，以提高公共事务效能及增进社会公益所为之各项辅助性服务。这一定义强调志愿服务的志愿、非强制、无偿、辅助的性质，受益对象则是社会但又不局限于社会，但过于强调志愿服务的辅助性质显然不利于发挥其首创精神。

以上三种定义之间存在很明显的差异，但都一致认可志愿服务是不以金钱报酬为目的的工作，也不包括为家庭成员提供的无偿援助。根据学者张网成的总结，志愿服务包括以下四个方面的共同特点。一是志愿服务是工作或服务，但不是就业；二是对志愿服务的金钱报酬并非主要的激励因素，但可以得到一定的经济补偿；三是志愿服务是非法律义务的或非工作责任的，但可以是有道德义务和社会责任的；四是志愿服务不包括为家庭成员及直系亲属提供的无偿服务，但包括为朋友、熟人和同事提供的非法律义务的无偿服务。[①]

关于志愿服务界定方面存在的歧义，英国 Justin Davis Smith 博士在他为联合国志愿者组织专家小组会议（New Work，Nov.29-30，1999）撰写的背景报告 Volunteering and Social Development 里列举了五条。一是"义务性的"（obligatory）[②]志愿服务是不是志愿服务；二是志愿服务是否完全无

---

① 张网成.中国公民志愿行为研究（2011）：现状、特点及政策启示［M］.北京：知识产权出版社，2011.

② 这里所说的义务是政府、企业、学校等组织因其自行规定而产生的，员工或学生被要求在其工作或学习时间内提供志愿服务，其自愿性表现为工作或学习时间内的一种选择。与此相对应的是强制性志愿服务（加拿大：mandatory volunteer work；香港：compulsory volunteer work），一般指人们被要求提供志愿服务以替代其应付的罚款。

偿；三是公民之间的自助行为和互助行为是不是志愿服务，也就是说，公民直接向其他人提供的无偿服务是否属于志愿服务范畴；四是虽然对家庭成员提供无偿援助不被看成是志愿服务，但对谁是家庭成员却没有一致的结论；五是兑现志愿服务承诺的程度。

本书采纳国际劳工组织的定义，将志愿服务界定为"一些人不求报酬自愿从事的活动或工作，目的是为了推动某种事业或帮助其家庭、直系亲属以外的人"。而直系亲属（immediate family，即近亲属）是志愿者对其负有某种家庭责任感的人。

（三）志愿者组织的界定

国内的规范性文件中经常出现混淆使用志愿服务组织或志愿者组织的情况。对词汇的选择呈地方性特征。广州、杭州等地的志愿服务条例中使用了志愿服务组织一词并对此进行了专门的定义，广州、宁波、杭州、宜昌、海门等地还制定了专门的《志愿服务组织管理办法》，有些地方甚至还制定了地方性的标准规范。另一些地方的志愿服务条例，如《北京市志愿服务条例》（2007），则根本没有使用志愿服务组织这一术语。究竟何为志愿服务组织？它与志愿者组织有着怎样的区别和联系？这是我们在解析志愿者队伍概念后碰到的新问题。

《广州市志愿服务条例》（2009）将志愿服务组织界定为"依法成立，从事志愿服务活动的非营利性社会组织，包括专门从事志愿服务活动的青年志愿者协会、义务工作联合会等非营利性社会组织和组织志愿服务活动的总工会、妇女联合会、残疾人联合会、红十字会等社会团体"。[①]这一定义实际上按照是否组织了志愿服务这个标准将志愿服务组织分为两类：一是专门从事志愿服务活动的志愿者协会、义工联合会等非营利社会组织；二是（组织志愿服务活动的）工会、妇联等社会团体。也就是说，凡是开展志愿服务活动的非营利性社会团体都是志愿服务组织，那

---

① 按照《社会团体登记管理条例》（1998）的规定，社会团体是实行会员制的非营利社会组织，在这个意义上志愿者组织也属于社会团体范畴。因此，这个定义在术语使用上本身就是有问题的。

么，为什么只有专门从事志愿服务活动的非营利社会组织才是志愿服务组织呢？如果这个定义的内在逻辑是一致的，那么合理的解释就只能是：专门从事志愿服务活动的非营利社会组织（团体）固然是志愿服务组织，但在某一时刻组织志愿服务活动的非营利社会团体也可以（在这一时刻）成为志愿服务组织。但如果条例制定者的本意确是如此，那么就必然会面临另外的问题，即以集体形式加入志愿服务组织的，来自国家机关、人民团体、企业、事业单位、基层群众性自治组织和其他社会组织的志愿者团队又如何界定？虽然《广州志愿服务条例》通过规定这些单位以集体形式加入志愿服务组织并在需要志愿服务的时候向志愿服务组织申请，从而使志愿服务组织在定义上垄断了开展志愿服务活动的权利，但事实上，这些单位经常独立开展志愿服务活动，在这种情况下，开展志愿服务活动的国家机关、人民团体、企业、事业单位、基层群众性自治组织和其他社会组织是不是志愿服务组织？如果不是，《广州志愿服务条例》就存在双重标准问题。

也许是意识到了《广州志愿服务条例》中关于志愿服务组织定义的问题，《广州市志愿服务组织管理办法》给出了另外的界定："志愿服务组织，是指按规定登记注册专门从事志愿服务的非营利社会团体以及组织开展志愿服务活动的机关、企事业单位和社会团体、机构等的内部组织。"但这又引起了新的问题。首先，"按规定"登记注册并不等于依法成立。按照我国《社会团体登记管理条例》规定，社团成立的前提之一是要求"有50个以上的个人会员或者30个以上的单位会员，个人会员、单位会员混合组成的，会员总数不得少于50个"，但《广州市志愿服务组织管理办法》却只要求10个以上的志愿者。[①] 其次，专门从事志愿服务的社会团体（如志愿服务发展基金会）并不等于《广州志愿服务条例》所指的（在同级共青团组织指导下的）社会团体（志愿者协会、义工联合会等）。最

---

① 《杭州市志愿服务组织管理办法》（2004）和《宁波市志愿服务组织管理办法》（2007）要求30名以上的志愿者。

后，开展志愿服务的内部组织究竟指什么是不明确的，是团组织、工会、妇联，还是志愿者团队？在某种意义上，杭州市上城区的《志愿服务组织管理规范》（DB3301/T27-2009）为上述问题作了注解。根据该规范，专门从事志愿服务的非营利社会团体的成立依据是《社会团体登记管理条例》，机构、企事业单位、社会团体的内部组织是内部成立的志愿服务队伍（10人以上，在志愿者工作委员会备案）。

总的来看，上述地方性志愿服务条例中所说的志愿服务组织，实际上指的是志愿者组织（社会团体类），分为两类，即依据全国性法规登记注册的具有法人地位的（incorporated）和根据地方相关规定备案的不具有法人地位的（unincorporated）。那么，能否用志愿者组织来代替志愿服务组织呢？答案是否定的。一方面，广州和杭州的志愿服务条例中的定义还不能包括所有的志愿者组织，如机构、企事业单位和社会团体成立的10人以上的志愿者团队，基金会和民办非企业等社会组织成立的志愿者队伍，非正式组织成立的志愿者团队，等等；另一方面，《北京市志愿服务促进条例》（2007）、《上海市志愿服务条例》（2009）等虽然没有出现志愿服务组织的概念，而是直接使用志愿者组织概念来代替其他地方条例中的志愿服务组织概念，但关于志愿者组织的定义内容却又有所不同。北京市的定义是指市和区、县志愿者协会及各类专业性志愿者协会等依法成立、专门从事志愿服务活动的非营利性社会团体。上海市的定义是指依法登记、专门从事志愿服务活动的公益性社会组织。这样定义的志愿者组织显然只是广州和杭州等地所定义的志愿服务组织的一部分。

以上的分析显示，国内官方文件中关于志愿者组织或志愿服务组织的概念界定不仅互不相同，而且内涵的界定也过于狭窄。为了避免概念上的混乱，本书将志愿者组织界定为以提供志愿服务为宗旨的组织。[①]这样做，实际上是将参与（组织、提供、支持）志愿服务的组织（volunteer-

---

① 张网成.中国公民志愿行为研究（2011）：现状、特点及政策启示［M］.北京：知识产权出版社，2011.

involved organization）按照其组织宗旨是否提供志愿服务分为两类。那些偶尔提供志愿服务的组织（如企业、政府部门、学校）虽然不是志愿者组织，但可以在那一刻称为志愿服务组织。

第三节 "两工联动"的联动机制分析

一、社会工作者与志愿者联动机制的内涵

关于联动机制或联动的内涵，《东莞市社工、志愿者联动工作实施方案（试行）》作了比较明确的解释。这里将借鉴其用法，并作出评论。

一是组织联建。即构建社工机构和志愿服务组织互帮互助、区域联动的新机制。组织机关、企事业单位、学校、村（社区）的志愿服务组织与社工机构结对互助、定点服务。加强社工与志愿者之间的联系。原则上，每名社工固定联系至少10名志愿者，共同开展工作。二是队伍联育。即在社工教育培训中，设置志愿者使用及训练的有关课程，帮助社工充分认识志愿者的价值，在工作中善用志愿者资源，并有计划、分层次、多形式地对志愿者开展社会工作专业知识与技能培训，提升志愿者服务的专业化水平。三是信息联享。即搭建社工、志愿者信息系统的联动平台，公开社工服务信息，让志愿者获取招募信息，了解服务项目，同时方便社工及时调取所需志愿者的个人信息、发布机构的志愿者服务计划，在服务结束后评定志愿者的表现，迅速反馈意见。四是活动联办。即社工制定各类服务项目，向志愿服务组织申请志愿者服务，引导和带领志愿者参与、协助实施服务项目，志愿服务组织申请的活动需要社工协助的，社工机构应给予支持。五是制度联商。即社会工作主管部门和共青团组织加强联系交流，定期召开社工、志愿者联动工作联席会议 分析存在的问题，研究商量解决问题的办法，完善制度体系。

从逻辑上讲，上述五个方面的联动关键在于活动（项目）联办。如果社工机构开展的项目无须志愿者参加，或者志愿服务机构开展的活动无须社工帮忙，那么组织联建就没有必要，队伍联育和信息联享就没有意义，制度联商就没有基础。这就是说，只有在社会工作与志愿服务重叠的工作领域内，联动机制的建立才有可能。

二、社会工作者与志愿者联动服务的关系基础

在讨论社会工作者与志愿者联动机制的大多数文献中，研究者都不约而同地强调社会工作者与志愿者之间存在明显的区别，但同时也认为二者之间可以优势互补、劣势相抵，并以此说明联动机制建立的可行性和必要性。

（一）关于社会工作者与志愿者的区别

文献中归纳出的社会工作者与志愿者的区别主要有以下几项：一是社会工作者是受薪人员，而志愿者是不求回报的、无偿的；[①] 二是社会工作者有专业的知识和技术，而志愿者服务则无须特别的专业和技能；[②] 三是社会工作者要遵循严格的专业伦理和价值，而志愿者虽然也要遵循一定的伦理和价值却不如社会工作者严格和专业；四是社会工作者需要有从业资格，而志愿者参与服务则无须专业资质，大部分情况下只需要自愿贡献自己的时间和精力；[③] 五是社会工作者主要工作在社会救助、社会福利服务、就业服务、社区管理与服务、家庭婚姻服务、医疗康复服务、社会行为矫正等社会服务领域，而志愿者所服务的范围要更为广泛；六是社会工作者的工作目标是助人自助，工作方式是授人以渔，而志愿者的工作目标是无偿服务他人和社会，工作方式是授人以鱼。

---

① 共青团深圳市福田区委 . 福田区"社工 + 义工"联动工作调研报告 [R/OL] . [2009–04–08] . http: //www.gdcyl.org/bgs/ShowArticle.asp?ArticleID=49196.

② 民政部社会工作司 . 社会工作与志愿服务关系研究 [M] . 北京：中国社会出版社，2011.

③ 马凤芝 . 社会工作者与义工有何区别 [J] . 中国社会报，2007–3–12.

社会工作者与志愿者之间的区别为其在共同的服务领域开展合作提供了可能，但并不构成二者之间必须合作的理由。由于志愿者（医务志愿者、消防志愿者、民防志愿者等）也可以（在一些场合必须）有自己的专业技能，也需要遵守规范志愿者与服务对象之间、志愿者彼此之间及志愿者与服务机构之间的伦理守则，在一些服务（如应急救援）中也需要具备特定资质，志愿者也可能以助人自助为服务目标，因此，其与社会工作者的区别并不总是清晰可见。此外，即使发生与社会工作者的合作关系，其类型也是多样的，其相互关系也是复杂的，很难简单地界定为社工引领义工，义工协助社工。

（二）关于社会工作者角色的优势与劣势

一般认为，社会工作者角色有以下优势：一是有先进的理念，如助人自助、案主自决、以人为本等；二是有专业的工作方法，如个案工作、小组工作、社区工作、社会工作行政、社会政策、社会工作研究等，能通过改善人的生活环境，提高人的心理素质，调整人的生活方式，增强人的互助合作，达到助人的目标；三是有整合资源的能力，如重视与心理、法律、医学等其他专业界别间的合作，重视整合社会资源和人际关系服务受助者；四是能承担多种专业角色，如活动发起者、调停者、倡导者、实现者、教育者、经纪人、充权者等；[1] 五是社工需要具有从业资格，具有专业性，就像律师需要律师资格证上岗一样，有特定的职业道德、工作范围和行为准则，在进行工作中必须遵守为其制定的一系列行为规范。[2]

社会工作者角色的劣势有以下三点：一是工作资源紧张，人手及工作经费有限，与目标完成所需实际力量间存在差异；二是缺乏一个外部的监督和反馈机制，服务评价一般仅来源于专业机构和服务对象；三是信息渠道有限，通常难以正确、及时地获取民声及民意。

---

① 陈敏.浅议社区社会工作者与社区志愿者的差异［J］.经济与社会发展，2005（12）.

② 全国社会工作者职业水平考试教材编写组.社会工作综合能力［M］.北京：中国社会出版社，2009.

从上面的表述可以看出，所列举的社会工作者角色的优势可以理解为社会工作专业性的承诺，也可以理解为训练有素的（而非初出校门的）社会工作人才的应有素质，但所列举的劣势却不是社会工作者本身必须有的，而是社会工作机构可能（而非必然）面临的问题，也可以说是目前形势下开展社会工作所面临的现实问题。① 因此，可以得出结论，在目前社会工作者人力资源不足的现实条件下，志愿者的加入有利于加强资源配给，但不能泛泛地说，义工参与社会服务，提供了丰富的人力资源，可以在一定程度上改变人力不足的社会服务现状，分担社工繁重的工作负担。通常情况下，志愿者可以承担的工作一般不应该是专业的社会工作。

（三）关于志愿者角色的优势与劣势

一般认为，志愿者角色的优势有以下几点：一是有丰富的人力资源；二是尊重文化及传统，有利于推动社会多元化发展；三是能增进人权与民主，有利于维护社会公平及正义；四是能拓展社会参与，提供个人、团体了解人类、环境、社会需求的有效途径，有利于个人、团体、社区、社会的成长。

而关于志愿者角色的劣势则有以下几点：一是志愿者服务始于个人自觉和个人行动，缺乏理性的目标建构及行动指引，政府和社会对于志愿者的服务要求比较一般；二是开展服务具有一定的随意性，志愿者服务强调个人自律，对于志愿者行为的限制较少，缺乏有效约束；三是志愿者服务缺乏必要的组织性和协调性；四是志愿者多从事相对单纯一些的服务。②

从上述观点可以看出，志愿者角色优势所展示的是在一般意义上作为

---

① 这里存在双重的逻辑谬误：将抽象的整体与具体的部分进行比较，对异质事物的属性进行比较。而使这种非逻辑的认识过程貌似合理化的技术手段则是使用"社工"这样可以有多重所指的概念。社会工作者、社会工作、社会工作人才队伍等不同性质的概念都被简称为"社工"。

② 民政部社会工作司.社会工作与志愿服务关系研究［M］.北京：中国社会出版社，2011.

集体的志愿者在（现代）社会建设中的（理想状态的）作用和意义，几乎与志愿者个人无关；关于志愿者劣势的论点则集中反映了志愿者中的"坏人"与"坏事"①，既不能用来描述全部志愿者个人，也不能反映所有志愿者集体的特征，最多只是描绘了（我国现阶段）志愿者集体表现的"失败"的一面。与关于社会工作者的优劣势比较一样，对志愿者的理解存在明显的时空错位，在方法论上的错误显而易见。因此，可以认为，我国志愿服务的近期发展可以甚至需要借助社会工作的专业力量来弥补其规范和制度的不足，但不能由此推论说，志愿者队伍建设总体上离不开社会工作者与志愿者联动机制的建设。事实上，西方各国的历史并没有证实这一观点。

之所以将社会工作者与志愿者的优劣势都列举出来，其目的是强调二者之间的关系同时具有差异性和互补性。既然各自的长短板可以互为补充、相得益彰，加之双方在服务对象、服务目标及服务领域上的重叠性，②加强二者之间的联合行动对双方都是有利的，推动双方联动机制的建设也就成为一种优选策略。遗憾的是，这种推论是缺乏逻辑基础的，是一种典型的帕累托意义上的非逻辑行为，一种"唯上主义"的派生物。③

三、社会工作者与志愿者联动的组织形式

由于地方性政策的引导，社会工作者与志愿者联动服务的实践在很多地方都有了探索和尝试。通过对广东等地现有经验的梳理，谭建光总结了四种社会工作者与志愿者联动的组织形式。④

（一）社区志愿者站的专业社工

与中国传统的行政管理习惯有关，大陆地区的社区志愿者一般都会集

---

① 如：缺乏责任心、随意性强，缺少有效的组织、协调，同类型的志愿服务又缺乏联系和整合，服务扎堆的现象时有发生，最终导致重复劳动、人员重置、效率丧失等。

② 这是另外一种常识性错误，事实上，志愿者所服务的范围要广泛得多。强调联动机制建设的学者也看到了这一点，但在论证时都有意识地忽略了这一事实。

③ 帕累托.普通社会学纲要［M］.田时纲，译.上海：东方出版社，2007.

④ 谭建光.中国社工与志愿者合作的模式［J］.广东青年干部学院学报，2011（4）.

中管理、统一领导。为此目的，不少地方组建了社区志愿者服务站。以志愿者服务站为纽带，社区组织建立起"夕阳红"志愿队、"爱心妈妈"志愿队、青年志愿队等，为社区内的老人、小孩、残疾人提供关心和服务。近年来，一些社区志愿者服务站开始聘任专业社工。社区志愿者服务站的专业社工主要承担管理和协调服务站点的志愿者及志愿者队伍的工作。

（二）社工服务中心的志愿队伍

为发挥社会工作者的专业知识与技术优势，更好地服务于弱势人群，21世纪以来，上海和深圳率先建立社会工作服务中心。在社工进行专业规划、专业服务、专业督导的同时，也发挥了现存志愿者力量的优势，在社会工作者与志愿者合作途径方面进行了积极的探索。通过鼓励社工机构寻求与志愿者的合作，促进资源共享和联动服务，一些社工服务中心开始组建自己的志愿者队伍，包括临时招募志愿者队伍。目前，对于社工服务中心的志愿队伍，社工主要通过管理培训使志愿者作出专业服务。

（三）志愿者组织的社工管理人员

随着各类志愿者组织发展壮大，组织的正规化管理势在必行，设置专职管理人员成为一种必要举措。在资金问题得到初步解决后，目前一些志愿者组织的通识是在招募、聘用专职管理人员时尽量选择社会工作者。这样做，是因为社会工作者非常适合对志愿者进行专业培训和团队管理。志愿团队的社工管理人员主要协助团队开展志愿服务知识和技能培训。

（四）社工机构与志愿组织联动服务

与目前开展的服务项目内容相关，很多社会工作机构开展活动时都需要志愿者参与，同样，一些志愿者组织在开展活动时也需要专业社会工作者及社工督导的参与。在这种背景下，一些社工机构与志愿者组织开始在组织层面上合作，联动开展服务。来自社工机构和志愿者组织的代表定期聚会、交流，了解相互的需求与想法，开发合作服务的项目。这种方式有助于社工与志愿者之间增加沟通、消除隔阂，立足服务社会人群的目标，探寻合作努力的方向。

事实上，前三种组织形式中社会工作者与志愿者之间的合作关系一般应该是组织内部的分工协作关系，而不是严格意义上不同行为主体间的联动。只有第四种组织形式才涉及真正意义上的联合行动（联动）。但如果社区志愿者服务站及志愿团队的社工并非站内雇员，而是来自其他社工机构及政府委派，以及社工服务中心的志愿队伍非其自有，也可以算是联动。

（五）社会工作者与志愿者联动中的关系类型

民政部的一项委托研究成果将社会工作者和志愿者的关系类型分为指导型、互补型、服务型、管理型四类。[①]

一是指导型。专业社会工作者对志愿者的指导作用主要体现在以下三个方面。首先，"社工在价值理念上的'助人自助'理念是对志愿服务精神的补充和发展"[②]。其次，在理论方法上，社会工作者系统的理论架构和科学的工作手法为志愿者处理问题提供了强大的理论依据和有章可循的解决程序。最后，在评估体系上，社会工作者所掌握的调查评估的方法对于深化创新志愿者服务活动具有重要意义。志愿服务应不仅包括志愿活动的开展与实施，"而应向前延伸到对于服务对象的调研分析和向后拓展到对于整个服务活动的科学合理的评估"[③]。

二是互补型。社会工作者与志愿者的优势互补主要体现在以下三方面。首先，人力资源上的互补。志愿者能够补充社会工作者在人力资源上的短缺，提高群众基础和社会认同度，社会工作者的职业性和固定性能够补充志愿者流动性大、服务短暂、约束力差等缺点。其次，知识结构上的互补。志愿者来自不同的职业领域和年龄层次，往往能给社工的服务带来深化改进的可能性，而社工的专业能力能给志愿者提供表达志愿精神的平

① 向德平.社会工作者与志愿者关系研究报告［M］// 民政部社会工作司.社会工作与志愿服务关系研究.北京：中国社会出版社，2011.

② 林竹，傅艺娜.关于社会工作理念介入大学生志愿服务的思考［J］.山东团校学报，2009（3）.

③ 林竹，傅艺娜.关于社会工作理念介入大学生志愿服务的思考［J］.山东团校学报，2009（3）.

台。最后，社会资源上的互补。社工的基本工作任务和目标之一就是整合社会资源，积极为服务对象链接社会资源，志愿者群体在带来人力资源支持的同时也带来了社会资源和社会网络，社会工作者能够为志愿者的志愿服务资源提供发挥的空间和有力的整合。

三是服务型。社会工作者对志愿者提供服务的类型主要包括以下四种。首先是咨询服务，包括心理咨询和意见咨询；其次是专业培训，包括志愿服务的理论、方法、技巧的培训以及志愿者团队内部的团队建设、沟通、领导能力的训练等；再次是行为支持与倡导，主要是支持、倡导和鼓励志愿者的积极行为；最后是提供资源，主要是社会工作者积极为志愿者链接、提供相关资源，为志愿服务活动创造良好环境。

四是管理型。志愿服务的自发性和志愿性使其容易出现"低水平徘徊"的状况。社会工作者对志愿者的管理，包括志愿者招募前的设计规划、志愿者招募、志愿者培训、志愿服务活动的督导及志愿者激励。除这些日常管理工作外，社会工作者更重要的任务是将社工的价值理念、理论与方法融入志愿者组织。

除互补型关系外，其他三种关系都以社会工作的优势假设为前提，实质上对应了社会工作者的三种角色，即咨询者、培训者、管理者。然而，问题在于，社会工作理论上的优势既未形成普遍事实，现实中志愿者的缺点也不是志愿者本质属性。即便我国志愿服务目前确实处在"低水平徘徊"局面，其致因也是多样的，决不能仅仅归结为缺乏社会工作者的引领。互补型关系建立在社会工作者与志愿者的优势互补、劣势相抵的假设基础上。志愿者的优势除了人数居多之外，就是其知识结构、职业技能和社会资源的多样性。这一提法相对中肯，但忽略了一个重要事实，即志愿服务的规范化并不能仅仅依靠社会工作者的介入，志愿服务的督导者可能来自不同的专业领域。①

---

① 彭华民.论志愿服务的社会工作督导模式［J］.中国青年研究，2010（4）.

第四节 "两工联动"的实践案例与联动分析

一、深圳市"社工＋义工"情况简介

改革开放后，作为经济特区的深圳市诞生了中国内地的第一个义工团体，并于1989年正式登记为志愿服务社团——深圳市义务工作者联合会；1997年7月，组织认定第一批"五星级志愿者"，率先探索建立志愿者星级认定制度；2005年3月，组织评选第一届"深圳市百名优秀志愿者"[①]。从这个意义上讲，深圳的社会工作起源于义工。[②] 截至2022年底，深圳注册志愿者达351万人，这也意味着每5个人中就有一名"红马甲"。随着志愿者队伍的日益壮大，志愿者服务的领域也越来越广泛。如交通疏导、医疗救护、垃圾分类、食品药品安全、公共安全、法律援助、社区治理等19个领域。由此可见，深圳市的义工队伍在社会工作中发挥着非常重要的作用。

但随着社会的发展，志愿者队伍的不断壮大，其所呈现出的问题也日益凸显，松散性、非专业性等问题日益严重，难以满足社区的多重需要。在彼时的背景下，为了更好地整合深圳社会工作的人力资源，深圳市提出了"社工＋义工"联动治理模式。2008年《深圳市"社工、义工"联动工作实施方案（试行）》颁布，仅一年的时间，深圳就涌现出15家民间社工机构，开发了618个社工岗位开展社工服务试点，其中各区的民政、残联、司法、教育、社区领域423个。[③] 此外，深圳的市、区、街道、社区四级义

---

①③ 深圳志愿者人数突破351万！［EB/OL］．（2022-12-06）［2023-9-10］. http：//www.gd.chinanews.com.cn/2022/2022-12-05/424928.shtml.

② 董秀.公民社会、公民治理与城市社区治理模式创新：基于深圳社工与义工联动治理模式理论与实践分析［J］.湖北行政学院学报，200■（1）.

工组织配合相关试点单位安排了3000多名义工接受社工指导和引领，协助社工开展各项服务。截至2008年10月，"社工 + 义工"联动开展社区活动及各项活动的总和达到1827次，服务普遍得到了服务对象的认可，"社工 + 义工"的服务模式，有效地增进了社会公共服务的质量。

二、深圳市"社工 + 义工"联动模式的特点

深圳市"社工 + 义工"联动模式主要呈现以下两个特点。第一，"社工 + 义工"联动模式是由政府主导的。在2008年《深圳市"社工、义工"联动工作实施方案（试行）》中明确表示社工作为社会工作的职业队伍，应充分运用专业的方法和技巧，指导义工开展服务，提升义工的服务水平，形成"社工引领义工服务、义工协助社工服务"的运行机制，实现"社工、义工"联动互补、互动共进。具体表现为社工岗位是由政府设置，社工服务是需通过政府购买，由民政部门从福彩公益金中开支，从社工服务机构购买。第二，充分利用社工与义工的不同优势，形成优势互补的良性联动。一方面，由于深圳社工工作起步不久，社工岗位的工作多由社工专业的应届毕业生担任，其优势是专业理论知识丰富，不足之处则是工作经验欠缺。另一方面，深圳的志愿者（义工）人数众多、经验丰富，能够为社工服务提供强大的人力资源支撑，但又存在流动性大、约束力差、专业性不强的问题。因此"社工 + 义工"联动治理模式是通过社工引领义工，义工辅助社工，整合社工与义工两支队伍，形成优势互补，共同服务于公共服务领域。

三、"两工联动"的运行机制分析

在宏观层面上，社会工作者与志愿者形成的"两工联动"机制建立的必要前提是社会工作者和志愿者作为集合概念各自均已形成了系统，也就是说，不仅社会工作者及其组织作为内在组成部分存在于某种相对稳定的、多层级的结构之中，志愿者及其组织也是如此。但目前的情况并非如

此。全国性的社会工作组织体系和志愿服务组织体系还没有形成，省级的、市级的事实上也没有。因此，至少在今后的一段时间内，还无法建立完善的全国性的社会工作人才队伍与志愿者队伍的联动机制。

在中观层面上，社会工作者与志愿者形成的"两工联动"机制建立的必要前提是社会工作者及志愿者分别属于不同的系统（组织），如区县或街镇的社会工作者协会或志愿者协会。与宏观层面的社会工作组织及志愿者组织不同，这些中观层面的协会更有可能构成严格意义上结构严密、分工明确的系统或组织。但就目前的情况而言，这些基层协会大多数还不是严格意义上的组织。因此，虽然双方在一些项目或活动中开展了联动服务，但是还不能算是严格意义上的联动机制。

在微观层面上，社会工作者与志愿者形成的"两工联动"机制建立的前提是，存在结构严密、分工明确的社会工作者组织及志愿者组织，且存在组织双方都能接受的、较为稳定的合作方式与合作内容。目前，社会工作者组织与志愿者组织之间的合作在逐渐增加，但形成的联动机制也不多见。当然，作为个体的社会工作者与志愿者之间也可能形成联动关系，甚至可以形成联动机制。

第三章
"三社联动" 的背景及其
联动分析

在西方国家的工业社会初期，出现了社区社会工作的雏形，并经历了较长的发展过程。英国社会学家马林诺夫斯基和布朗共同研究并创建了功能主义理论模式，在对社区功能的研究和分析上，他们认为"社区"是由多个部分构成的并通过相互之间的联系各自发挥着不同的功能和作用。此外，他们认为社区的各项制度规范对社区生活具有重要的协调作用。[①] MallkR Watkins（2001）在对社区事务参与者的能力、特点等因素调查后得出结论，社区活动参与程度的决定性因素由参与者的参与目标和项目的活动目标决定，即社区组织承接活动项目更容易使社区居民个人目标和活动目标达成一致，从而提高公众的参与性。[②]

党的十六届六中全会以来，加强社会管理、创新社区建设、完善社区治理逐渐成为党和政府的首要任务。不论是在学术界还是在社区治理的具体实践中，围绕社区建设、社区治理、社区发展的词汇出现的频率越来越高。关于上述议题中国内学者围绕怎样开展城市社区社会工作提出了很多建设性的意见。如社区治理需发挥社会工作者的积极作用。针对如

---

① 冯娜.中国城市社区治理研究［D］.四川省社会科学院，2013.
② 王子沫."三社联动"机制推动广州城市社区社会工作发展的研究［D］.西北农林科技大学，2015.

何发挥社会工作者的积极作用就要以社区为单位，提高社区社会工作者的社会地位和薪资待遇，同时加大社会工作者培养经费的投入，实行绩效考核和优胜劣汰。[①] 对社区再造进行有益尝试的学者则主张以社区为单元的社会工作策略，张和清整合社区内外部资源，在与社区民众共同治理的过程中，使已经衰败的社区逐渐恢复可持续生活方式。[②] 对社区建设的制度性和结构性方面进行研究的学者则认为在社区建设中一定要处理好政府、社区居委会、社会组织三者之间的关系，各自定位、有序分工、良性互动，将越位、错位、缺位等问题出现的概率降到最低，避免造成制度性缺陷和矛盾。[③] 上面诸多学者的研究虽然没有提到"三社联动"，但实际上"三社"的主体都不同侧重地有所涉及，即社区、社会工作者以及社会组织。

国外的社区社会工作有着良好的研究基础，研究成果较为丰富，以社区为对象，通过组织社区成员参与集体行动去了解社区需要，围绕具体的社区公共事务的解决、社区的发展变化及社区发展过程中的资源挖掘解决社区问题，提高社区环境及生活质量。国外的研究成果虽然丰富，但是对我们也仅具有一定的参考价值。总体来看，自党的十六大以来，随着城市化建设步伐的加快，关于社区治理和社区治理政策的研究开始回温，党的十八大之后，关于社区治理和社区治理政策的研究开始呈现指数级增长之势，关于社区治理的理论和实践硕果颇丰。但由于各个学者关注的问题不同，致使关于社区的社会工作中还有一些问题难以达成共识。从本土出发，构建具有中国特色的社区社会工作体系已成为当前社区治理中的重要命题。

---

① 张富莲，刘元静.浅析我国社区社会工作者队伍的现状与建议［J］.现代交际，2012（7）.

② 张和清.中国社区社会工作的核心议题与实务模式探索：社区为本的整合社会工作实践［J］.东南学术，2016（6）.

③ 潘小娟.社区行政化问题探究［J］.国家行政学院学报，2007（1）.

第一节 "三社联动"的背景、概念及参与主体

一、"三社联动"的背景

改革开放以后，原来由单位包办的包括衣食住行等资源以及生老病死的福利不复存在。政府将部分从单位转移出来的职能交到社区，并由社区中的各种组织来承接。在此背景下，民政部开始推行社区服务并率先提出了社区这一概念。1987年，在大连的民政工作会议上，民政部首次提出了社区服务的概念并定义为"在政府的领导下，发动和组织社区内的成员开展互助性社会服务活动，就地解决本社区的社会问题"[①]；同年9月，民政部又在武汉市召开会议并把社会服务的定义提高一个层次，即"社区内为人们的物质生活和精神生活所提供的各种社会福利与社会服务"[②]，并要求全国各地开展社区服务，此时民政部对社区服务的定义仍停留在互助性服务阶段，关于社区服务福利性、公益性的认识并没有完全觉醒，也没有涉及社区建设、社区治理的问题。社区服务的开展，虽然在一定程度上满足了居民的需要，但又难以涵盖政府需要转移给基层社区的所有社会职能。基于此，1991年民政部提出了"社区建设"的概念，1998年国务院政府体制改革方案中确定了在原基层政权建设司的基础上设立基层政权和社区建设司。2000年11月，中共中央办公厅、国务院办公厅印发《关于加强和改进城市社区居民委员会建设工作的意见》。自此，社区中的管理职能不断扩大，这使得原本属于社会的权力又回到了社区。公共服务社会化的重要

---

① 李亚平，吴铎. 参与分享：1996年 YMCA 社区服务国际研讨会文集［M］. 上海：华东师范大学出版社，1997.

② 李亚平，吴铎. 参与分享：1996年 YMCA 社区服务国际研讨会文集［M］. 上海：华东师范大学出版社，1997.

内容和形式也通过政府、社区、社会组织之间的合作和社会工作者作用的发挥表现出来，各级社会组织承接政府转移职能，参与社会治理，主动服务行业发展，彰显出其独有的作用和影响。由此奠定了社区、社会组织、社会工作者的合作基础。

与此同时，城市社区内体制外的民工、流动人口数量的急剧增加，居民物质生活水平的提高等多重作用下对社区的安全、服务以及环境等提出了更高的要求。值得注意的是，社区矛盾也呈现出新特点：服务问题、利益问题成为矛盾新焦点，传统的公共服务方式和内容已无法满足居民需求尤其是特殊群体的需求。社区内迫切需要一批能为居民提供多样化、专业化服务的社会工作者，这为"三社联动"发展提供了潜在且广阔的服务空间及目标市场。

"三社联动"是在"两工联动"的基础上提出的，最早可以追溯到2004年上海市民政部门提出的"三社互动"①。在多地试点实践后发现，"三社联动"作为社区治理的新型框架及社区治理创新的有效机制，能够有效回应社会治理改革趋向社会化、群众利益需求趋向多元化和社工专业服务趋向职业化的特点，把分散的社区、社会组织和社工联系起来协调互动，形成"三社"资源共享、优势互补，政府与社会之间互联、互动的社会治理新格局，从根本上使各种社会矛盾和冲突在社区这一基层单元得到有效预防和解决，实现社会的和谐发展。

二、"三社联动"的概念

围绕社区、社会组织和社会工作专业人才（社会工作、社会工作者）三个主体，有学者从参与方式的结果导向给出"三社联动"的概念是指通过社区建设、社会组织培育和社会工作者参与的方式，增强"三社"之间的有效互动、沟通、协作，形成共享资源、互相促进、共同进步的良好局

---

① 曹海军，吴兆飞.社区治理和服务视野下的三社联动：生成逻辑、运行机制与路径优化［J］.华南师范大学学报（社会科学版），2017（6）.

面，从而构建出充满活力的基层社会管理新格局。① 还有学者从作用发挥角度给出概念以期通过"三社联动"实现从社区管理达到社会建设的长期目标，认为"三社"专指发挥社区、社会组织和社会工作者的作用，"联动"则指在完善公共服务的前提下释放一定的管理空间让社会发展成为公民社会的滋生地，通过社会组织推动专业社会工作人才的培养，再通过培养社会工作者队伍来强化社会福利制度体系。② 还有学者围绕"三社联动"中社区是场域还是行动主体展开论述：根据德国学者滕尼斯的定义，社区是一种特殊的场域；根据美国芝加哥学派的研究，社区既是生活共同体又是行政区域单元。基于我国的社区建设是在政府主导下开展的，有学者认为，社区则指行政区域单元。但是，基于对"三社联动"的文献分析社区又可以理解为社区中的居民委员会。因此，该学者认为"三社"不仅是社会组织、社会工作者进到社区这一区域单元，而且要认识到社会工作、社会工作者必须与社区建设中的原有核心力量——社区居民委员会建立良好的互动关系，才可能实现"三社联动"的目标效果。③ 这一对社区的定义也是本书所认同的。笔者通过梳理大量的文献发现不论是在"三社联动"还是"四社联动"以及后来的"五社联动"中，社区都具有多重属性，既是行政区域的符号，开展活动的地理空间，也是社区居民委员会的符号，还是社区居民的统称。

2014年，《浙江省民政厅关于加快推进"三社联动"完善基层社会治理的意见》给出"三社联动"的概念，是指在党和政府的领导下，统筹协调、整体运作社区建设、社会组织建设和社会工作，使之相互支持、渗透融合，从而充分激发社会组织活力，有效开展社会工作，解决社区问题，

① 叶南客，陈金城.我国"三社联动"的模式选择与策略研究［J］.南京社会科学，2010（12）.

② 郎晓波."三社联动"推进社会建设：来自杭州江干区的经验［J］.浙江学刊，2013（6）.

③ 徐永祥，曹国慧."三社联动"的历史实践与概念辨析［J］.云南师范大学学报（哲学社会科学版），2016（2）.

完善社区治理的过程。2015年，《广东省民政厅关于推进社区、社会组织和社会工作专业人才三社联动的意见》将"三社联动"定义为着眼于建设服务型民政，树立联动理念，统筹协调、整体运作社区建设、社会组织建设和社工专业人才队伍建设，形成社区、社会组织、社工专业人才资源共享、优势互补、相互促进、有机联动的良好局面。2016年，中共中央办公厅、国务院办公厅印发《关于改革社会组织管理制度促进社会组织健康有序发展的意见》中虽没有直接对"三社联动"定义，但是对"三社"的三个主体社区、社会组织、社会工作者（此文件中将其定义为社会组织人才）都有所涉及，即"将社会组织人才工作纳入国家人才工作体系；鼓励社区社会组织开展邻里互助、居民融入、纠纷调解、平安创建等社区活动，组织社区居民参与社区公共事务和公益事业；支持社区社会组织承接社区公共服务和基层政府委托事项，开展社区志愿服务；建立社区社会组织与社区建设、社会工作联动机制，促进资源共享、优势互补，把社区社会组织建设成为增强社区自治和服务功能、吸纳社会工作人才的重要载体"。

综合分析各位学者以及政策文件中给出的定义，笔者比较偏向徐永祥等学者对"三社联动"所下的定义。"三社"不仅仅是社会组织、社会工作者进到社区这一区域单元，还要认识到社区居民委员会在社区建设中的原有核心力量。即在地方党政机构统一领导下，由社区居委会组织发动居民参与社区事务管理和社区各类活动，协同社区社会组织为社区居民提供多元化社会服务并邀请专业社会工作者深入介入社区建设各个领域，从而实现三个主体的有效互动，协同治理社区。

三、"三社联动"的参与主体

随着社会的发展，2013年出台了第一个关于"三社联动"参与社会治理的意见《民政部 财政部关于加快推进社区社会工作服务的意见》。2014年，出台了第一个地方性关于"三社联动"参与社会治理的意见——《浙江省民政厅关于加快推进"三社联动"完善基层社会治理的意见》中指出，"通过加快推进'三社联动'，激发多元参与、合作共治"，"社区建设、社会组织建设、社会工作呈现多向互惠融合、全面协调发展的新格局，社区治理组织体系由垂直科层结构逐步转变为各方多元互动的横向网络结构"。"三社联动"创新了由政府主导社区治理的模式，将社会组织和社会工作者放在具体的空间——社区中，形成了"社区 + 社会组织 + 社会工作者"的模式并在新的场域中参与社区治理寻求协同联动，调动多元主体共同参与到社区治理中来。

2015年10月，广东省民政厅颁布了《关于推进社区、社会组织和社会工作专业人才"三社联动"的意见》，明确指出推进"三社联动"包括以下主要任务：从联动环境上要求完善社区治理结构；在联动动力上要求开放社区资源；在联动方式上要求增强创设服务项目；在联动载体上要求丰富引导社会组织服务社区；在保障联动成效上主张打造强化社工专业人才使用。一系列的细节安排了社会组织、社会工作者在社区这个平台中如何相互融合、相互协同、相互促进的运行机制，并对"三社联动"的保障措施给予了具体指导，可以说，这一文件的颁布奠定了广东省开展"三社联动"政策的基础。

2016年10月，《石家庄市人民政府办公厅关于推进"三社联动"加快社区治理现代化的实施意见》指出，要"建立政府、社区、社会组织、社会工作专业人才联动机制"，"社区要发挥基础平台作用"，"社会组织要发挥服务载体作用"，"社会工作人才要发挥专业支撑作用"。

2018年2月，《中共云南省委 云南省人民政府关于加强和完善城乡社区治理的实施意见》指出，推进社区、社会组织、社会工作"三社联动"，发挥三方优势，完善社区组织发现居民需求、统筹设计服务项目、支持社会组织承接、引导专业社会工作团队参与的工作体系。同年8月，福建省发布了《福建省推进城乡社区"三社联动"》，在城乡社区开展以满足广大居民基本需求为目标，通过政府购买服务的方式，推动以社会工作者为主导、社会组织为载体、城乡社区为平台的社会工作服务模式。以上梳理了5个省市的政策文件，现就"三社联动"中参与的主体要素进行分析（如图3-1所示）。

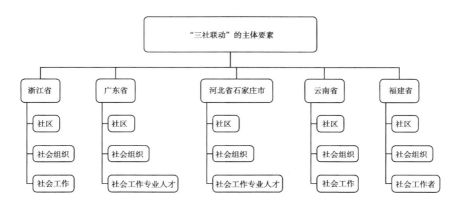

图3-1 不同省市对"三社联动"参与主体的称谓

　　分析不同省市"三社联动"的参与主体，可以发现对于社区和社会组织这两个主体的称谓是完全统一的，而对于第三个主体则有"社会工作""社会工作专业人才""社会工作者"三种不同的称谓。2016年，中共中央办公厅、国务院办公厅印发《关于改革社会组织管理制度促进社会组织健康有序发展的意见》，围绕大力培育发展社区社会组织，明确提出"要建立社区社会组织与社区建设、社会工作联动机制，促进资源共享、优势互补，把社区社会组织建设成为增强社区自治和服务功能、吸纳社会工作人才的重要载体"。一是相对明确了组织实施的相关内容，二是明确了政策执行的主体，各级民政部门特别是县级民政部门要有专门机构和人员负责社会组织登记管理日常工作。"三社联动"的基础是政社分开，明确政府、社会界限和功能。在此基础上，把社区分散的社会力量、资源通过一定方式的整合，形成发展的合力，达到了社区的多元共治。依据《关于改革社会组织管理制度促进社会组织健康有序发展的意见》，本书将"三社联动"的主体界定为社区、社会组织、社会工作专业人才（社会工作、社会工作者）。

第二节 "三社联动"的要素分析

为实现社区的发展，政府出台了许多关于社区治理的政策性文件，其目的在于运用政策手段，发挥社区在国家基层治理体系中的作用，构建现代化社区治理体系。基于此，各地政府紧紧围绕政府治理、社会自我调节与居民自治良性互动的改革目标，探索"三社联动"模式，进而继续推动社区治理政策的出台，在政策的规范下持续发挥"三社联动"在社区治理中的作用。本节就"三社联动"中的相关要素作粗浅分析。

一、与社区相关的内容

（一）何为社区

自"三社联动"开始到发展起来的"五社联动"，社区在参与治理中都扮演着重要角色。因此，首先要明确社区的基本内涵。充分了解社区的概念界定、社区类型对于进一步抓住联动的实质，让联动起来的各主体能真正地发挥优势实现优势互补，真正地提高治理能力发挥治理效能，具有重要意义。

早在1887年，"社区"的概念由德国社会学家滕尼斯提出，他在《社区与社会》一书中指出，共同生活在一定地域的，具有共同的价值观，亲密无间、相互联系的成员构成了社区。滕尼斯所指的社区实质上是一种生活在传统农业社会形态下的共同体，其主要特征是成员对本地域范围内的行为模式、人员构成、文化认知具有高度的认同感，社区成员之间基于地缘或者血缘的关系相互了解且重感情，传承传统文化并形成某些价值共识。因此，社区最基本的要素和特征被概括为：一定的地域、认同意识、共同的纽带和社会交往。在此基础上，B.菲利普斯将社区定义为居住在某一特定区域的、共同实现多元目标的人所构成的群体。在社区中，每个成员可以过着完整的社会生活。在我国，费孝通是第一个提出社区概念的学者，他将社区定义为若干群体或社会组织聚集在某一地域里，形成的一个在生活上相互关联的大集体。

2013年，《民政部 财政部关于加快推进社区社会工作服务的意见》中对社区做了以下界定，社区是社会的基本单元，是社会工作专业人才开展服务的主要平台。改革开放以来，我国工业化、城镇化、市场化、信息化和农业现代化快速发展，带来社会结构、组织形式、利益格局、思想观念的深刻变化，社区成为各种利益关系的交汇点、各种社会矛盾的聚焦点、社会建设的着力点和党在基层执政的支撑点。基于此，社区也被赋予了更多的功能：增强居民自治能力、培育居民互助意识、扩大社会参与、促进社区融合、增进社区和谐，强化社区服务功能、深化社区服务内涵、提升社区服务层次、完善社区服务体系，满足社区居民心理疏导、精神慰藉、行为矫治、关系调适、能力提升等新的个性化服务需求等，加快推进社区社会工作服务，推动解决工业化、城镇化、市场化、信息化和农业现代化发展衍生的社会矛盾与问题，保障社会安全，维护社会稳定，丰富基层社会管理方式、创新基层社会管理体制、增强基层社会管理能力、强化基层社会管理效果。

2018年3月，西安市推进"四社联动"社区创新，着力提升社区工作专业化水平。在修订完善《西安市社区经费管理办法》《西安市社区专项服务经费购买社会组织服务基本操作程序》后选择部分街道、社区进行"四社联动"试点，逐渐增强了街道和社区干部推动"四社联动"的意识；一些区县主动引入省内较为成熟的专业社区社会组织，通过项目化运作，开展特色治理服务。2020年12月，民政部办公厅《关于印发〈培育发展社区社会组织专项行动方案（2021—2023年）〉的通知》指出，鼓励城乡社区党组织和村（居）民委员会为当地优秀人才领办社区社会组织提供必要支持。

随着学界对社区概念的探索，当前普遍认可构成社区的基本要素包括生态要素、人口要素、文化要素和结构要素等。其中，生态要素是指社区的地域环境，主要包括地理位置、资源、气候及公共设施等；人口要素是指按一定制度或社会关系组织起来共同生活的人口；文化要素是指社区成员对社区的认同感、共同的社区文化及生活方式；结构要素是指社区各类社会组织构成情况，主要包括机关企事业单位、管理机构、学校及社会公益组织等。从以上学界的相关研究以及民政部门对社区的定义，可以得出结论，社区主要包含三重意思：一是共同体，即共同生活在一定地域的，具有共同的价值观、亲密无间、相互联系的成员；二是平台，即社会的基本单元，是社会工作专业人才开展服务的主要平台；三是借指具体的主体，即从"两工联动"到"五社联动"的一个主体社区，主要意指社区的两委（社区共产党员支部委员会和社区居民委员会），这个可以从民政部门下发的各类文件中分析得出。

（二）社区服务的历史演进

1983年，民政部开始酝酿城市社会福利工作的改革，提出了国家和社会力量相结合，采取多种形式办社会福利事业的新思路。1984年提出了社会福利社会办的指导思想，并指出要使社会福利事业从单一的、封闭的国家包办体制转变为国家、集体、个人一起办的体制，面向社会多渠道、多层次、多形式地发展社会福利事业。1987年，民政部在武汉召开了部分城市和民政部门代表座谈会，提出了社区服务的内容任务及社区服务与民政部门的关系，许多大中城市至此开始了社区服务的试点工作。1989年，民政部在杭州召开的社区服务工作会议上，形成了进一步发展社区服务的新思路，提出要加强社区服务的宏观指导，制定规划，健全法制，强调上靠政府下靠基层，积极争取社会各界的广泛参与，强调因地制宜，注重实效，强调以社会效益为目的、以经济效益为手段、以服务养服务的道路，并总结了各地开展社区服务的基本经验。至此，社区服务在全国正式推开。1993年，民政部等14个部门联合下发《关于加快社区服务业的意见》，提出社区服务是社会保障体系和社会服务中的重要行业，激活社区服务的内在活力。1994年，民政部在上海召开全国社区服务经验交流会，[①] 重申了福利服务宗旨和坚持社会效益为主的社区服务理念，促使社区服务进一步向规范化、标准化的方向发展。至此，我国的社区服务开始了服务模式的体制转型，开始由传统的福利型社区服务转变为具有专业化和市场化特征的现代社区服务。

（三）社区服务的争论焦点

社区服务作为我国城市社区建设的一项重要内容，其专业化和市场化一直是理论界争议的焦点。有学者强调"应该始终把握社区服务的福利性目标和坚持以福利性的资源调动方式为基础"[②] 开展社区服务，社区服务不等于社区内存在的所有服务活动。还有学者认为社区服务"应打破传统的社会福利无偿服务格局"[③]，强调社区服务的经营性。较多学者主张开展社区服务要兼顾经营性和福利性的双重属性。随着经济社会的发展，现在更多的学者认为社区服务要兼具福利性、经营性和社会性。下面从三个角度分析：一是基于福利多元主义视角探讨应该通过福利多元结构的安排，建构多元主体水平化的网络格局，[④] 实现由行政主导模式向多主体合作模式的嬗变。[⑤] 二是基于制度的视角探讨福利性、经营性和社会性如何协同的问题。一方面认为制度规则与主体能动性共同塑造的主体理性，构成了社区服务中策略性合作行为的

---

① 朱海滨.全国社区服务经验交流会述要［J］.社会工作，1995（2）.

② 关信平，张丹.论我国社区服务的福利性及其资源调动途径［J］.中国社会工作，1997（6）.

③ 吴铎.社区服务若干理论问题的探讨：内地与香港社会福利发展第四次研讨会观点综述［J］.中国社会工作，1997（6）.

④ 刘杰.从行政主导到福利治理：社区服务的范式演变及其未来走向［J］.新视野，2016（5）.

⑤ 曹海军，刘少博.社区公共服务合作网络模式辨析：以"三社联动"为例［J］.中国行政管理，2020（8）.

基础；① 另一方面认为作为非制度性的社会资本塑造了社区多维主体间的信任网络，② 促进了自发的合作，共同构成了基于多重属性共同合作生产的社区服务机制。三是基于技术主义视角探讨如何协同，认为社区服务要适应社会资源配置方式的变革，依托社区服务中心、邻里中心或其他社会组织，形成集中式供给的服务载体与平台。

从具体实践来看，社区服务承载着多重目标和功能。社区服务既要满足上级领导对政绩目标考核的需要，又要满足社区居民对个性化服务的需要。这时候"两工联动"的试点推广到"五社联动"的探索发展无疑是助推社区服务的有效途径。"两工联动"中社工（社会工作者）和义工（社区志愿者）通过社区服务参与社区治理。2006年上海市人口和计划生育委员会、上海市民政局在《关于推进人口计生系统社会工作者队伍建设的实施意见》中指出，在社区建立人口计生社工队伍，引入社会工作理念和方法，以助推政府转变人口管理的模式，此时，已通过"两工联动"的方式以期推动社区服务质量的提升。2008年，《深圳市"社工、义工"联动工作实施方案（试行）》中指出，社工作为社会工作的职业队伍，应充分运用专业的方法和技巧，指导义工开展服务，提升义工的服务水平，形成"社工引领义工服务、义工协助社工服务"的运行机制，实现"社工、义工"联动互补、互动共进。社区可根据项目的需要向市、区、街道申请社工和义工。社工和义工的参与服务使得老人服务、家政服务系列问题的解决多了一重保障。2013年，民政部、财政部在《关于加快推进社区社会工作服务的意见》中指出，加快推进社区社会工作服务，对推动解决工业化、城镇化、市场化、信息化和农业现代化发展衍生的社会矛盾与问题，保障社会安全，维护社会稳定；对增强居民自治能力、培育居民互助

---

① 颜德如，张树吉.城市社区服务中的政社合作行为策略分析［J］.中共天津市委党校学报，2020（4）.

② 俞楠.转型社会城市社区服务合作供给模式的现实思考：以"社会信任"为考察视角［J］.华东理工大学学报（社会科学版），2019（1）.

意识、扩大社会参与、促进社区融合、增进社区和谐；对强化社区服务功能、深化社区服务内涵、提升社区服务层次、完善社区服务体系，满足社区居民心理疏导、精神慰藉、行为矫治、关系调适、能力提升等新的个性化服务需求；对丰富基层社会管理方式、创新基层社会管理体制、增强基层社会管理能力、强化基层社会管理效果；对落实党和政府惠民政策、彰显人文关怀、扩大和巩固党执政的群众基础，具有重要的意义。由此可见，社区服务既承担着发展社区福利，提高社区居民生活质量的社会服务功能，又承担着落实党和政府的政策，强化基层社会管理职能的功能。

（四）我国社区发展的模式

社区是基层社会的构成单位，作为居民休憩与生活的场所呈现出日益复杂的发展状况，这对治理精细化的目标追求提出了难题。解决这一难题，就需要对社区类型进行归纳与分类，进而针对社区的人口规模、居民素养、社区资本等要素进行统筹，提出既具有针对性又具有可行性的治理策略与方案，实现社区治理效能的整体性提升。

1. 传统型社区

这类社区通常也称为老旧小区，在城市地理位置上多处于繁华地带，因此较为集中、密集，且建筑楼层多属于多层建筑，这类社区的公共配套设施由于空间布局的局限性，只能在原基础上进行"小修小补"，无法进行大规模的提升。这类社区部分还留存着地缘性、血缘性的特征，居民彼此较为了解和熟悉，存在交错复杂的裙带关系，交往互动也比较紧密，具有传统的共同体特征。伴随着城市化进程加快，这类社区也面临着转型，部分老居民迁出与新居民的加入产生的人口流动，加剧了社区居民构成的复杂性，具有农村熟人社区的一些特征以及城中村的生产特点。此外，由于年轻人口更偏爱现代化的商品房住宅，因此，这类社区中老年人占比较高，养老、医疗等方面的需求突出。

2. 单位型社区

单位型社区在计划经济时期扮演着重要的角色，在今天的居民生活中依然扮演着举足轻重的角色。首先，单位型的社区是国家资源配置与基层力量整合的一种形式；其次，单位型社区是城市部分职工生活与休憩的重要空间。在计划经济时期，单位型社区处在"高热期"，社区内部居民通常来自同一大型企业或者同一类型的机关单位，还有的是来自几个单位，如企业类、教育类、医疗类、行政类等，社区可以称作家属院，也可以称作厂区（以下统称为单位型社区），居民相互之间较为了解且交往较为频繁。此类单位型社区亦有大小型之分，通常大一点的社区会为居民提供日常生活、教育、医疗、养老等各类比较齐全的公共服务以满足不同年龄段、不同层次人群的需求。

3. 混合型社区

混合型社区指多种社区类型在固定空间内的交融基础上形塑的多功能社区形态。该类社区多位于城市新开辟或者城市郊区地段，且具有较为完善的生活设施与综合性的商业服务。为更好地对该类社区进行区分和界定，本书将该类社区设定为至少包含两种不同社区类型。比如：本土失地农民和外地新市民以及城市拆迁迁居人口三种人群混住；城镇化建设过程中安置房小区与比较高端的商品房小区的混合；园区产业结构现代化升级后的工业集群与脱离土地的农业集群嵌入在同一空间而形成的混合。由于该类社区成立与发展时间相对较短，且社区成员构成具有多元化与繁杂性，社区成员之间虽然在一定程度上相互了解，但由于成员之间的异质性过大造成居民间日常交往不是很紧密。

4. 过渡型社区

该类社区一方面隐射着传统乡村的某些属性，另一方面又呈现出城市社区的空间表征。这类社区往往处于由乡村向城市过渡阶段，因此具有演替式等特点。在当前城市空间场域中，这类社区往往是社区类型中流动性最大且最为复杂的社区。一般情况下，过渡型社区有"村改居"社区、"城中村"社区、城郊边缘社区等类型。

5. 现代商品房式社区

伴随着单位制解体，原有的单位分房模式逐渐走向历史。商品房制度的施行，催生着诸多房地产商崛起，形成了企业开发、政企合作建设等多种模式。当前，城市现代商品房多由开发商参与土地拍卖获取土地后进行开发建设，该类社区多为住宅小区，且根据社区标准不同分为多种类型。一是封闭式高档住宅社区。该类社区的房价和物业费等都较高，因此置业对象多为高收入群体，一般具有较高的整体素质，同时社区成员的同质性较强。二是封闭式混合社区。该类社区的房价一般是所在城市的中等水准，其业主多为中产阶级，社区居民的职业多样化，社区居民结构相对较为复杂，但总体来说素质较高。三是中、低档的经济适用房。该类社区房价一般处在城市的中等偏下水平，譬如城市的普通住宅小区。

二、与社会组织相关的内容

在梳理各地方的文件时可以发现，"三社联动"的主体要素中，对社会组织的定义几乎没有争论，基本达成共识。此部分试图通过梳理关于社会组织的国内外研究文献揭示社会组织的发展历程以及社会组织的属性，论述"三社联动"中加入社会组织这一要素的合理性。

（一）何为社会组织

美国权威社会组织研究专家萨拉蒙（Salamon）认为，作为区别于政府和企业的第三部门，社会组织具有组织性、非政治性、非营利性、自治性、志愿性以及民间性、非宗教性等特征。香港中文大学教授王绍光与萨拉蒙的观点大致相同，指出社会组织具有组织性（不是临时性的）、志愿性（不是强制性的）、非营利性（可以营利但不能进行利润分配）、民间性（非政府性质）、自治性（不受制于任何组织和个人）、非政治性（不参与政治性活动）的特征。基于以上特征，社会组织的类似称谓还有"非政府组织"（NGO）、"非营利组织"（NPO）、"非营利部门"、"志愿组织"、"公益组织"、"民间组织"、"社会中介组织"、"第三部门"、"慈善组织"等称谓。2006年党的十六届六中全会通过的《中共中央关于构建社会主义和谐社会若干重大问题的决定》系统阐述了健全社会组织，增强服务社会功能，明确要完善培育扶持和依法管理社会组织的政策，支持社会组织参与社会管理和公共服务并引导各类社会组织加强自身建设。这是在党的决策中首次出现"社会组织"这一概念，并系统论述了中国社会组织现阶段的培育发展和监督管理。之后，社会组织概念得以确立。学者王名在《社会组织概论》一书中提出：狭义的社会组织包括社会团体、基金会和民办非企业单位这三类；广义的社会组织包括社区基层组织，指社区居民基于兴趣爱好、共同需求或公益服务等自发组织成立并在社区内开展相关活动的基层组织队伍，而工商注册非营利组织往往兼具公益性与经营性的双重特性。本书将主要研究服务社区的社会组织，可以通俗地理解为以满足服务需求为目标的正式的非营利性组织。

（二）社会组织的国内外研究现状

1. 国外研究现状

（1）政府与社会组织关系的研究

政府与社会组织的关系呈现出多种模式。社会组织并非独立的存在，而是社会系统的一个重要组成部分，其作用和规模受到政策环境的影响。政府与社会组织的关系可以总结为四种模式：政府支配模式、第三部门支配模式、混合模式及合作模式。① 它们的关系则可以通过组织目标定位及其行动策略决定，若以此为标准，政府与社会组织的关系则可概括为冲突模式、相机抉择模式、互补模式、合作模式。② 基于社会组织可能在政府部门治理失灵的领域出现，有学者认为社会组织可以以提供服务的身份与政

---

① Salarnon L M, Anheier S H K.Social Origins of Civil Society: Explaining the Nonprofit Sector Cross-Nationally [J].Voluntas: International Journal of Voluntary&Nonprofit Organizations, 1998（3）.

② Najam A.The Four C's of Government Third Sector - Government Relations [J].Nonprofit Management & Leadership, 2000（4）.

府形成伙伴关系弥补政府治理失灵的领域，同时也可以把政府部门治理较好的领域作为政府治理的有益补充。正是基于这种关系，决定了社会组织的局限性，即不能独立存在，而是需要依靠政府的资金扶持并接受政府的监督。①

（2）社会组织及其发展方面的研究

关于社会组织发展与政府影响方面，有学者认为社会组织对于政府治理有重要影响，反之政策环境也同样影响着社会组织的发展，这是一种动态的同频共振现象。社会组织虽然能代表居民群体表达他们的真实意愿，并且为之提供服务，但社会组织也要面临着其他同行业的激烈竞争，以及如何获取经济回报的压力。② 关于社区对社会组织发展的影响方面。有学者认为社会组织与社区具有高度的相似性，两者的共同点都是为居民创造活动的空间，并在此过程中达到自我价值实现的目的。探求如何将社区治理中各方参与者统一在一起分析解决问题，建立常态化对话机制，对社会组织的发展尤为重要。③ 关于社会组织对社区的促进作用。有学者通过对尼泊尔社区中的社会组织研究发现，社会组织维护社区稳定和谐有积极作用，能减少社区中不稳定因素，推动社区民主建设。④ 基于此，社区治理中加入社会组织这一主体参与治理也就是大势所趋。

（3）社会组织参与社区治理方面的研究

21世纪的公民不仅要接受政府管理，而且要通过社会组织这一纽带更多地参与到社区治理中。如果社会组织缺乏监督与惩戒机制，那么部分社

---

① 莱斯特·M.萨拉蒙.公共服务中的伙伴：现代福利国家中政府与非营利组织的关系 [M].北京：商务印书馆，2008.

② Teegen H，Doh J P，Vachani S.The importance of nongovernmental organizations（NGOs）in global governance and value creation：an international business research agenda [J].Springer，2004（6）.

③ Hardina，Donna.The Use of Dialogue in Community Organization Practice：Using Theory，Values，and Skills to Guide Group Decision-Making [J].Journal of Community Practice，2014（3）.

④ Kumar Acharya.Community governance and peace building in Nepal [J].Rural Society，2015（1）.

会组织的负面做法就会导致公民对其信心下降①。如何赢得民心并促进社会
组织的良好发展？社会组织要在政府治理中起到为居民切身利益代言，传
达居民真实声音的作用，基于此，社会组织才能发挥改善居民生活的作
用。②但是因为社会组织在社区治理中存在权力有限的困境，所以有学者提
出在社区治理中所存在的社会组织权利不对称问题，需要其在治理过程中
凭借集体对话的方法，来提高自身参与社区治理的有效性。③关于社会组织
参与社区治理的作用，有学者认为社会组织介入社区治理的过程中有提高
居民生活质量，改善民生的作用。④基于以上论述，对于引入社会组织参与
社区治理无疑具有一定的参考价值。

2. 国内研究现状

（1）"三社联动"模式的研究

有学者从不同主体参与的角度提出了"三社联动"的两种模式：一是
由社区居委会、社区社会组织、持证社会工作者形成的联动模式；二是由
社工团队作为社会组织的代表，以政府购买方式在社区开展服务，此模式
虽专业但却过于依赖政府。⑤还有学者提出了以下三种模式：一是内生型模
式；二是嵌入型模式；三是联动型模式⑥。亦有学者基于合作网络理论提出

---

① Phillips R.Tlie role of nonprofit advocacy organizations in Australian democracy and policy governance［J］.Voluntas：Intcrnalional Journal ol'Voluntai'y and Nonprofit Organizations，2006（1）.

② Lester Salamon.Sound Governance：Engaging Citizens hrough Collaborative Organizations［J］.Public Organiz Rev，2012（12）.

③ Donna Hardina.The Use of Dialogue in Community Organization Practice：Using Theory，Values，and Skills to Guide Group Decision-Making［J］.Journal of Community Practice，2014（3）.

④ Dhavaleshwar C.U.The Role of Social Worker in Community Development［M］.Socz'a：Science Electronic Publishing，2016.

⑤ 李涛."赋权"社区本土情境下"三社联动"建设路径思考［J］.社会公益，2015（10）.

⑥ 白福臣，李彩霞.新时代基层社会治理"三社联动"机制：理论构建、模式选择与路径优化［J］.学习论坛，2019（7）.

了四种不同的模式：共享型、领导型、枢纽型和休眠型。① 有学者从各个主体发挥不同作用的角度阐述，认为"三社联动"可以分为以下四类：委托型社会组织，适合社会组织发展较好的地区；服务型社会组织，以政府购买为主，社工机构提供服务；项目指导型社会组织，强调重点发挥社会组织的能动作用；社区内部发展型社会组织，强调社区居委会工作人员在协同合作中作用的发挥。②

（2）社会组织参与社区治理存在问题的研究

社会组织将协同治理理念运用到社区治理的过程，有治理理念的创新，单元面临着主体发育不全、基层信任不够、关系还待理顺、政策仍需优化、平台仍待完善等挑战。③ 有学者继续指出"三社联动"中合作治理时存在的困境：主体能力不够、社区居民有效参与不足、合作治理持续性缺乏、合作机制有待完善等。④ 还有学者从社会组织嵌入社区的程度进行论证，认为由于政府购买服务中对待社会组织的隐性的不平等关系使得社会工作难以发挥活力，限制了社会组织嵌入社区治理空间的深度。⑤ 也有学者提出社会组织参与社区治理中存在联动机制仍未完善、服务项目缺乏可持续性、社会组织的自我培育还未形成系统的问题。⑥ 随着研究的不断深入，对社会组织参与社区治理的研究也越来越深入，顺着此研究方向，有学者提出以下问题：社会组织参与社区治理还存在专业工作人员缺乏；居民对社会工作者的认识不足；

① 曹海军，刘少博.社区公共服务合作网络模式辨析：以"三社联动"为例［J］.中国行政管理，2020（8）.

② 李文静，时立荣."社会自主联动"："三社联动"社区治理机制的完善路径［J］.探索，2016（3）.

③ 刘春蕾.青年社会组织参与城市社区治理：发展形势、问题瓶颈与推进路径——基于上海青年社会组织社区参与的调查［J］.山东青年政治学院学报，2016（3）.

④ 丁辉侠，孟悄然."三社联动"合作治理的困境与对策［J］.中国民政，2017（15）.

⑤ 罗强强."嵌入式"发展中的"内卷化"：社会工作参与基层社会治理的个案分析［J］.江西师范大学学报（哲学社会科学版），2018（4）.

⑥ 罗俊彪.新时代社会组织参与社区治理的现状研究：以K市D社区为例［J］.法制博览，2020（22）.

政府购买服务质量差、成效低；社工机构参与社区治理概念模糊等问题。①

（3）社会组织参与社区治理路径的研究

针对不同学者提出的社会组织参与社区治理的问题，也有一批学者提出了建议对策。如有学者认为社会组织要发挥作用需要政府主导，整合资源，专业化服务以及居民骨干的参与。用项目化方式以点带面实现社区治理创新。② 也有学者从建设服务型政府的角度建言献策，认为政府要营造良好的政策环境帮助社会组织壮大，为社会组织提供培训以增强其能力，加大购买服务以向社会组织纵深延伸，提升社会组织自我管理水平，引导其参与社区服务项目。③ 也有学者从完善机制方面提出建议，如完善政府对于社会组织的支持机制，包括基层政府的工作机制，社区以党建为引领的整合机制，社会组织实现科学管理的管理机制。④

"三社联动"是一个实践先于理论研究的社区治理模式探索，学者对于"三社联动"方面的理论研究开展相对各地的实践较迟。2014年以来，关于"三社联动"参与社区治理方面的研究逐年呈上涨之势，在2017年达到顶峰，年发文量有94篇之多。研究内容也日益丰富，涉及"三社联动"模式、社会组织参与社区治理存在的问题、社会组织参与社区治理的路径等方方面面。时至今日，关于"三社联动"的研究仍在继续，可见"三社联动"参与社区治理的模式仍有社区适用。

（三）社会组织的属性

1. 社会组织的非营利性

社会组织的非营利性属性，是其有别于市场经济中其他企业的本质

①　高瑞鸿.社会工作介入城市社区治理研究：以重庆市 L 社区为例［J］.环渤海经济瞭望，2021（1）.

②　杨真真.社工机构参与社区治理精细化工作模式探索［J］.中国社会工作，2017（15）.

③　李培志.引导与自觉：城市社区社会组织参与社区治理的路径分析［J］.中州学刊，2019（6）.

④　许亚敏.社区社会组织发展及参与社区治理的路径研究［J］.领导科学，2020（12）.

特征。具体包括三个层面的内容：一是存在非营利性的分配与收入约束机制，即经济学中的不分配约束（non-distribution constraint），[①] 要求社会组织的捐赠人、理事会成员和实际管理者不得从其财产及运作中获得利益；二是存在非营利的组织运作和管理机制，也称为非牟利控制，要求社会组织在其决策、执行和监督的各个环节都要具备有效规避较高风险与较高回报的自我控制机制，以及避免用利润和收益作为激励手段的管理规则；三是存在非营利的财产保全机制，要求社会组织不得以捐赠以外的其他方式（如集资、合资、投资、并购等）变更财产及其产权结构，当组织终止活动或者要将其注销时，其剩余财产不得以任何形式转移给包括捐赠人在内的任何私人所有，而只能用于合乎其宗旨的其他社会活动。上述三个层面的特征在社会组织身上往往有不同程度的表现。

2. 社会组织的非政府性

社会组织的非政府属性，是其有别于政府等公共组织的本质特征。具体包括三个层面的内容：一是在决策体制上有别于政府等行政、事业单位，是自主决策、自治管理的独立实体，具有自主、自治和独立性的特点；二是在治理结构上不同于自上而下的党政体系，是民主治理的开放组织，具有民主、公开和社会性的特点；三是在运作机制上具有非垄断的市场竞争性，是一种优胜劣汰的具有专业素养的实力组织，追求核心竞争力。

3. 社会组织的社会性

社会组织的社会属性，是其有别于人类社会其他各类组织形态的本质特征。具体包括三个层面的内容：一是资源的社会性，社会组织得以运行发展的资源主要来源于社会，其通过开展募捐、接受募捐、收取会费、申请资助等方式直接获得来自社会的各种具有公益性（共益性）的资源，甚至包括吸纳人力资源（如志愿者等）；二是产出的社会性，社会组织所提

---

① Hansman H.Economic Theories of Nonprofit Organization［M］.nonprofit sector research handbook，1987.

供的产品或服务具有较强的利他性、非排他性或公益导向，受益对象的种类指不特定的社区人员、社区中的弱势群体或边缘群体；三是问责的社会性，社会组织在运行的过程中需接受来自社会及公共部门的问责及监督。社会组织与非社会组织对比详见表3-1。

表3-1 社会组织与非社会组织对比

社会组织	非社会组织（企业）	非社会组织（政府）
不能有金钱类的奖励	可以有绩效工资	可以有补贴性收入（如车补、房补）
注销时财产不能变卖	企业注销不论是破产还是转让都是以变卖形式完成	组织机构重组，可以变卖资产，但要充公
自主决策	自主决策	科层制
决策民主、公开、透明	决策要根据企业类型而言，有董事会决策制，有老板独裁的，有合伙人商议的等等	自上而下的
运作机制存在优胜劣汰的情况	运作机制中存在优胜劣汰的情况	运作机制中几乎不存在优胜劣汰的情况
服务是为了帮助他人	服务是为了更多地赚取利润	服务是为了服务人民，服务社会
接受来自公民及公共部门的监督	接受相关管理部门的监督	接受人民的监督

第三节 "三社联动"的联动机制分析

一、"三社联动"的生成条件

（一）政府权力下放

改革开放之前，我国社会构成比较单一，单位不仅仅是人们工作的场所，也是获得社会保障、人文关怀的重要载体，提供了人们生存、生活的最基本保障。这些都来自国家高度集权的行政管理体系，政府是全能的政府，人们也对所属的单位高度依赖，单位这一载体承载了人们的衣食住行，也给予了人们归属感和安全感，但是这个载体需要庞大的体系去支撑。改革开放以后，曾经的"单位制社会"逐渐解体，社会保障和人文关怀等功能从政府管理体系中剥离出来。随之而来的是一系列的社会需求需要一个平台承载，此时，政府对社会职能的注意力分配总体呈现上升趋势，中国政府对社会职能的平均注意力分配比例从1980—1989年的8.78%、1990—1999年的15.19%、2000—2009年的22.68%上升至2010—2017年的26.92%。[①] 从上述政策文本中得到的数据可以看出，2000年以后，政府对"服务型政府"的职能定位是由全能政府转向"服务型政府"，更加注重履行社会管理和公共服务职能。2000年11月，中共中央办公厅、国务院办公厅印发《关于加强和改进城市社区居民委员会建设工作的意见》。自此，社区中的管理职能在不断扩大，政府通过权力下放，把教育、医疗、后勤保障等职能逐级下移，把原本属于社会的权力归位于社区。政府、社区、社会组织之间的合作和社工作用的发挥，成为公共服务社会化的重要内容和形式。此时，社区的发展以及社会组织的成长也为专业社工服务机构承接政府职能的剥离做好了准备。"三社联动"的基础由此形成。

（二）群众需求增加

党的十九大报告中指出，我国进入社会主义新时代，目前社会的主要矛盾已经转化为人民日益增长的美好生活需要和不平衡不充分的发展之间的矛盾。随着人们生活水平的不断提高，对社会服务的需求也日益多元化。改革开放之前，政府以维护国家稳定、维持社会秩序为主，把人民对生活的需求放在了相对靠后的位置。随着社会的转型，人民生活水平的提高，要求统筹好发展与安全两件大事，此时也就更加强调社会服务，更加关注民生。伴随着社会转型产生了过渡型社区、商品房社区以及大量农民工进城务工等现象，人口流动频繁，人员构成复杂，不同人群对于生活的需求也各不相同，这从某种程度上给社区带来了管理和服务的压力，也为

---

① 刘泽金.中国政府职能的结构性演进［D］.南京：南京大学，2021.

"三社联动"提供了目标市场和服务空间。

（三）社会工作服务专业化

根据马斯洛的需求层次理论所表述的，人们在满足了生理需求和安全需求两种基本需求之后，就会寻求更高层次的满足。随着我国社会的不断发展和居民的多元化需求，为适应市场竞争的环境，社工机构也在不断地提升自己的供给服务能力，并扩大自身的服务范围。在传统的社会服务方式和内容已经无法满足居民的多样化需要的时候，社工的专业化水平就凸显了出来，加之社区工作人员在日常工作中不仅要服务社区居民，还需要处理大量的行政工作，所以需要有相关人员的协助，一支专业的社会工作者队伍无疑是最好的选择，专业的社会工作者队伍不仅可以以政府购买项目为契机，通过"三社联动"的机制参与到社区治理中来，而且可以用专业的社工知识为居民提供多样化的服务，补充和完善社区治理。

二、"三社联动"机制中的关系梳理

"三社联动"从表面看是社区、社会组织与社会工作者之间的联动，实质是以"政社联动"为核心的协同共治，梳理以下几对关系来说明"三社联动"机制建立的必要性和可行性。

（一）政府与社会组织之间的职能区别

在"三社联动"的协同治理中可以看出，社会组织通过购买政府的服务项目参与到公共事务领域的治理中，随着社会的发展和居民需求的个性化、多样化，政府与社会组织在社区这一平台要合作的项目会越来越多，范围也会越来越大。因此厘清政府与社会组织之间的职能更有利于合作的进行。政府是宏观调控者，政府与社会组织的职能领域是不同的，政府需在公共领域发挥顶层设计和宏观调控的职能，协调社会组织参与公共领域的治理以实现最终的治理目标；社会组织是实践领域的承接者，社会工作者是具体实施者，社会组织在社区这一平台上通过开展的项目实施相关职能。但是需要注意的是，在政府职能向社会组织转移职能，即在社会公共职能转移的过程中，相关部门需要准确评估社会组织的发展状况以及管理能力并对社会组织进行多方面支持。

（二）政府与社会组织之间的利益关系

社区这一概念在"三社联动"中更多的时候指代的是社区居委会而非仅仅是社区这一地域空间。社区居委会因为其特殊属性以及财政来源的约束在与社会组织的联动过程中更多的时候代表的是政府，首先要维护的是政府的利益。社区与社会组织之间的利益虽更多体现着统一性但也不可避免地会存在一些矛盾。统一性在于两者的权利来源一致且都以为社区提供服务为工作内容。矛盾的主要根源在于二者维护和代表的群体利益目标不完全一致，社区居委会是把政府的政绩考核和公共利益放在第一位的，而社会组织还需要维护组织自身利益以及特殊群体的个性化利益需求。此外，社会组织在实现公共利益的同时要保证其自身利益，这就需要政府通过对社会组织的税收优惠、财政补贴，甚至是直接的资金支持来促进社会组织的发展。

（三）政府与社会组织之间的合作关系

政府对社会组织更多的是承担协调、监督和保障的责任，社会组织主要是落实项目，接受监督。在落实项目的过程中，良好的沟通协调既是协同治理的前提，又是协同增效的基础。一方面，地方政府要保障项目的落地效果，就要与社区社会组织建立合作伙伴关系，加强对社会组织的了解和沟通并给予政策上的支持；另一方面，社会组织要赢得政府的信任，就必须积极参与公共事务，积极协助配合政府，展示自己的能力并赢得政府的信任和支持。

在此处的几对关系中，我们需要重点澄清一个主体即社会组织，此处购买政府服务的社会组织也可称为在社区开展项目的社工机构，这是一种专业化、职业化的社会组织，虽具有社会组织的基本性质，但有别于一般的在社区中发展起来的社会团体、协会类的社会组织。

第四节 "三社联动"的实践案例与联动分析

"三社联动"提出以来,全国各地都在不断进行社区治理的探索并且形成了各地各具特色的典型模式。"三社联动"在社区治理政策的指导下虽都有实践创新但由于地区的经济和社会发展状况不同,"三社联动"发展的程度和取得的效果也各不相同。

本书选取了一个过渡型社区作为研究的实践案例。此社区落地于S市C社区,C社区是位于城郊的一个新型小区,可以归类到上述五种模式中的过渡型社区,社区的居民多来自S市境内各乡镇的村民,村民入住小区转为居民的身份后,左邻右舍变得陌生,对社区的归属感较弱,集体意识不强。针对社区社会组织少,社区中农民居多且彼此陌生、交往少凝聚力弱的现状,以期通过"三社联动"方式,培育并促进社区社会组织发展,提升居民的自我服务能力,提高居民的归属感,增强社区凝聚力。

一、社区概况

C社区建在S市的城郊,总面积0.562平方公里,是近十年新建的社区。目前由13个居民小区组成,总户数3321户,总人口10859人。C社区所在的D区有运动场、图书馆、体育馆、电影院等"三馆一中心",给居民生活带来了极大的方便。社区办公室设在13个居民小区的中间位置,服务场所占地面积约360平方米,社区干部13名,现有社区党总支部党员50余名,社区有工作人员13名。社区成立以来,着手整合资源,建立了妇女之家、老年之家、和事佬调解中心、红白喜事理事会等服务中心。近年来,C社区积极响应上级政府号召,承接政府购买项目,以居民需求为导向,凝聚多方力量参与社区治理,开展社区服务,解决社区问题,推动社区治理向专业化、法治化的新型社区迈进。

二、以项目推进"三社联动"的实践案例

W 社工机构的社会工作者在签订"三方协议"后，根据项目申请书和指导书的要求以专业理念、既定目标与专业技术，准备开展社工服务。C 社区居委会的负责人首先主动找到 W 社工机构的负责人，W 社工机构是在 S 市民政局注册的民办非企业的社会工作机构，机构的工作人员主要是社会工作专业的高校本硕学生以及骨干教师。据了解，C 社区居委会在拿到服务项目书后，在当地民政局的见证下，第一时间便在 C 社区居委会与 W 社工机构的社工进行了工作上的对接。W 社工机构社会工作者的工作就是用专业的方式参与到 C 社区的社区治理中来，对于社区居委会而言，社会工作者参与到社区治理中来某种程度上多少会对社区原有的工作模式产生一些影响。

在第一次的会议上，W 社工机构负责人和机构督导向居委会主任 M 书记和社区工作人员详细介绍了服务项目的目标、内容、方式之后，并特别解释了"三社联动"这个概念和"三社联动"主体之间的关系，包括社会工作者、社会工作专业理念和方法等以期社区支部书记及其居委会的工作人员能够认识社工并熟悉社工的这份职业，以便在之后的工作中双方能够更好地相互配合。随后，驻地社工主动与 C 社区相关工作人员交流并询问了本社区的一些基本情况和社区内已经成立的社会组织的相关情况。最后，C 社区居委会为社工安排了临时的办公场所。

在接下来的工作中，社区居委会提供了该社区的社会组织名单。驻地社工通过问卷调查并与居委会人员进行更深入的沟通后，根据已有项目计划书的内容，评估社区需求与项目计划书的匹配度。通过深度分析，驻地社工一致认为在项目前期，需要先对社区已有的社会组织进行培育并尽可能在允许范围内孵化一些新的社会组织。经过一番讨论论证，驻地社工针对即将到来的暑期拟定了一份暑期培训班项目书。以期通过暑期三点半小课堂和居民家长取得联系，同时还可以丰富社区内儿童的暑期生活，培育好 C 社区的

家长志愿者协会组织，使其在"三社联动"中更好地发挥作用。

项目初期阶段，社工首先通过开展丰富多彩的活动与居委会建立起了联动关系，取得了社区居委会的信任；其次通过前期入户探访的方式，主动让更多的居民认识到社工的存在并从中了解居民的需求；最后通过与社区内有共同兴趣的居民代表取得联系，帮助他们成立社会组织协会，如广场舞团队、歌唱团队、秧歌队协会、务工人员权益保护协会（因为这属于过渡型社区，这个社区中有很多进到市区务工的农民且这些农民的文化水平偏低，他们在市区打工有时难免会遇到权益受损而求助无门的窘况。在这个社区成立这种性质的协会，一方面可以让社区的居民体会到社区对他们的关怀，让他们知道遇到问题有处可寻，有地方可以帮助他们寻求办法，寻求法律支援；另一方面也可以减少社会矛盾，将"枫桥经验"活学活用，把矛盾用法治的手段化解在社区）。但是，初期仍然出现了社区居民参与度不高的问题，针对此情况，社工依然希望通过有吸引力的项目联动"三社"带动居民参与。经过进一步的论证，将项目模式定为"三加三带"的"三社联动模式"，具体为："三点半小课堂暑期班＋时间兑换"带动社区志愿服务；"广场舞团队＋集体生日会"带动社区养老互助；"小主持人＋公益普法"带动更多居民关注小区的发展。

在项目的启动阶段，为了让以上三类项目能够顺利开展，驻地社工需要根据拟订好的方案制作并完善许多关于基础数据的表格，例如社区资源统计表、社区组织登记表、社区积极分子登记表，还需收集相关资料，例如社区入户资料名单和社区内困难居民名单，这些都离不开社区居委会的积极配合。双方的有效配合为项目的顺利开展奠定了前期基础。

初次进入社区做社会工作者时，我特别期望自己能够运用所学的专业知识和技能帮助社区内的困境群体。但是当我第一次走进社区，面对社区内的工作者、社区居民特别是困境老人和儿童时又感觉什么都做不了，看着社区工作者能和受助群体相处融洽，而自己却总能把话题聊死，这时就会感到特别失落。

——社工亮亮

我之前听到社工这个词，就和社区工作者联系到了一起，但不是特别明白社工到底是做什么的，社工和社区工作者除了叫着不同，还有啥区别。后面听说来这里的社工都是高校的本科生和硕士生，心想着文化水平可不低，能帮我们社区做不少我们不擅长的活儿，减轻不少负担呢。

——C 社区主任

在社工与社区居委会的联动中发现了几个问题。首先，社工只是与居委会联系互动较为频繁，与社区内的居民联系较少，仅限于居民代表和特殊老人以及困难群体，这就偏离了这一项目的主题，主要是为社区居民服务。其次，居委会干部对社工的认识问题，尽管 W 社工机构负责人和驻地社工都向居委会干部及工作人员说明了此次开展的"三社联动"项目的内容以及社工的职责，但是居委会干部依旧会认为社工就是上级政府派来协助社区治理内务的，没有把社工和社区工作者放在一个平等的合作伙伴的位置。最后，居委会有时会委派行政性的工作给社工，影响了社工开展项目进度。比如有时撰写汇报材料，居委会就理所当然地把收集材料、写稿件、打印复印的工作交给社工去做。此时，社工不单单要准备社工机构所需的材料，还要完成社区交代的任务。而社工为了项目的顺利开展，不得不配合居委会，努力完成居委会交代的各项工作任务。

经过一段时间的相互了解后，社工和 C 社区居委会的关系基本确立，彼此之间也熟悉起来。此时，上文中所提到的三种模式的项目也在井然有序地推进，社工根据项目内容已经成立了三点半小课堂暑期班，并着手成立与培育社区志愿者社会组织，每月为老人举办集体生日会，根据社区活动，社工也会积极配合社区举办各式各样的节日、宣传日等主题活动。在社工的眼里，他们做的这些工作正在根据项目书的内容不断完善。根据项目书的指引，社工明白要做的事情还有很多，他们在与社区居委会的逐渐了解过程中，社区内还有许多可以做的事情。在"三社联动"项目的具体实施过程中，一方面，社区居委会难免会将部分无关居民利益的政治性任务纳入项目中，社工有时也要协助居委会应付上级政府的各种检查，在此种情况下，社工会面临两难选择；另一方面，在社区居委会的眼里，社工进驻到社区做的一系列工作，并没有完全达到社区所想看到的效果，而是刻板地完成项目书的内容，对于居民实质性的帮助没有多少，社区居委会也积压了自己的一些不满情绪。显然，在这个阶段，基层社区居委会对社工的认可度并不是很高，双方的联动也很被动。虽然政府认为通过购买服务的形式可以使得社工参与社区治理以提高社区服务质量，并有助于推动政府职能转变，但这种设想在社区居委会管理者眼中的重要性会大打折扣。随着社工机构与社区居委会联动越发频繁，两者之间因为个别项目也产生了一些矛盾，但也有合作愉快的项目。以下根据不同实例做简单阐述。

（一）关于社会组织的培育

在 C 社区"三社联动"开展之时，社工为深入了解居民需求做了一些准备工作，主要是想以趣缘为基础凝聚社区居民，促进社区居民结成社区社会组织，然后依托社区社会组织开展活动。所以孵化并培育社区社会组织是本次项目的重中之重，根据现有社区社会组织专业能力不足，定位不清晰，社工工作的重点是提升社区组织能力，激发社区组织的动力，带动居民互助服务开展。在项目立项阶段，社区居委会给了社工几份社区内关于现有社会组织的材料，包括社区所辖几个小区的业主委员会以及老年协会、广场舞队、志愿者协会等。社工在前期阶段还以为可以在已有社会组织的基础上进行进一步的培育和提升，但是当社工进入到社区一段时间后发现，社区社会组织的情况并不是像社区一开始所说的那么乐观。

有一次，我去问社区书记要社区已存在相关社会组织的资料，社区支部书记只给了我具有代表性的领袖名单,至于一些社会组织的花名册、协会章程等,社区表示并没有。

——社工小马

此时,社工就需要弥补社区本身所存在的空缺,不仅要一一联系各"空头"协会的积极分子,还要在准备成立协会相关事宜的同时培育和发展小区内项目中的其他社会组织。"三社联动"的核心就是社会工作者(社工)、社区居委会、社会组织三者之间的联动,而在此处更多体现的是社工与社区居委会的联动,因为如果没有社工与社区居委会的合作,社区社会组织的成立都难上加难,更何谈与社工和社区居委会联动起来共同参与社区治理。首先,社会组织的成立需要社工在社区居委会的协助下收集资料,联系带头人,开展三方见面的会议,社会组织的培育需要社工按项目的预算从项目经费中出资支持,然而社区居委会在出资方面会和社工出现分歧,社区居委会认为有些社会组织就是个"无底洞",给钱就成立,后期如果社工离开的话,这类社会组织该怎么办,如果找到社区,那时候社区居委会又该如何回应。其次,在孵化并培育社会组织时,需要有一套完整的体系流程,在社工看来,社区社会组织的成立将会成为社区坚实的后备力量,可以为社区排忧解难,而在社区居委会看来,社区组织的成立,培育靠社工、资金靠社工,如果社工走了,那后期的培育、资金等方面的事宜社区居委会无力承担。由此看出,在孵化和培育社区组织这个问题上,因驻地社工与社区居委会角度不同,也产生了一些分歧。

前期社工把时间全浪费在社会组织上了,有些社会组织对社区是没有用的,他们召集了一些对社区治理没有用的人,后期社工走了,这群人什么大事小事都来居委会,甚至要钱,这让我们怎么做。

——居委会 L 书记

在孵化和培育社会组织的项目进展中，社工既要努力寻求社区居委会的认同，顶着压力去准备培育社会组织的相关事宜，还要和各社会组织的代表取得联系，做好准备成立新的社会组织。然而社区居委会的不配合甚至不支持的态度，使得社区与社工的联动并不顺畅，更无从谈起对社区治理发挥的作用。

（二）三点半小课堂培训班

三点半小课堂培训班刚好在暑假，社工在前期就了解到由于社区属于过渡型社区，社区中的学生放假通常会闲散在家，一方面，父母忙于工作无暇陪伴孩子；另一方面，住在这个社区的家长也没有意识或者多余的经费用于孩子的各类兴趣班。家长们由于各自需要上班没有闲暇时间陪伴孩子，不禁担心孩子们在假期中由于无事可做而被荒废，更甚者惹出不必要的麻烦，社区由于需要处理多项日常工作没有多余的工作人员和时间来解决这个问题，在社工和社区的商议下决定以"三点半小课堂培训班"的形式，把闲散在家的孩子聚集过来培养他们多样的兴趣爱好，并为同龄孩子创造交往交流的机会，促进孩子们的身心健康发展。然后发挥社工自身的优势并同时在 C 社区辖区的各小区内寻找有特长的居民成立社区志愿服务组织，开展剪纸课、舞蹈课、硬笔／软笔书法课、国画课、手工课、益智游戏等各种丰富多样的兴趣班、公益服务课程以及"非遗"中的扎染培训等活动，解决了暑期青少年托管的问题，也让社区青少年开阔了眼界、增长了知识。在这个过程中，社区提供给社工潜在志愿者的信息并协助社工入户进行说服等工作，社工成立社区志愿者协会解决了社区内青少年的暑假托管问题。

整个过程大多由社工策划，社工不仅扮演统筹谋划者的角色，也在三点半小课堂上充当老师的角色，例如油画、益智游戏、舞蹈课都是由社工机构的社工排班完成。愿意服务三点半小课堂的志愿者多是这些孩子的家长，他们通过自己的志愿服务为孩子赚取三点半小课堂的积分，支持三点半小课堂的工作。通过三点半小课堂的项目将社区、社会组织和社会工作者联系在一起，形成了"三社联动"的良好发展之势，解决了社区居民的困难。

　　我认为从事社工行业对于从业者有较高的要求，不仅需要社会工作者有实务技巧，能够帮助服务对象解决问题，而且需要社会工作者具有较强的文字书写功底，需要设计活动、总结反思。我刚进入社工机构的第一份工作就是撰写活动计划书，这对于新入行的社工来说其实是一个挑战。另外，社工机构的人员较少，一个社工往往要身兼数职，需要具备各方面的本领，对于个人而言是一个扩展知识面的平台。

——社工小姿

　　后来我才明白仅仅熟悉书本知识对于社工是远远不够的，怎样与社区居民相处，怎样走进案主的内心世界，需要向在一线经验丰富的社区工作者学习取经，当然更需要我们一次一次的实践。社会工作者是自己接触的第一份工作，这份工作让我学会了怎样与不同的群体高效沟通，同时社会工作这个职业在给困境个体、群体带来帮助的同时，也让我能够更好地了解自己，帮助自己。还有一个感受就是这项工作特别充实，能够帮助到有需要的人，能够解决一个一个问题让自己特别有成就感。

——社工亮亮

　　在"三社联动"项目的具体实施过程中，社区居委会有时难免会将部分无关居民利益的政治性任务纳入项目中并体现在活动的方方面面。社工要做的是要学会适应不同的工作方法，学会用自己的专业知识去调和与社区居委会之间的合作关系，做到有商有量，求同存异，共和共谋，发挥整体大于部分之和（1+1>2）的联动功效，以确保"三社联动"项目整体有序开展。

经过前面一段时间的共事，社工逐渐意识到，社工机构项目开展得是否顺利，离不开社区居委会的支持，因为在动员居民行动、了解社区资源、维护社区秩序等许多方面，社区居委会比社工具有更多的优势。所以，获得社区居委会的支持显得尤为重要。这就需要社工从自身改变观念，灵活地调整行动。

社工的行动策略首先就是放低姿态，保持谦虚好学的态度。经常向居委会报告项目的进度，并以提议的形式争取居委会的支持。这种工作方式上的调整，对于社工来说，既能发挥专业优势又可以赢得社区居委会的支持。其次就是灵活工作方式保证项目的顺利推进。社工为了保质保量地完成指标性任务，就必须同居委会联动完成。基于此，社工充分发挥自身优势，先帮助居委会做好重大活动的策划与会务安排。C社区虽然是过渡型社区，但是属于当地比较有知名度并获得政府多项荣誉奖章的先进社区。C社区主要靠党建工作、关爱老弱病残、微观治理等特色内容获得上级政府的重视。党的建设和微观治理是社区居委会的重点，也是考核基层政府的重要指标。尤其是有重大活动的时候，C社区就要与相关单位合作举办宣传活动，此时是社区居委会人手最缺，最忙乱之时，如需要策划活动方案、需要布置会场，还要联系参会人员并做好准备工作等。这时候，社工人员发挥自身专业优势，帮助策划、协调，赢得了居委会的信赖。此时，社区居委会也会建议社工在宣传社区活动的同时，把社工以及社会组织的作用渲染一些，"三社联动"不再囿于社工需要实施的项目中。

在这期间，社工统筹策划的多个项目，例如社区组织动员的一次大型活动，在活动之前，社工会给社区一份活动方案，社区在没有精力参与举办的活动时，一般也都会同意举办，只是会让社工和社会组织的带头人直接进行联系，沟通活动细节，社区会在活动需要的时候给予支持并主动给些活动的照片和素材。在开展活动的时候，如果社区工作人员不在现场，社工也会主动把通讯稿和活动照片传给他们。几次下来，这样的合作方式让居委会也尝到了"甜头"。在后来的活动中,只要社区有行政任务和活动就会寻求社工的帮助,社工举办活动需要场地的时候,社区也会积极帮助社工争取。这表明经过一段时间的磨合,社工与社区之间开始逐渐适应对方,两者开始接纳与认同,互动频率随之增加。从表面上看,双方的互动状况似乎也向好,但是社工却隐约感受到自身的使命和社会工作专业力量在无形中走偏、受到压制。

> 我们同居委会的关系发生了改变,这令我们高兴,我认为这是以让步换来的。我们本想着以合作的形式来完成"三社联动"的项目,事实证明,只是从完成项目任务书的角度去完成项目书的内容,为居民带去服务是很难实现的,居委会才是真正能发动居民直接参与活动的人,这就决定了我们要适度地参与到居委会的一些活动中去,进而导致了工作内容的直接增多,加班加点是常态,但是想着这样项目就可以顺利进行了,我们也愿意。
>
> ——社工小心

社工与社区居委会在数月的共事之后,两者关系趋于平稳,彼此都有了信任,社工针对该社区的问题开展的专业服务也在社区居委会的支持下顺利进行。关于孵化并培育社会组织参与社区治理的项目,社区居委会也打消了一开始的顾虑,社区居委会逐渐意识到社工开展的服务只会为社区发展"锦上添花",有的可以称得上"雪中送炭",对社区来说,利大于弊。其实,项目一开始,社工就和社区说过这些问题,但当时社区人员可能出于不太信任并没有回应,随着后期的接触,居委会也会协助 W 社工机构完成项目中的指标,因为此时社区相信如果机构的项目指标没有完成,那么后期评估就拿不到项目的剩余资金,对社区也不好。据驻地社工介绍,刚开始入驻社区时,他们就多次和社区说过类似的话,但社区一开始就是一副冷漠的态度。直到两者互相配合后,社区居委会才明白了社工所做的很多服务对社区是利大于弊的。此时，社区的社会组织也会多次找社工帮助他们处理一些组织事宜，比如设计培育的相关事宜，社工会负责联动社会组织与社区的事务，但如果是一些庞杂的小事，社工也会委婉地拒绝。社工帮助社区成立了近10支社区社会组织，通过开展培训，制定章程等工作，帮助这些社区社会组织成功备案并制定组织服务流程和服务指南，调动社区资源，支持社会组织筹办活动，推进"三社联动"格局的形成。在项目周期运行中，社工通过一些专业服务技术符号的展现，帮助社区成立和培育了社区广场舞协会、书画协会、三点半小课堂志愿者协会等社区社会组织，致力于社区服务，在"三社联动"中社工的不可替代性也逐渐被社区居委会、社会组织、居民所认可。在后期阶段，社区、社工（社会工作者）和社会组织在互动中彼此认同并加强合作，社区居委会对社会工作者的项目大力支持，这为社工后续继续开展服务提供了良好的平台；社会组织在社工的支持下良性运转，解决了社区中很多急难愁盼的问题，加强了邻里的沟通，打破了楼宇间的隔阂；社区也从社工身上学习到社会工作服务理念，从而更好地为居民带去服务，社区与社工在项目实施过程中的适度让步共同推动了"三社联动"项目的进展，也形成了"三社联动"的协同治理之势，"三社联动"的机制不断完善。

三、"三社联动"的运行分析

社会工作者在社工机构购买政府服务后进驻到社区，试图运用个案、小组等专业方法迅速投入工作，以帮助机构和他人发挥自身潜能，解决社区问题，满足社区居民多样化的需求。社工在社区中的主要工作任务就是以项目的形式为社区和居民提供服务。即在社区的协助下，运用社会工作的基本理论知识与技术，以一定的社会组织为依托，突出重点对象，与社区居民一起共同合作，共同努力实现预期的项目目标。

在上一部分"三社联动"的案例中，社工与居委会之间始终存在着多种模式的互动关系，通过项目可以概括为以下几种。

（一）社工与社区居委会之间在整个项目实施的过程中都存在双向互动的过程

在 C 社区的"三社联动"过程中，社工与社区居委会之间在整个项目实施的过程中都存在双向互动的过程。在情感关系上，社工与社区随着项目的实施经历了初期的不信任、中期的冲突与合作，然后最终趋于合作互助。在利益方面，社工与社区存在着部分利益不一致的地方，但基于根本利益目标的一致，两者还是在冲突中向着合作的方向发展。如社工进驻社区开展的活动都是出于居民利益考虑的，但是社区居委会有时会将部分无关居民利益的政治性任务纳入项目中。当政府购买社工服务，促使社工、社区居委会以及社会组织各方主体参与社区治理时，社区与社工的根本利益是趋于一致的，都是使"三社联动"的项目以社区为平台、社区社会组织为载体、社工为专业支撑力量，通过合力引导、链接资源等，推动项目开展，构建社区、社工队伍、社区组织"互联、互动、互补"的社区治理新格局，切实增强居民的归属感和幸福感，提升群众满意度。

（二）社工与社区之间的互动仅限于特定的范围

在 C 社区，"三社联动"与社区服务创新项目中，社工与社区之间的互动仅限于特定的范围，政府购买服务的有关政策法规和三方协议中明确规定了社工与社区在政府购买"三社联动"服务项目中的作用、权利和义务。例如，在本项目实施过程中，社区居委会在和其他共建单位合力举办大型活动的时候，会带上社工所在的共建单位，而社工在此类活动中也愿意配合社区做好活动。每逢节假日到来之时，驻地社工也都会策划活动，联合相关社会组织参与进来与社区协商，安排活动场地，联系广大居民，此类项目大多数情况下都是社工主导，不用社区过多地耗费精力。在项目书所规定的社工需要完成的工作之外，社工多数都会在社区居委会需要的地方配合其完成一些行政上的事务。在孵化和培育社会组织方面，尽管社区对有些社会组织的培育并不看好，但仍然会在一开始基于对社工工作的支持做一些配合的工作，后期也会通过不同的社会组织满足不同居民多样化的需求，实现与社会组织的互动，当然，在遇到与社会组织互动不畅的时候，也会请社工帮忙解决。社工、社区、社会组织随着项目的增加和项目的推进，出于"三社联动"共同治理社区的目的，他们之间的联动也会往深度和广度上扩展，合作治理的空间也随之扩大。

（三）"三社联动"的过程表征

从上述的案例中笔者认为，"三社"的联动要经历交换—合作—冲突中合作—平稳合作的过程。依然以上述案例为例。首先，在C社区的"三社联动"服务项目中，社工与社区之间实质上是一种资源交换的行为，C社区所在地的政府作为"买方"，通过项目购买的方式向W社工机构购买了社工服务；紧接着W社工机构作为承接方派遣专业社工为社区提供服务。随后在整个项目的实施过程中，社工会与社区之间产生资源交换的情况，是因为他们二者都有对方需要的重要资源，社区有社工实施项目需要的本地人力资源，而社工的专业力量可以为社区居民带来实质性服务的能力。通过二者资源交换，可以实现"1+1>2"的效果，使利益最大化。在这个过程中社工为保证项目的顺利开展，会主动调整策略帮助社区完成一些行政化的指标，以期希望通过此举获得相应的回报，这个回报就是希望社区能给予他们项目上的配合与支持。其次，来到第二个阶段，即合作阶段。在本案例中，社工和社区之间的合作更像是一种指导合作，政府为C社区购买服务，社工购买政府的服务项目，两者基于C社区的"三社联动"服务项目合作。在项目的实施过程中，社工与社区的互动过程实际上是一种合作的过程，是双方共同为实现使各方受益的共同目标而采取的一种共同行动。如果社工要想与社区合力完成本次项目，那就必须奔着同一个目标展开合作。双方在项目的实施过程中所呈现出的处事及沟通方式也会影响社工与社区的合作互动，反之，如果两方个体稍微改变一下自身的处事方式和沟通方式，两者的合作就会得到更好的效果。合作是联动中必不可少的元素，本书所研究的个案"三社联动"项目都是以合作为主线展开实施的。再次，来到第三个阶段，即冲突中合作。在C社区"三社联动"服务项目运行到中期,因为孵化和培育社会组织的项目,两者觉得出现了利益不对等、资源不平衡的情况,此时矛盾和冲突开始凸显,在此项目实施的中期阶段甚至中断了项目的进度,但是伴随着冲突,社工通过调整自身的行动策略主动与社区和解,社区在社工作出一系列举动之后也理解了社工的行为,转变态度支持与配合社工的行动。在此过程中,笔者认为冲突的发生是不可避免的,冲突虽具有负面性,但也有积极作用,这就需要社工和社区都具备处理冲突的能力,及时有效地化解冲突,并尽可能降低冲突的消极影响,增强冲突的积极作用。最后,来到第四个阶段,即平稳合作阶段。当社工在开展项目、资源上的获取和居民动员方面都获得社区的支持后,孵化和培育社会组织的项目得以顺利开展,"三社联动"的雏形也正式形成。社工按照项目的需要积极培育现有的社会组织,在社区调研后根据社区的具体情况孵化社区需要的社会组织,比如"三点半小课堂暑期班+时间兑换"带动的社区志愿服务解决了本社区暑假期间青少年无人看管的问题;"广场舞团队+集体生日会"带动了社区养老互助。至此,社工进驻社区培育社会组织同社区联动共同治理社区的模式正式形成且各自发挥优势。

基于以上案例,笔者认为在此案例中,最终使"三社"得以联动,与社工的专业素养和社工作用的发挥有着密切的关系。那么社工在"三社联动"中都扮演了哪几个角色呢?根据案例,笔者做了以下分析。在以上案例中,社工主要扮演以下几个具体角色。首先是赋能者。主要表现在参与社区治理中,社工通过社区走访了解了居民的需求,鼓励居民通过社会组织解决自己的急难问题,比如假期大人外出打工,家中的孩子无人看管的问题,通过社工开展的"三点半小课堂"协同培育的社区志愿者组织解决了这一问题。通常情况下,社工会鼓励居民表达自己的利益诉求,促进居民之间的交流与沟通,促进居民合作,提高适应环境的能力,并能团结一致、共同努力,解决面临的问题。其次是资源链接者。社工的中介者角色主要是充当社区内各个组织、协会之间以及与社区之间的各种信息的沟通与协调，同时也充当社区居民与其所需资源之间的主要联系人。例如，有时为了化解矛盾，社工就要进行广泛的信息研究、社会政策研究；对于一些缺乏资源支持的群体，社工就要努力发掘这些居民可能获取的资源或寻求社会政策的支持。最后是推动者。这一角色要求社工不仅要动员居民发现和解决问题，而且还要求其具备社工的经验、耐心以及毅力。一般而言，社工需要较长时间，有时一个项目需要持续很长时间，几年甚至十几年。这就要求社工具有推动社区社会工作运作的能力，保证社区社会工作的可持续性开展。

第四章
"四社联动"的背景及其联动分析

党的十八届三中全会以来，创新社会治理体制的战略部署，用"社会治理"代替"社会管理"的理念赋予了社会主体性，也意味着政社关系逐步由"政府本位"向"社会本位"转变。"四社联动"的体制创新是对政府单向管控、社会自主性弱、市场参与度低等结构性问题的回应，政府通过购买服务减少居委会行政事务，让渡治理空间于社会组织、向社区"嵌入"社会工作者、把志愿者作为社会工作者力量不足的补充，以期通过"四社联动"实现满足居民个性化需求的目的。

第一节 "四社联动"的背景、概念及参与主体

一、"四社联动"的背景

中国特色社会主义进入新时代，我国社会主要矛盾已经转化为人民日益增长的美好生活需要和不平衡不充分的发展之间的矛盾。社会主要矛盾的变化，城镇化进程的不断加快，城市人口数量迅猛增长，社会问题的复杂性、多样性也在不断加强，居民的需求呈个性化发展，诉求也趋于多

样化的发展态势，这一系列的新变化使得社区治理的难度系数增大。在政社合作的实践层面，政府和社会力量（囿于社区的社会力量主要包括社区居委会、社会组织、社会工作者）要真正建立起基于社会治理的协同共治的合作伙伴关系，首先需要面对的就是地方权威的政治环境因素，社会力量的基层社会治理参与常常"仅止于在确保政治忠诚的前提下进行的服务购买"①，缺少对基层社会公共事务需求的调查研究。在此情况下，所购买的服务有时就会出现急需的服务没有买，买的服务不是急需的尴尬，由此产生的结果就是社会力量缺少对基层社会公共事务的共同决策参与和对国家资源与权力的分配参与。其次是由于缺少部分环节的参与而导致的角色偏差需要社会力量主动作为。社会力量（社区的社区居委会、社会组织和社会工作者）不仅是本社区公共政策的执行者，也是政府对社区治理政策制定和评估的重要参与者，还是协调国家和个体关系的中介。如果仅止于在确保政治忠诚的前提下进行的服务购买，必然会导致角色的偏差，在此情况下就需要社会力量主动寻求方法真正嵌入政社合作的体系，获得资源和政策的支持。最后是社会力量若要真正嵌入政社合作的体系就需要担负起相应的职能。如在社区治理中，除了发挥社区居委会的能动作用，依附于特定社工机构的社会工作者就需要发挥专业优势促进社区公共服务供给质量的提升。在困于社会工作者人员数量有限，工作庞杂的境况下，基于"两工联动"的前期实践以及'三社联动'中偶尔出现的协助主体，志愿者这一角色再次引起了社会力量的关注，"四社联动"应需而生。政府与社会在"四社联动"机制中的理想合作模式体现为相互嵌入。也就是说，政府通过借助社会力量实现职能转变和治理能力提升，社会力量通过获得政府提供的资源（包括人力、物力）和政策保障，发挥各自优势以提升公共服务供给的质量。

在"两工联动"以及"三社联动"基础上吸取了一些教训也积累了一

---

① 程秀英，孙柏瑛．社会资本视角下社区治理中的制度设计再思考［J］．中国行政管理，2017（4）．

些经验的情况下，"四社联动"特别关注在一个限定的领域内如何有效维持社会秩序以实现治理有效的目的。在这一治理过程中，不可避免的是与角色分工相适应的权力的分散，决策权、管理权、执行权和监督权需要在不同的参与治理的主体之间适度分化，这是政府权力与公民权利协同共生的转型，也是政府还权于社区的过程。在此意义上讲，社区治理就是在辖区居民生活的区域，一部分内容属于政府治理，一部分内容属于非正式组织的治理。① 由公民社会组织承接的政府职能转变和单位体制解体带来的责任同时转移到社会力量的治理中，需要借助政治权威的作用和对行政权力的运用，需要政府为"四社联动"规范化发展提供制度保障。"四社联动"具体流程设计的优化，尤其在缺乏民主传统的基层社会，更需要政府积极参与和主导秩序的构建，不论是在社会力量的引进和培养环节、对公共服务供给的监督考核环节，还是服务效果反馈激励环节，政府除了负起授权、引导与监督责任，使"四社联动"机制运行更加流畅，更有效率，同时"也要自觉约束自身行为的方式和界限，设计逐步退出的机制"②。

在退出机制设计的同时，联动机制的探索也需同时进行。在政社合作的过程中，社会工作者以及社会组织等社会力量在政府的引导扶持和培育之下渐渐发展壮大起来，社会工作者的专业方法渐渐进入人们的视野并得到人们的认可。政府探索新的联动机制过程中，考虑如何更好地发挥组织、资源等方面的作用，在梳理了全国各地踊跃出的发展创新基层治理模式的基础上，社工＋义工"两工联动"治理模式发挥过积极作用，社区＋社会组织＋社会工作者"三社联动"的治理模式也发挥过积极作用，若要更好地发挥社会各方的力量，取"两工联动"与"三社联动"参与主体的并集，即社区＋社会组织＋社会工作者＋社区志愿者，并积极挖掘他们

① 呼连焦.共建共治共享目标引领下的城市社区协商治理研究［D］.长春：东北师范大学，2016.

② 敬乂嘉.合作治理：再造公共服务的逻辑［M］.天津：天津人民出版社，2009.

的优势能否更好地促进社区治理，引起了部分省市的关注，于是"四社联动"的新模式逐渐在各社区进行试点。

二、"四社联动"的概念

对于"三社联动"不同学者有不同的界定，本书将前文中"三社联动"以及在此基础上发展出来的"四社联动"的概念界定进行了系统的分析。在本书中，"四社联动"是指社区、社会组织、社会工作者以及社区志愿者之间协同合作、联动互助的工作机制，通过开展居民所盼所需的活动项目促进居民参事议事能力的提高。社区既包括社区党支部等基层组织，也包括社区居委会。社区党支部宣传和执行党的路线、方针和政策，维护和管理社区党建工作阵地，社区居委会贯彻党的路线、方针、政策，教育和引导居民遵纪守法，开展各项便民利民活动，二者协同合作，共同促进社区的和谐建设和发展。社会组织主要是指社区的社会组织，其中主要是指某一固定社区的志愿者组织，以及其他一些非营利性的社会组织（养老组织、协会等）。社会工作者在本书中是狭义的概念，是指具备专业社会工作理论、知识和技能并在实务开展过程中提供服务、链接资源、提供专业指导和统筹协调各方复杂关系的专业人员。社区志愿者是指在某一固定社区的社会服务活动和公益活动中无偿贡献自己的时间、精力、智慧和财富，承担社会责任的人。"四社"是社区、社会组织、社会工作者和社区志愿者的统称。"四社联动"是以社区为服务平台，居民需求为导向，政府购买居民所需要的项目，以社会工作者为专业支撑，社会组织为协助服务载体，社区志愿者为辅助，社区居委会作为社区的主要代表与社会组织协作、互动，形成各方优势互补、资源共享的良好局面，满足社区居民的多重需求，将矛盾预防并化解在社区，促进社会和谐。

三、"四社联动"的参与主体

"四社联动"是在"三社联动"的基础上，在多地试点后提出的。"四社联动"中有四个核心概念，社区、社会组织、社会工作者和社会志愿者，较之"三社联动"的社区、社会组织、社工（社会工作者），又把"两工联动"中的志愿者再次引入进来，其实研究相关问题的学者会很容易发现，"三社联动"中虽然没有专门把志愿者作为主要的参与要素，但在实践中也不可避免地会将社区志愿者加入进来共同参与社区治理。如在上一章的案例中社工开展的"三点半小课堂"协同培育的社区志愿者组织，共同解决了暑假期间青少年无处可去、无人可管的问题。

2014年山东省民政厅下发了《关于推进"四社联动"创新社区治理和服务的意见》并明确指出推行社区、社区社会组织、社会工作专业人才、社区志愿者"四社联动"。[①] 为响应上级政府政策，随后，青岛市委组织部、市民政局等18个部门联合制定出台了《关于进一步加强社会工作专业人才队伍建设的实施意见》《青岛市社会工作专业人才队伍建设发展规划（2016—2020年）》《关于加强青岛社会工作人才队伍建设的意见》，[②] 随后又陆续发布了《青岛市民政事业发展第十三个五年规划（2016—2020年）》和《关于推进民政社会治理现代化的意见》等多份政策纲要，以期为"四社联动"项目在青岛社区的发展提供政策依据。2016年12月，中共陕西省委办公厅、陕西省人民政府办公厅《关于加快推进"四社联动"提升社区治理水平的意见》提出在社区治理领域推进"四社联动"工作，全面提升基层社会治理水平。这种多元主体联动治理的机制在实践过程中对社区居民在新时代社区生活的个性化需要和服务方面有更好的聚焦作用，同时对更好地丰富社区治理体系，提升社区治理水平具有重要的实践价值和指导意义。

2018年3月《西安市民政局关于深入推进"四社联动"社区创新工作的通知》中写道，市局先后组织了3次培训交流会，指导区县、开发区推进"四社联动"工作，经过近一年实践探索，多数区县制定完善具体操作细则，并选择部分街道、社区进行"四社联动"试点，通过开展政策培

---

① 山东省推进"四社联动"创新社区治理和服务［J］.中国民政，2015（2）.

② 高娜.山东省青岛市出台文件推进社会工作专业人才队伍建设［J］.中国社会工作，2016（13）.

训、经验交流，街道和社区干部推动"四社联动"的意识逐渐增强。由此文件可以看出，在西安，"四社联动"是先进行试点后面才开始下文件进行经验推广。同年11月，民政部下发的《"四社联动"创新机制构建共建共享社区治理新格局》中写道，要逐步健全并完善"以社区为平台、以社会组织为载体、以专业社会工作为支撑、以社区志愿服务为协助"的"四社联动"工作机制，聚焦基础服务设施建设，打造科学有效的治理平台，聚焦畅通联动服务路径，打造人人参与的治理机制。至此，"四社联动"参与到提供社区服务的社区治理中来。2019年青岛市委市政府出台了《关于加强和完善城乡社区治理的实施意见》，针对加强社区治理体系建设，推动社会治理重心向基层下移这方面的内容，提出了工作的重点是由单一主体治理向多方主体治理转变，在增加社会力量这方面的具体做法是把包括社会组织、社会工作者、志愿者、物业公司、业主委员会和驻社区机关企事业单位等主体有序加入社区治理中来，并使之加强协同配合。以上文件对"四社联动"的要素也有不同的提法，现就"四社联动"的主体要素做一个图表分析（如图4-1所示）。"四社联动"的开展范围不同于"三社联动"，"四社联动"主要集中在山东和陕西，研究此问题的学者也主要集中在山东和陕西。

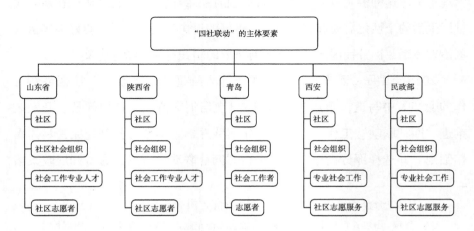

图4-1 "四社联动"的主体要素

"四社联动"社区服务的功能目标同样体现着政府的政策目标，政府政策目标的多样性也直接或间接影响和制约着社区服务的功能目标，进而也造成了社区服务功能目标的特殊性和多重性。

第二节 "四社联动"中对志愿者的再认识以及对社会组织的再阐释

前面两章已经对社区、社会工作者和志愿者做了详细的介绍，关于社会组织的内容只是就其研究现状做了粗浅的梳理，所以这一章重点阐释有关社会组织的相关内容，但是由于志愿者在"三社联动"中没有作为主要的参与治理要素，而到了"四社联动"中又把志愿者作为重要参与治理要素加了进来，所以本节会挖掘关于志愿者的一些内容，就志愿者的权利与义务、忠诚度测量以及志愿者的管理做一个详细的论述。

一、对志愿者的进一步认识

（一）志愿者的权利和义务

在我国，志愿服务作为"学雷锋活动"的一种创新形式率先在城市社区中展开，近些年尤其是2008年以来，我国志愿服务事业发展迈入全面发展阶段，推进志愿服务事业制度化成为党和国家的重要发展战略，要积极构建中国特色志愿服务制度，推动志愿服务活动广泛深入开展。[1]伴随着社会力量在社区治理中发挥的作用持续加强，志愿者在"四社联动"中又作为治理主体参与到社区治理中来。但是志愿者的高流动性和高流失率一直是志愿者队伍建设中普遍存在的难题。为了预防志愿者的流失，促进志愿者队伍的稳定，对其权利和义务进行明确和规范，有利于促进志愿者队伍

---

[1] 贺志峰，张网成.志愿服务的社会信任功能实证分析［J］.中国青年社会科学，2020（2）.

的稳定，更好地发挥志愿者队伍的优势。

志愿者提供志愿服务是自愿和无偿的，但这并不意味着可以随意使用志愿者。为了避免任意使用志愿者，志愿服务发展成熟的国家和地区都对志愿者的权利作出了明确的规定。内容涉及志愿者的隐私权、参与权、时间之外的补偿权、人身安全权、意外保险权等。对这些权利的认可，必须贯穿志愿者的招募、注册等整个志愿者管理工作，才能产生出最佳实践。通过梳理发现关于志愿者权利的规定以下几个方面是相同的。一是接受入门或常态性信息、训练、引导、支持，以及熟悉必要的有形工具，使其能胜任指派的职务；二是一视同仁，尊重其自由、尊严、隐私及信仰；三是积极参与入会组织活动，并依照其适用章程或规范，协助计划的拟订、设计、执行与评估；四是享有因从事志愿工作直接造成的意外及疾病的平安保险；五是履行工作时支出的费用可核实报销；六是拥有证明其志愿者身份的识别证件；七是根据工作性质与特点，在适当的安全与卫生条件下从事活动；八是因其贡献的社会价值，可以获得尊重与肯定。

为了确保志愿者能提供合格的志愿服务，各国还对志愿者的应尽义务作出了明确规定。内容涉及对服务对象的尊重、对组织规范的遵守、拥有合格的技能及工作方法、忠实完成委托任务等。通过梳理发现关于志愿者义务的规定以下几个方面是相同的。一是履行与志愿者组织所达成的约定，应尊重组织的目的与规范；二是对从事志愿工作时取得或获知的信息保守秘密；三是拒绝任何有形的酬劳，可能来自受惠者或与其行动相关的其他人士；四是从事志愿工作时，应尊重受惠者的权利；[①]五是在从事志愿服务的过程中行事认真，热心助人；六是参与组织以具体方式为受委托工作及职务拟定教育课程，以及为维持提供服务质量的常态课程；七是从事受委托工作时，应遵循符合目的的指示；八是妥善使用组织证明文件及徽章；九是细心保管组织提供其利用的有形资源。

---

① 包括受惠者的法定权利、与志愿者及志愿者组织约定的应得以及在无事前规定时受惠者免受志愿服务撤出造成的伤害。

（二）志愿者忠诚度测量

志愿者提供志愿服务完全出于自愿（但动机并不一定单纯），而且也是无偿的，因此不可能用惩罚性的规定来限制其退出。因此，志愿者能否提供高质量的服务、是否会继续留下来，志愿者组织的管理理念和管理方法就非常重要。目前，国际上流行的标准做法是充分尊重和保障志愿者的参与权与发展权（见图4-2）。

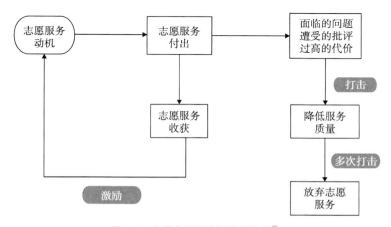

图4-2　志愿者留退选择基本模式[①]

为评估志愿者的忠诚度，希尔设计了志愿者忠诚度量表（见表4-1）。[②]这个测量志愿者对其服务机构的忠诚度的量表由9个问题组成，这些问题的回答涉及志愿者的服务积极性和持续性四个方面的内容。一是志愿者对某个特定组织或机构的内心认同度；二是志愿者服务的总时长；三是志愿者提供服务的频率；四是志愿者持续服务时间。志愿者内心认同度由以下六点来衡量。一是志愿者在多大程度上将做一名机构志愿者看作是自我认同的一个重要部分；二是志愿者对该机构的义务感有多强烈；三是在离开

① 时小燕.我国志愿服务的现状及对策分析［D］.南京：河海大学，2007.

② Sherr, M.E. Social work and volunteerism: Exploring factors that influence volunteer commitment［D］. Unpublished doctorial dissertation, University of South Carolina, Columbia, 2003.

机构时，志愿者所感受到的难舍程度；四是志愿者离开机构后去同类机构服务的可能性；五是志愿者对成为志愿者领袖的渴望程度；六是除非有不可预知的变迁，志愿者明年会继续留在原机构服务的可能性。另外三个问题想要了解的情况包括：一是志愿者已经在某机构或者其他机构从事志愿服务工作的时间；二是在过去一年中志愿者提供志愿服务的总时间；三是参与机构组织的志愿服务活动的次数。

表4-1　希尔志愿者忠诚度量

以下题目是您在机构中作为志愿者的参与情况									
序号	请在您同意的数字上打钩	非常同意		一般			强烈反对		
1	成为该机构志愿者是自我认同的重要部分	1	2	3	4	5	6	7	
2	我对该机构有强烈的义务感	1	2	3	4	5	6	7	
3	我可以轻易离开这里	1	2	3	4	5	6	7	
4	如果搬家到另外地方，我也会参加一个类似的志愿者服务机构	1	2	3	4	5	6	7	
5	作为志愿者，我渴望成为机构中的一名领袖	1	2	3	4	5	6	7	
6	除非有不可预知的生活变迁，下一年我会继续在这里做志愿服务	1	2	3	4	5	6	7	
7	您在这做志愿服务工作多久了？（　）年（　）月								
8	过去一年里，在别人看来，你参与过多少次机构的志愿者活动？（　）								
9	过去一年里，你花了多少个小时做这个机构的志愿者工作（在过去的十二个月中，你总共为机构做过多长时间的志愿服务）（　）								

（三）志愿者管理

根据志愿者管理循环理论，志愿者管理包括规划、招募、登记、筛选、注册、定岗、培训、派遣、督导、考核、评估、表彰、记录等一系列工作流程。其中，完整的招募工作包括发布信息、宣传动员、接受申请、登记、筛选等过程，而完整的注册则包括早期登记、正式注册、考核记录、表彰记录等过程。招募志愿者的目的，是要找到合适的志愿者，但这仅仅是招募的功能之一。对志愿者而言，响应招募则是发挥自身价值和谋求发展的一种机遇，是志愿者与服务机构合作的开始。注册的目的是如实记载志愿者的服务行为，但更为重要的功能则是稳定志愿者队伍，保留核心志愿者。也就是说，招募和注册不仅仅是两个相互衔接的工作过程，而且在功能上有强烈的互补性。为了确保志愿者能够有效工作，定岗、培训、督导等过程是相当重要的，为了吸引志愿者继续服务，考核、认可、表彰等过程也是不可缺少的。

第一，保障志愿者的参与权与发展权。一个健全的志愿组织是鼓励志愿者成长的，志愿者被鼓励和支持参与志愿活动，并以各种本职任务外的新途径为组织作出贡献。必须把志愿者当作团队成员那样平等地纳入组织，而不应把这个团队局限于那些付酬员工。如果参与服务的非正式志愿者感到自己是团队中一分子的话，他们更有可能继续贡献出自己的宝贵时间与技能。在志愿者从事某项工作时，应把志愿者当作人力资源团队宝贵的、不可缺少的成员去欢迎和对待。组织应为志愿者参与规划好途径，包括连接志愿者与任务成就，提供适当的人力和财政资源来支持志愿者项目，为有效管理制定政策等。为此，要遵守九个方面的工作程序。一是将志愿者参与纳入年度经营计划，并配备一定资源；二是为保障与志愿者的有效合作，员工必须接受培训与认知教育；三是志愿者组织应该对工作人员与志愿者的角色与责任有明确的界定；四是志愿者被当作平等的成员纳入团队；五是指派拥有适当技能与知识的工作人员（一般被称为"督导员"）①与志愿者共同工作，以帮助其成长；六是志愿者被鼓励在组织中成长；七是准许工作人员和志愿者为履行职责和完成任务而采取行动；八是在组织的规划与评估中，志愿者的投入是受欢迎和渴求的；九是高级管理层表明自己对志愿者参与和管理的承诺与理解。如果能够做到以上几条的志愿者组织就能够为志愿者的

---

① 督导员在志愿者完成任务和顺利成长中起关键作用，因此，这里有必要就督导员的资格和职责做一些说明：①督导员应该具有管理志愿者项目所需的受教育程度与工作经验；②督导员应该充分理解组织为其制定并定期审查的书面工作说明；③督导员应是管理团队的一员，或关键的志愿者领导人；④督导员应与工作人员、当地志愿者中心以及其他组织一起合作，以激发志愿者项目的效力；⑤为志愿者提供正规的专业发展机会；⑥督导员的工作表现应被定期审查，包括工作人员和志愿者给出的反馈信息。

参与和成长提供有利的"企业文化"。而这样的组织将自然而然地对外获得公信力、对内产生吸引力、激发志愿者的归属感。这样的做法显然借用了现代人力资源管理理论，是顺乎历史发展潮流的。

第二，明确志愿者的任务。志愿者帮助组织完成使命和目标，他们的参与必须紧密联系组织目标和资源分配。志愿者项目的方向需得到高级管理层的理解与赞同。任务是为满足组织和志愿者需要而确定的，它应与组织使命连接起来。通常个人需求存在着相当大的差异，所以一个成功的志愿者项目需调适志愿者任务以尽可能地满足这些需求。因此，对志愿者任务进行周期性的审查，以确保它们之间的关联和价值是非常重要的。志愿者工作分配用各种能够反映志愿者与组织的能力、需求和背景的有意义方式组织志愿者，达成组织使命与目标。为更好地发挥志愿者的作用，志愿服务机构在设计工作任务时应参考以下标准。一是在规划阶段，就将志愿者参与纳入组织规划进程，使志愿者参与机构分配预算，并为志愿者完成任务分配适当的空间与设备；二是制定志愿者任务需反映组织与志愿者的各自需求，在进行新的工作分配时，应向志愿者和工作人员（包括可能存在的工会）征询意见；三是对志愿者任务做出书面描述，包括义务、职责、技能要求、所需时间以及利益说明等；四是提供适当的保险，以尽量减少志愿者的责任；五是志愿者任务需接受工作人员、志愿者（以及可能存在的工会）的定期审查，确保其有用价值；六是有特殊要求或有挑战欲的志愿者可以参与组织的管理工作；七是所有的志愿者任务都要评估风险水平并使其最小化。

第三，精确志愿者招募。有效的志愿者招募信息是现实的、明确的，使人们能够对组织及其需要形成明确印象。组织应真诚地从一个广泛的社会背景中招募和选择志愿者，因为作为一个健全的组织，其志愿者群应是一个不同年龄、性别、种族以及能力的混合体。志愿者招募应采用内部和外部相结合的方式，形成多样化的、异质的志愿者群。这方面应遵循以下五点标准。一是由于组织已经必须将志愿者参与纳入规划过程，因此在招募中有关志愿者任务和期望的信息必须是现实的、明确的；二是招募志愿者时可采用各种技术，如广告及公共关系手段、通过大众媒体发布招募信息、通过公开演讲与会展方式招募、网络招募、开通应急志愿者热线；三是招募信息中应明确说明，志愿者的录用会严格遵守组织的筛选程序；四是从广泛的社会背景和经验中招募和选择志愿者时需付出诚心的努力，以展现出组织是服务于社区的；五是选择志愿者是根据实际需求和预先确定的筛选程序来进行的。

第四，在选拔程序中要严格志愿者的筛选。由于筛选并不仅仅限于被志愿者组织录用的初次筛选。因此有必要单独说明。事实上，筛选是一个必不可少的过程，存在于志愿者参与组织的整个过程，其一贯地执行应与任何特定个人的期望无关。由于存在内在风险，个人无法决定筛选，筛选草案应被分配给多个不同职位上的人来完成。因此，筛选被视作组织对其项目与人员的关注。组织应采用并长期使用一项明晰的、可商榷的筛选过程，并应遵守以下几个标准。一是筛选应被看作是一个必不可少的过程，它持续存在于志愿者的整个组织参与中；二是应制定和采用与筛选有关的政策，并将其清晰地传达给工作人员和志愿者；三是对所有的志愿者任务进行风险水平评估，并根据任务的风险水平，选择适当的筛选方法；四是一旦确定筛选方法，它就应被贯彻执行，并被得到公正的遵守，而不带有任何的个人期望色彩。

第五，对志愿者档案进行全面管理。有效的志愿者项目需从个体角度理解志愿者，持续地对志愿者作出有意义的认可，且私下或公开地承认志愿者参与在组织中的重要作用是必不可少的，这样才能使志愿者对志愿者组织产生归属感。除了最初录用登记的个人信息外，每位志愿者在组织中的活动都应被记录和加密保存。完整的记录应当包括申请表、访谈记录、任务描述、介绍信、绩效评价、表彰证书以及当前的联系方式等。在评估志愿者所做贡献与时间投入对志愿者项目的影响时，记录起着很大作用。记录时应使用标准化的文件和记录管理并遵守以下几个标准。一是采用保护个人隐私的机密系统，保存每一个志愿者的记录；二是工作人员及志愿者可在组织中定期分享有关志愿者项目的统计资料；三是在恰当的协议下，于组织内部分享志愿者参与的鉴定书，以促进志愿者的进一步参与；四是志愿者组织应把握最新的法律动态及其他相关的记录管理、隐私与机密保护等方面的信息；五是除有特殊规定外，志愿者有权查阅个人资料，并取得有关资料文件的副本；六是志愿者因升学、进修、就业或其他原因需志愿服务绩效证明者，要发给志愿者服务绩效证明书。

二、关于社会组织的基本内容

改革开放以来，以政府为主导的社会服务逐渐向社会组织转变，推动了社会组织的建设与发展。党的十七大提出重视社会组织建设与管理，党的十八大提出加快形成政社分开、权责明确、依法自治的现代社会组织体制，党的十八届三中全会通过的《中共中央关于全面深化改革若干重大问题的决定》强调激发社会组织活力，党的十九大提出发挥社会组织在社会治理过程中的重要作用，党的二十大提出发挥社会组织在健全共建共治共享的社会治理制度方面的作用，提升社会治理效能，健全社会治理体系。《中华人民共和国国民经济和社会发展第十四个五年规划和2035年远景目标纲要》提出要发挥群团组织和社会组织在社会治理中的作用，畅通和规范市场主体、新社会阶层、社会工作者和志愿者等参与社会治理的途径。2023年的政府工作报告中继续强调推动市域社会治理现代化，支持社会组织健康发展。随着经济社会的发展在社会主义现代化建设的进程中社会组织已经发展成为一支重要的参与力量，已经成为公众和社会团体参与社会治理、改善民生的重要载体。社区社会组织，即在社区这一空间区域内，为满足社区居民多元化、个性化的需求而为其提供的具有针对性的服务且不以营利为目的自我管理，自我组织的团体，在国外通常叫作非营利组织（非盈利组织）。社会组织是一种有别于政府和市场的社会力量。在本书中，将社会组织放在社区中去考量，是"三社联动"到"五社联动"中的一个参与治理的重要主体，因此，笔者将社区社会组织定义为：以社区居民为主要服务对象，以满足服务对象多元化需求为目的，由社区居民主动参与和专业社工自发成立的分别或共同提供社区服务，具有公益性、志愿性、互助性的一种组织，既区别于政府也区别于企业。

（一）社会组织的基本类型

社会组织参与社区治理是由其基本属性决定的，从"两工联动"到"三社联动"再到本章的"四社联动"，社会组织一直都是作为重要的主体参与到社区治理中来。因此，了解社会组织的基本类型，对于其参与"四社联动"的不可替代性会有一个比较清晰的理解。为了对社会组织形成具体的认识以及在现实社会中便于分类管理，需将社会组织划分为不同的类型。但是，社会组织的构成非常复杂，如何进行合理分类是一个复杂的问题。因为对象本身及对象的联系是相对复杂的，而如果将不同标准的分类杂糅在一起列举出来，那不但不能对对象形成具体的清楚的认识，反而会造成对研究对象认识的更多混乱。因此，需找出一个相对的标准来进行分类。

艾弗雷德·库恩在其《社会研究：一种统一的方法》一书中对组织的分类进行过这样的描述："对事物进行分类的方法是很多很多的。组织也不例外。组织可以分为好的和坏的；获利的和不赢利的；公共的和私有的；大的、中的或小的；生产商品的和提供劳务的；分权的和集权的或者诸如教育的、工业的、宗教的、慈善的或联邦的；等等。从绝对的意义上讲没有任何'更好的'分类体系。它的用处取决于眼前的目的。"社会组织也有多种分类标准，一是从服务对象划分，可分为面向社会提供服务的公共组织和有专门服务对象的专门服务组织。如学校、医院等就属于前者，而行业协会和商会等就属于后者。二是从有无获利划分，可分为营利的与不营利的两种情况。如慈善机构就属于前者，而许多事务所因为可以营利则被归为后者。对社会组织进行分类首先要研究社会组织的基本类型，研究社会组织的基本类型目的在于对社会组织有一个全面的认识。基于此，以能反映组织本质的特性为标准，对组织类型进行基本的划分。

一是准行政组织，是在行政改革过程中，从政府部门分离出来但又行使一定行政职能的组织。如以往的有些政府部门既是掌舵者又是划桨者，既是政策制定机构又是政策执行机构。后来行政改革过程中逐渐将部分政策制定部门与政策执行部门分开。例如，在我国的行政体制改革中，从1982年前的100个国务院机构减少到2018年的40个，国务院组成部门由1982年的43个减少到2018年的26个，这些撤销的政府部门中有一些就将原来的行政职能部分转移给了相关的行业协会。如法律服务、社区事务、技能培训、公益服务等社会事务管理与服务性职能（其中这里就可以很明显地看出社区居委会就属于准行政组织，它在"四社联动"中虽然是联动主体，但是同时还要执行上级部门安排的行政任务）；专业技术职称初审、业务咨询、行业调研、统计分析、运行情况分析、资产项目评估、行业规划等市场监督与技术服务性职能。此类可以通过市场提供的服务事项，属于市场范畴且可由行业协会开展的事务可转移给行业协会，由行业协会按照其章程和决议履行，这些行业协会也具有一定的准行政组织的性质。在"四社联动"中有很多的社会组织就是这一类的组织，它们通过从政府手中购买项目，然后为社区设计安排，直到项目落地，切实满足居民的需求。

二是事业单位，是指国家为了社会公益目的，由国家机关举办或者其他组织利用国有资产举办的，从事教育、文化、科技、卫生、电视、出版等活动的社会服务组织。事业单位的概念是中国特有的。在我国计划经济时期，全国范围内的事业单位都是国家投资兴办的，国家对事业单位实行统收统支、全额预算，在这种情况下，我们可以理解事业单位是由国家财政预算的，不存在成本补偿的问题，即不从事生产经营的单位，一般不提供物质产品，收入不是生产性收入且不需要向国家或其他任何人分配盈余的组织。① 随着政府机构改革的不断深入，事业单位的改革也在进行中。《中共中央 国务院关于分类推进事业单位改革的指导意见》指出，事业单位分类改革是指将现有事业单位按照社会功能划分为承担行政职能、从事

---

① 朱小平.关于非营利组织与事业单位的异同［J］.财会月刊，1997（3）.

生产经营活动和从事公益服务三个类别。其中，对从事公益服务的，继续将其保留在事业单位序列，强化其公益属性。根据职责任务、服务对象和资源配置的不同，从事公益服务的事业单位又被划分为两类：承担义务教育、基础性科研、公共文化、公共卫生及基层的基本医疗服务等基本公益服务，不能或不宜由市场配置资源的，划入公益一类；承担高等教育、非营利性医疗等公益服务，可部分由市场配置资源的，划入公益二类。现在有一部分论述在专门探讨"非政府组织""非营利组织"，即论述政府与企业外的社会组织时都不提事业单位。笔者认为，基于事业单位的本质特性，可在社会组织的基本类型分类时作为一种基本类型进行探讨。但是在社区治理中，这种类型的社会组织基本不会作为协同治理的主体参与到"四社联动"的社区治理中来。

三是公益组织，是以满足社会公众的利益为目标，面向整个社会提供服务。公益组织一方面连接的是资源提供者，另一方面连接的是资源需求者，作为两者之间的桥梁，发挥着纽带的作用，因此，只有赢得双方的信赖，才能更好地实现组织目标。美国的非营利部门研究专家塞拉蒙曾经对公益组织界定了六个特征，即正规性、私立性、非利润分配性、自我治理性、志愿性和公共利益性。[①] 如慈善机构、社会救济组织、志愿者团体、义务工作者联合会及某些环保组织等属于此类。公益组织特别关注社会公共利益问题，尤其重视服务于社会弱势群体。各国的公益组织在种类、名称、法律权利等方面也存在一些不同之处。在中国，一般是指那些不以利润最大化当作首要目标，且以社会公益事业为主要追求目标的社会组织。[②] 涉及消除贫困、农村发展、教育、妇女儿童保护、扶持中小企业发展、赈济救灾、生态环境保护、提供各种社会服务以及人道主义救援等方面的内容。在美国，有时被称作慈善性组织，包括资金中介组织、服务组织和福

---

① 李亚平，于海.第三域的兴起［M］.上海：复旦大学出版社，1998.

② 陈岳堂，胡扬名.政府职能转变与社会公益组织发展［J］.湖南农业大学学报（社会科学版），2007（6）.

利组织等。在英国，主要包括服务型组织和中介型组织，如提供教育、环境保护、法律援助、儿童福利、医学研究及救济贫困等社会服务的服务型社会组织；如志愿者中心、慈善援助基金会等，为其他志愿者个人或慈善志愿组织提供资金或其他支持的中介型社会组织。在德国，主要包括非会员性志愿社团和自由福利协会，如基金会和信托基金、学校、公共保险基金等为大众提供服务的非会员性志愿社团；如残疾人帮助、卫生保健、养老服务、贫困救济等为公众提供福利服务的自由福利协会一般是通过志愿者提供服务。从公益组织的服务性质可以看出其社会作用不仅表现在活动的直接结果上，而且对于弘扬社会公德，促进精神文明建设也能产生很大的示范效应。从以上对此类组织的分析也可以看出，在"四社联动"的社区治理中，很多购买政府服务项目的或者参与到社区治理中的社会组织都是此种类型的社会组织，它们通过发挥自身的优势为社区提供教育资源、法律援助、残疾人帮助、养老服务等项目。

四是中介组织，是只能以组织的服务收入为运营成本，得不到政府财力支持的组织形式。随着经济社会的发展，这种性质的组织也逐渐发展起来。其中，政府机构改革中的一项重要措施就是培养并发展社会中介组织，这也是政府机构改革得以顺利进行的重要条件，因为它们与企业不同，不以营利为目的，而是出于维护一定领域或者说一些行业的权利，如行业协会、各种事务所、商会、咨询公司、各种介绍所以及基金会、学会等。这种类型的社会组织以"四社联动"主体的身份参与社区治理的也不在少数。

将社会组织按其特征可分为以上四种基本类型。但是，由于社会组织成员的复杂性以及功能的不同，以上四种基本类型并不能包括所有的社会组织。如基层自治组织——村民委员会、社区委员会等如何归类，仍需做进一步的研究。此外，有些社会组织不是只能归入某一种类型也可能同时归入其他类型。对社会组织的类型进行分类梳理，有助于让读者更好地了解参与"四社联动"治理主体的社会组织属于哪一种类型的社会组织，并对它作用的发挥范围有一个深入的认识。

（二）社会组织的权利和职责

之所以要对社会组织的权利和义务做一个全面的梳理是想说明在"四社联动"参与社区治理的过程中社会组织在参与社区治理中所遵循的原则。在涉及社会组织的权利和义务关系时是坚持社会组织的"奉献原则"，还是坚持政府的"辅助原则"。前者强调社会组织作为一种社会力量有协助国家的"奉献义务"，后者则强调社会组织作为一种公益的非营利的社会力量在协助国家提供公益服务时有权得到政府"辅助"的权利。提倡雷锋精神而不是"志愿精神"，政府购买服务时很少甚至基本不考虑社会组织的生存，都反映了主流政治意识依然拒绝理解社会组织的"非营利性"本质，依然坚持社会组织的"奉献观"①。

首先，关于社会组织权利的内容。社会组织的权利主要包括以下几个方面的内容。一是财产权。财产权包括物权债权，这是社会组织开展活动的物质保障，也是其承担民事责任的担保。任何单位和个人不得侵占、私分或者挪用社会组织的资产，违反者要承担法律责任。二是名称权。这是社会组织区别于其他法律主体的重要特征，它依法受到保护，任何其他单位不得冒用。三是名誉权。社会组织和自然人一样享有名誉权，他人不得毁损、侵犯。否则，社会组织可以就保护自己的名誉依法提起诉讼，要求赔偿被毁损名誉而造成的损失。四是知识产权。在知识经济时代，著作权、商标权、专刊权等知识产权对于社会组织的发展十分重要，应当十分注意保护，使其不受侵害。五是减免税权。作为提供社会服务的非营利性组织的社会组织的性质，决定了它应当根据其所从事的事业而相应地享有一定的减免税的权利。六是诉讼请求权。社会组织依法享有请求法院给予司法救济的权利，无论它的什么合法权益受到侵害，均可以向法院提起诉讼，请求法院保护自己的合法权益。

---

① 张网成，刘慧敏，吴洪志.社会组织走出去面临的挑战与出路［J］.社会治理，2019（5）.

其次，关于社会组织职责的内容。随着政府职能的逐渐转变，从"两工联动"探索社会组织参与到社区治理中来，到推动社会组织参与到"三社联动"的社区治理中来，再到深化社会组织参与到"四社联动"的社区治理中来，各级政府在极力推行这一政策的落地实践，社会各方力量也普遍形成共识积极鼓励社会组织参与基层社会治理。但具体到实践层面，社会组织一直处于从属地位。一方面，社会组织为了生存极力迎合政府。目前，社会组织的资金获取仍然大多来自政府购买社会服务的项目。社会组织在购买到政府的服务项目后，为了顺利通过政府部门的各项审核、评估、验收，不得不迎合政府部门的关注，以至于部分服务活动只能停留在表面而不能贴近居民的切实需求，甚至有时将工作重心放在采集现场影像资料方面，居民的参与变相成了"应景式"地完成社会组织的既定任务，这必然导致服务形式大于内容的问题。另一方面，社会组织拿到服务项目后也许可以维持暂时的基本生存，但从长远发展来看，组织的变强变大仅依靠政府的扶持显然是不够的。社会组织还需广泛联结社会资源以拓宽资金来源渠道，增强自身能力来履行自身的职责，提高服务能力。那么，社会组织的基本职责有哪些呢？基于社会组织是在特定的社会背景下以实现特定目标为宗旨的非营利性组织，那么在社会发展中，社会组织就要努力发挥促进社会进步和改善社会福祉的作用。

一是要发挥服务社会的职责作用。在"四社联动"参与社区治理的过程中社会组织可以通过开展公益活动、社会援助、提供教育培训等形式满足社会各个群体的需求。例如，可以通过购买福利项目为贫困家庭的儿童提供教育和生活上的援助；可以组织志愿者组织参加义务劳动，帮助老人和残疾人；可以通过文化艺术团体组织开展公益演出，丰富居民的精神生活。

二是发挥代表成员利益的职责作用。社会组织作为组织成员的代表，有维护社会成员利益的职责。社会组织可以通过开展集体谈判、发表声明、提出建议等方式，为成员争取权益并维护成员的合法权益。如工会可以代表职工提出合理的工资要求，维护职工的劳动权益；商会可以代表会员提供政策咨询和信息服务。通过这些工作，社会组织能够有效地发挥成员的力量，实现共同利益。

三是发挥监督社会的职责作用。社会组织可以通过监测、调查、评估等方式对社会现象进行监督和评价以推动社会的进步。例如，环保组织可以监测和评估环境污染状况并提出环境保护的建议；消费者协会可以监督企业的产品质量和服务态度以达到保护消费者权益的目的。通过这些工作社会组织能够发现问题、提出解决方案以实现服务社会的目的。四是发挥推动社会创新的职责作用。社会组织可以通过开展社会实验、推广创新模式、培育社会企业等方式，推动社会的创新和发展。例如，利用社会创业孵化器为创业者提供资源、指导和支持，推动大众创业。社会组织的基本职责就是为社会提供服务，代表其组织成员的利益，积极参与社会建设、推动社会创新、促进社会进步和改善社会福祉。

第三节 "四社联动"的联动机制分析

一、社区、社会组织、社会工作专业人才和社区志愿者联动机制的内涵

关于以城乡社区为平台，以居民需求为导向，以统筹社区资源为重点，以项目化运作为手段，建立社区、社会组织、社会工作专业人才、社区志愿者联动服务机制的内涵，《中共陕西省委办公厅 陕西省人民政府办公厅关于加快推进"四社联动"提升社区治理水平的意见》作出了比较明确的阐释。这里将借鉴其用法，并作出评论。

（一）夯实"四社联动"基础平台

首先，建立健全以社区党组织为核心、社区自治组织为主导、社区居

民为主体、社会组织和驻区单位共同参与的社区治理体制机制。其次，各县（区）政府要明确街道办事处（乡镇政府）和社区的职责，全面清理现有社区工作事项，依法依规制定社区工作事项清单并向社会公示，扎实开展社区减负工作。再次，加快社区综合服务设施建设，逐步形成以社区服务中心（站）为主体、各类专项服务设施为配套、服务网点为补充的综合性、多功能社区服务设施。最后，建立社区公共服务综合信息平台，加强社区信息系统集约化建设，建成全省统一的社区管理、行政审批、便民服务和信息公开大数据平台；不断更新完善平台数据库，引导社区社会组织、社工机构、社区志愿服务机构、社区服务企业等提供家政、餐饮、维修、缴费、再生资源回收等便民利民服务；积极搭建网上沟通平台，收集居民对社区管理的意见和建议，及时解决群众日常生活中遇到的困难和问题，打通服务社区群众的"最后一公里"。

（二）优化"四社联动"服务载体

首先，建立健全社区社会组织孵化机制，积极为其提供政策指导、资金扶持、注册协助和购买服务等必要支持。重点培育发展与居民日常生活密切相关的社区服务类、公益慈善类、矛盾调处类、文体活动类、法律服务类社会组织，依法调整完善准入门槛，简化登记程序。其次，建立健全政府购买社会组织服务机制，鼓励引导符合条件的社会组织积极承接政府公共服务项目。有效对接社会组织资源与社区服务需求，推动社会组织广泛参与社区文化体育、社会救助、居家养老、青少年保护、社区矫正等服务，带动社会力量参与社区建设，扩大社区服务供给。把社会组织作为基层协商民主制度建设的重要参与者，鼓励和引导社区社会组织代表监督村（居）事务。

（三）强化"四社联动"支撑力量

首先，鼓励社区、社会组织、企事业单位设立社会工作专门服务机构或岗位，通过向社会公开招聘、民主选举、现有社区工作者转型发展等方式，多渠道配备和使用社会工作专业人才，逐步扩大社会工作专业人才在社区管理与服务人员中的比例。其次，加强对社会工作专业人才的使用、激励政策制度建设，逐步提高社会工作专业人才薪酬待遇水平。

（四）丰富"四社联动"服务内容

首先，广泛动员共产党员、公务员、专业技术人员、青少年学生以及身体健康的离退休人员等投身社区志愿服务，鼓励在社区居住的外来务工人员注册成为志愿者。建立健全社区志愿服务组织网络，推行社区志愿者注册登记、志愿服务记录、志愿服务储蓄和服务效益评估等制度，加强对社区志愿者的培训和管理，提高专业服务水平。其次，优化志愿服务活动运行机制，鼓励支持社区居民和驻区单位积极开展志愿服务，倡导并组织开展社会捐赠、互帮互助等活动。

（五）健全"四社联动"工作机制

首先，坚持政府主导、多元参与、共建共治思路，在各级党委、政府支持下，统一调配各级党政部门、企事业单位、群团组织的各种社区资源，积极整合各类社区专项服务设施，合理配置社区、社会组织、社会工作专业人才、社区志愿者力量，建立健全覆盖全体居民、功能完善、便民利民的社区综合服务体系。其次，整合社区志愿者和社工资源，建立社区社会工作专业人才定期、定向联系志愿者制度，探索在社区志愿者组织中配备社会工作专业人才，引导带领志愿者协助实施社区服务项目。鼓励社会组织吸纳社会工作专业人才和社区志愿者，逐步形成功能互为补充、任职互有交叉、人员互相支持、工作互联互通的社区队伍。最后，健全服务项目联动机制。鼓励各级政府通过购买、补贴、奖励等形式，积极培育发展社区公益性服务项目。坚持以项目为载体，吸引社会组织、社会工作专业人才和社区志愿者参与项目实施，探索以购买服务为保障、项目化运用为纽带的服务新途径。

（六）加大"四社联动"的组织保障力度

首先，各级党委、政府要将"四社联动"列入议事日程，及时研究解决存在的困难和问题。民政部门要认真履行牵头职能，及时制定措施，统筹协调推进组织部门、宣传部门、政法部门、住建部门的工作，将面向社区的服务性工作纳入政府购买服务目录。并与文明办、工会、共青团、妇联等部门联合加强志愿者队伍建设，组织开展多形式、常态化志愿服务活动。其次，各级政府要完善"四社联动"相关经费保障机制，加大公共财政投入力度，落实社区服务群众专项经费。各级民政部门每年要从本级福彩公益金中拿出一定资金，支持培育发展社区公益性服务项目。建立多元化投入分担机制，鼓励企事业单位、社会团体、个人和外资以多种形式捐赠或兴办社区服务事业。最后，做好试点示范引领工作，通过政策鼓励和资金支持，以点带面，有序有力推进"四社联动"。

从以上内容分析可以得出如下结论。如果社区可以提供不需要通过政府购买社会组织就能实现的服务，那么就要全面清理现有社区工作事项，并且社区工作人员中有社会工作专业的人才（社会工作者）作为支撑且有社区志愿者力量作补充。如果社会组织承接政府公共服务项目不需要社区这一落地的平台，那么项目的开展就没有了服务的平台，也就不需要吸引社会工作专业人才（社会工作者）和社区志愿者参与项目实施，反过来政府也就不需要购买社会组织的服务。也就是说，只有以城乡社区为平台，以居民需求为导向，以统筹社区资源为重点，以项目化运作为载体，通过项目的连接取"四社"的交集，联动机制才能运作。

二、"四社联动"机制的关系分析

（一）国家和社会之间的互动关系

"四社联动"治理机制期望通过"四社"联动的协同共治，提高民众福祉、实现基层民主。"四社联动"不仅仅是社区、社会工作者、社会组织和社区志愿者的联合互动，其本质是国家与社会在基层的关系重构，凸显的是国家与社会在基层治理实践中的互动逻辑，既强调政府转变职能、向社会分权和放权，政府和社会分别廓清各自的权力，在职责边界的基础上各自发挥治理优势，体现基层治理主体的多元性诉求，即政社关系逐步从"政府本位"

向"社会本位"转变，又包括强调多元治理主体间的互动合作关系，体现各主体平等参与治理的规则。即政府借助社会力量实现职能转变和治理能力提升，并为"四社联动"的规范化发展提供制度保障；社会力量也会主动寻求嵌入国家，获得资源及制度支持，发挥专业优势提升公共服务供给质量。

（二）"四社联动"主体之间的合作关系

"四社联动"的形式要求参与联动的主体并非只是简单的合作共识，包括基于共同治理目标、治理空间（社区）的信息共享、共同决策、共同行动；还要具有整体理性，能兼顾自身利益和整体合作利益，形成结构互嵌、功能互补、资源共享的合作关系。组织实力是主体联动的基础，目前各种原因造成"四社联动"各治理主体力量之间的悬殊，通常是具有"准行政组织"身份的社区居委会负责协调社会组织、社会工作者、社区志愿者、居民等多元主体参与基层治理。这一状况恰恰是居委会去行政化不彻底的表现，作为参与联动的合作伙伴，其主体关系应该是动态的，目标应以提高民众福祉、促进基层社会发展为主，依据民情民意确定服务需求，根据服务需求选择参与"联动"的方式。也就是说，谁能更好地满足民众需求谁就是某项服务供给中的牵头主体，负责与其他行动主体确立起合作伙伴关系。"四社联动"之间的合作，可通过各参与主体间的资源互通、优势互补、双向赋权形成互惠关系，双向赋权兼顾内在资源的挖掘和外部资源的嵌入两方面。社会组织对社区进行专业引领与支持，对社区进行赋权增能，促进社区居委会工作者的专业化和社区自组织的能力提升，社区因此成为社会组织和社工实现公共价值、提升组织合法性的平台；社区居委会通过社工的具体实践实现对社会组织和专业社工的赋权。应该看到，"四社联动"各主体在工作对象、方法、目标等方面不尽相同，但各主体在基层场域通过利益调整、平等协商，彼此实现有效调适，关系强度不断提高，最终达成利益共享，在"互嵌"和"互信"基础上形成共融共生的合作关系。

（三）"四社联动"主体之间的互利关系

学界普遍认为一个社区内社会资本的多少与分布情况对社区活力和凝

聚力有着正相关的影响，近年来我国社区治理在取得一定成效的基础上，也加强了对社区社会资本的培育和增值问题的关注。社区内普遍存在的信任包括政府与社区之间、居民之间、社会组织与社区之间、社会工作者与社区志愿者之间的信任，还包括社区内部基于信任、社区情感、互惠而形成的对社区公共事务的关注，频繁互动的关系网络和平等交换的社区规范。不同于科层制自上而下的权力结构，多元治理主体在"四社联动"的治理结构中，打破了纵式权力结构所造成的制度壁垒和关系隔阂，构建起了横向的互动网络，即国家为实现治理体系和治理能力现代化目标培育社会力量，社会力量得到发展和壮大为居民提供高质量的公共服务，居民的需求得到满足、社区共同体逐渐形成。在此过程中，首先，政府须摒弃怀疑和不信任的观念，通过政策支持，开拓政府与社会共同运用公共权力的途径，提升社会组织和社会工作者的合作能力。其次，当社会工作者这一陌生角色进驻社区这一空间开展工作时，居民可能因为陌生或认知方面的原因对社会工作者比较排斥。此时一方面需要社区居委会和社区志愿者在居民和社会工作者之间做好中介，协助社会工作者与居民建立信任关系；另一方面专业的社会工作者在为居民提供服务的过程中需嵌入直至融入社区、增加和社区居民之间的有效沟通、畅通居民诉求渠道、了解居民需求，运用专业的工作理念和工作方法赢得居民的信任。如此，实现"四社联动"信任机制在不同主体间的沟通与合作，在互补中不断加深合作，在互利中不断构建新的合作模式。

第四节 "四社联动"的实践案例及联动分析

一、社区概况

SH西路社区属于典型的老旧小区，也是通常所说的传统型社区。整个社区所辖的几个小区分布在市委、市人大的周边地带,属于政治经济文化中心。社区分为12个小区,80余栋楼,因为老旧等原因,很多年轻人都已经搬离,所以整个社区老年人口约占20%。80余栋楼都属于多层,在建筑初期就没装电梯,小区的整个基础设施建设都比较滞后,且由于年久失修,存在严重的安全隐患,如地面坑洼不平,线路混乱且老化,垃圾随意堆放,绿植没有规划,车棚房檐墙皮脱落严重。但因为社区老旧且靠近市中心的缘故,这里的房屋租金比较便宜且租客较多。

由以上小区的特殊情况可以得知,老年人口和流动人口是这个社区成员的重要组成部分。虽然老年人和流动人口居多,但是从社区的组织建设上看,社区成立的时间较久,组织建设相对健全,先后成立了党支部、党小组,制度建设规范齐全,各项规章制度也都做到了上墙公开。此外,社区也有社区居委会和社区志愿者队伍以及许多文体队伍,包括秧歌队、"非遗"文化产品兴趣爱好小组以及书法队等。但是因为SH西路社区的老旧且无人规划,所以社区内的小区没有固定的居民议事场所和可供老年人休闲娱乐的基础设施。

二、以项目推进"四社联动"的实践案例

Y小区建成于20世纪90年代,是SH西路社区传统社区中的一个小区,小区临近街面,院内有6栋居民楼,约300户居民,近1000人且属于自管小区,小区居民中仅有11名退休党员和几个文体队伍的成员,这些人员也是社区志愿者队伍中的重要成员。另外,这6栋楼中有近一半的住房处于出租状态,这些租户多数是外来务工人员或者是就近做生意的小商小贩,文化水平普遍不高,人员构成复杂且流动性较大。近年来,Y小区曾有两名热心党员协助小区的管理工作,如协助社区居委会协调通知小区各项事务、收缴水、电、物业费等。但是由于一些居民的不配合,导致两名热心党员经济利益受损,甚至引起邻里纠纷,结果两名热心党员不再协助居委会做小区的管理工作,目前Y小区的治理陷入混乱的局面。

这个小区原来有两名老党员志愿者协助管理，一名负责通知社区的一些大小事务，另一名负责财务，后来有三五户租户不缴水电费，说没钱，我们也没办法，后来就有其他租户效仿，结果越来越多的租户都不缴了，老党员的工作干不下去了，后来就不愿意协助我们了。我们苦于人员有限，也疏于对小区的管理，结果现在小区环境也越来越差了。

——社区居委会主任 MFB

为了对 SH 西路社区、Y 小区的居民参与情况有更加全面的了解，项目前期在 SH 街道办、SH 西路社区工作人员的带领下笔者与 WS 社会工作机构的社会工作者在 Y 小区进行了一周的调研走访，并对收集的有关 Y 小区的基本情况的资料进行了整理总结。

一是 Y 小区存在管理问题。Y 小区没有物业公司，小区门口建有一间简陋的住房，雇用了一位老大爷负责看门，缺乏配套完备的人防物防小区门禁系统。在此情况下，原来有两名老党员志愿者自发地组织起来，负责协调小区居民之间的人际关系，收缴水电等费用，并且辅助社区居委会做一些小区具体事务的通知和管理。此种模式存在了一段时间，后来由于三户居民拒不配合缴纳水电费，接着其他居民知道后也纷纷效仿，最后党员志愿者团体解散。现在小区处于管理更加松散的困境。

二是 Y 小区存在环境卫生问题。在调研过程中，可以看到小区内没有固定的垃圾投放点，垃圾乱堆乱放情况普遍，小区内环境卫生状况堪忧，恶劣的环境卫生问题严重影响了小区居民的正常生活。此外，小区内的居民自己搭建的临时车棚以及在空地上种植的绿植和蔬菜，缺乏统一的规划，颜色各异，样式品种多样，严重影响了小区的美观。

三是 Y 小区存在安全隐患问题。Y 小区由于年久失修，很多线路都未经专业处理，直接暴露在室外，目前线路老化问题突出，影响小区居民的人身安全。此外，居民自行搭建的小车棚，房檐经过风吹日晒，风化严重，很多石灰已经脱落，给过往的行人带来很大的安全隐患。

四是 Y 小区的基础设施破旧且缺失。小区的基础设施建设破旧且缺失，小区通道狭窄，很难满足过往的车辆同时进出，小区内无健身器材和供居民参事议事的场所。基础设施的缺失在一定程度上降低了居民的幸福感也限制了居民的社区参与。

除此之外，笔者在调研走访中，对社区可整合利用的资源从人力、物力、财力以及组织资源等方面进行了分析，具体内容如下。

一是小区具有一定的人力资源。其一，每栋居民楼目前都配有楼栋长对楼栋进行管理，他们因为自己就居住在相应的楼栋中，所以对居民的情况十分了解，且在社区居民中有较强的影响力和感召力，所以他们一方面负责楼宇居民的水电物业费收缴，另一方面也帮着协调邻里纠纷。其二，小区中有6名退休党员和社区文体队伍的骨干，这几个人不仅关心小区的事务而且责任心强。此外，街道办党工委、社区党支部、社区居委会也都很支持这几个人的工作，解决了社区居民的很多问题。

二是小区具有一定的财物资源。其一，小区中有一块闲置的空地，如果有效地利用起来可以成为社区居民商讨事务或休闲娱乐的场所。其二，可以借机改造居民的小车棚，打造成小区文化墙，美化环境的同时，也可起到教育引导的作用。此外，街道办的社区建设有专项资金，街道办有意通过政府购买服务的形式改善 Y 小区的居住环境。

三是小区具有一定的外部资源。在社区的辖区内有两家大型连锁药店，这两家药店会定期为社区居民提供义诊服务。此外，社区刚入驻的养老机构，也愿意加入院落的微治理中，与社区居民共同打造和谐社区。

由上述分析可以看出，Y 小区可以利用和待开发的资源较为丰富，但笔者同时发现居民在利用社区资源方面不足，比如哪些是可以开发利用的社区资源、遇到有关社区的具体问题应该寻求哪些部门帮助，有关社区的建设和发展的问题他们常常无所适从。对此在开展具体的社区实务过程中，社会工作者需充分发挥链接资源的作用，使得社区各利益方在接下来的社区工作中，能够团结协作，为居民提供必要的支持。

"四社联动"机制对于完善社区治理体系，提升社区治理能力具有重要的指导意义，同时在实践的过程中这种多元联动机制也可以更好地关注到社区居民对新时代社区生活的个性化需要和社区服务。重视社区治理工作的开展，积极推进"四社联动"工作，将社区治理重心下移，从居民参与小区自治入手，着力补齐社区治理中的短板，提升社区治理水平，探索基层社区自治，满足居民对美好生活的向往。

"Y 小区——全民参与式庭院微治理"项目是以 Y 小区的全体居民为服务对象和受益对象，着重解决城市老旧小区的环境卫生、安全隐患和基础设施等问题，通过调动居民参与，在使环境得以改善的过程中，推动形成居民参与社区公共事务的机制，建立小区公约，实现自治管理、自治服务的可持续发展，以此提高居民议事能力，提高社区治理水平。

2018 年，SH 西路街道坚持党建引领，在社会治理层面探索院落微治理，SH 西路社区居委会在社区工作中积极贯彻管理并举、重在服务的工作理念，不断完善社区服务功能，设置各种与居民生活息息相关的便民利民为民服务摊点，如家政服务、家电维修、美容美发、零件补修等。

WS 社会工作机构，成立于 2014 年 7 月，是 SX 省民政厅注册登记的公益性社会组织。该机构以社会工作专业理念和方法为指导，以"服务青年成长，促进社会发展"为宗旨，开展专业项目和服务。2017 年 3 月，中心承接 SH 西路街道办政府的购买服务，负责在 SH 西路街道社区打造全省首家街道层面社会治理创新平台。

早在 2016 年至 2017 年，SH 西路社区已与 WS 社会工作机构合作开展了四期"老人课堂"项目，在此过程中社会工作者与部分社区老年人建立了深厚的感情基础，便于在社区开展活动。此外本次参与到"Y 小区——全民参与式庭院微治理"项目中的社会工作者共有 5 人，其中 1 名副高社工师，3 名中级社工师，1 名助理社工师。这些社会工作者均有丰富的社区工作实务经验，以社会工作理念为本，依托实际跟进的项目开展实践工作。SH 西路社区有由社区专职人员、退休党员和热心居民成立的社区志愿者队伍。但是据笔者调研的社区居委会主任 WF 介绍，志愿者队伍虽然建成时间早，但是在实际生活中并没有真正参与到社区的志愿服务活动中。其主要原因在于：一是社区工作人员已经被日常工作中繁杂的社区事务拖得分不开身；二是退休党员和社区热心居民相比参与社区公共事务和公益事业，更愿意将注意力放在自身感兴趣的文化娱乐活动上，志愿服务的自主意识较低。

基于此种情况，在 SH 西路社区社会工作开展的过程中，分析志愿者参与不足的原因，认为社区居民在个人、人际以及社会方面的失权是社区参与不足的主要原因，因此尝试将"赋权"的理念引入社区参与工作。基于此，笔者依托"Y 小区——全民参与式庭院微治理"项目，以地区发展模式和赋权理论为指导，以期通过"四社联动"，实现优势互补的治理目标，有效改善 Y 小区居民对于社区参与的实际路径（如表4-2所示）。

表4-2　项目的内容、措施、目的及阶段安排

内容	措施	预期目的	阶段	阶段目标
内容1	成立7~9人的居民友邻小组，广泛调动居民力量	提高居民参事议事的意愿和能力，使他们在院落微治理中发挥动员、议事、监督、决策、评估等重要作用	第一阶段	推动居民自治组织形成
内容2	采用院内学习和院外交流参观相结合的方式，对社区居民和社区志愿者开展培训活动，创建友邻课堂	提高居民参与社区事务的能力		
内容3	美化院墙，处理小区环境卫生问题，修缮院门和危墙	改善小区环境和基础设施条件，实现小区环境的整洁宜居	第二阶段	引导居民参与小区改造
内容4	搭建社区与社区居民协商议事的平台，同时结合党建项目化、社区文化活动，打造社区特色亮点品牌	引导社区居民的参与，倡导社区居民通过互助合作的形式共同参与到社区公共事务中	第三阶段	开展小区居民睦邻活动

（一）推动居民自治组织参与治理

进入21世纪后，我国开始在城市社区推进居民参与式的社区工作方

法，在社区服务活动中受益的居民积极主动地通过自身的参与实践直接影响服务项目的实施和最终服务目标的实现程度，并且这种参与方法可以改善社区居民的生活状态，满足社区居民的基本需求，帮助社区居民逐步提高自治意愿和自治能力，最终实现社区自治。

首先，需要社会工作者与社区居民建立专业关系。在社会组织、社会工作者与社区居民建立关系之前，由街道办和社区居委会牵头，组织 WS 社会工作机构的工作人员与 Y 小区的 6 名退休党员、小区楼栋长和热心居民一起，召开全民参与式庭院微治理会议。由社会工作者 L 介绍院落微治理的发展和意义，并分享了社区开展全民参与式庭院微治理的成功案例，组织居民积极思考讨论。

社会工作者将目前全国范围内社区治理的典型案例通过视频、图片等生动的形式向社区居民展示，并讲解引导社区居民主动关注社区公共事务，帮助社区居民初步树立主动参与社区事务的意识。通过全民参与式庭院微治理动员会，帮助社会工作者与 Y 小区居民之间建立了联系，同时在一定程度上改变了社区居民的传统观念。此时参与本次全民参与式庭院微治理动员会的几名居民处于社区参与中的观察层面，在实际的社区生活中能够留意到社区存在的问题，但是还不能将自身的意识进行表达且转化到实际行动中。

其次，社会工作者在社区工作人员和社区志愿者的帮助下，对 Y 小区存在的问题和居民对社区生活的基本诉求进行了收集整理。在此过程中，社会工作者积极调动楼长的情绪，尝试发挥楼长的作用，与 Y 小区居民建立了良好的关系。在小区热心居民对全民参与式庭院微治理有一定了解的基础上，社会工作者再一次尝试与居民共同讨论小区的发展问题。第一次会议时，社会工作者发现居民和社会组织的态度较为冷漠，对社区事务的参与热情也不是很高。第二次会议时，社会工作者及时调整工作策略，在社区居委会工作人员的带领下，组织工作人员挨家挨户上门走访，通过入户调查和访谈相结合的方式，了解居民所思所想。

　　在为期两周的调研工作中，社区居民对社会组织和社会工作者有了进一步的了解，建立起了初步的信任关系。社会工作者对调研访谈和调查问卷的资料进行总结整理，梳理出了社区目前存在的主要问题、对居民的诉求、小区的发展以及居民在实际生活中的社区参与有了准确的认识。随后社会工作者再一次通过宣传活动、分发宣传单等形式，引起居民对社区参与的关注与讨论，同时邀请街道办领导、社区领导在 Y 小区召开了项目启动会，增强了居民对改善社区环境的决心和信心。在此阶段，社区居民已经能够将自身在社区生活中观察到的社区问题和自身的需求进行初步表达并说出来供与会者讨论，居民的社区参与意识开始萌发。

　　最后，制订社区活动方案。居民长期生活在此社区中，是对社区环境和发展历史最为了解的人，同时社区的发展方向也与居民的日常生活息息相关，所以在实践活动中社会工作者要充分调动参与对象以往在此生活中发现的问题以及积累的生活经验，并引导服务对象参与到相关活动的讨论中。在这个过程中，服务对象既可以感受到主人翁意识，认可自身的参与行为，同时又在交流互动中学习到新的理念和知识，不断更新个人的认识。参与式方法的基本理念就是注重参与对象以往的经验，在此基础上引导其构建新的理念。在社区参与式的方法中使用最多的方法就是社区议事会。社会工作者考虑到目前 Y 小区与社区之间缺乏有效沟通平台，影响社区居民的参与积极性，于是，社会工作者在社区居委会、社区党组织的支持和帮助下，组织 Y 小区在社区活动中成立了小区自管小组和小区党小组。同时社会工作者帮助 Y 小区的居民积极探索在社区活动中可待挖掘利用的资源，引导居民合理有效利用社区的人力资源、财物资源以及外部资源等方面的资源，为他们树立了整合利用资源的新理念。通过对小区治理过程中"谁参与、如何参与、参与效果评估的方法"等问题进行讨论，社会工作者带领自管小组和党小组组员通过对比分析法对调查走访中居民集中提出的 10 项小区改造议题进行可行性分析和筛选，最终将小区改造议题确定为垃圾分类活动、维修小区大门、打造小区议事与休闲场所和增添小区基础设施四个方面。通过社工的前期调研走访以及组织社区居民开展的居民会议，社区居民的权利意识开始被唤醒，参与意识逐步树立，社区居民不仅对于小区微治理有了更加深入的认识，也开始思考自己在其中如何发挥作用。

（二）引导并调动居民参与小区治理

首先，在居民参与全民参与式庭院微治理的项目改造实施阶段，社区、社会组织、社会工作者和社区志愿者之间形成了优势互补的良好关系。一是社会组织和社会工作者利用自身的优势，为社区连接庭院微治理方面的专业团队。在第三次居民协商会议中，针对居民提出的四项具体改造议题，社会组织引入专业设计师团队进行分析。二是社区居委会主任和社区志愿者积极带领社会工作者、设计师团队开展实地走访，了解社区的发展历程、了解庭院中的各类建筑物、基础设施、绿化植被对于社区居民有意义的设施。同时，社区志愿者也积极向前来围观的社区居民再次宣传庭院微治理和居民参与的重要性，鼓励居民广泛参与，并就社区改造的具体事宜征求了居民的意见。经过此次细致的实地调查，社区、社会工作者与居民的讨论，使得设计师团队了解了居民对安装大门、治理小区环境卫生以及议事与休闲场所的需求，形成了初步的小区改造方案。社会组织将小区治理的实施方案提交给社区居委会，由社区居委会具体协助自管小组实施方案。

在具体实施方案后，Y小区的外在环境得到改善，居民参与热情得到有效的提升。这个项目的顺利实施一方面得益于街道办政府、社区居委会在庭院微治理中给予了充分的政策支持和资金支持，使社区居民在较低的经济成本中参与社区治理并在改造中受益；另一方面，社会组织、社会工作者在居民有需要时能够提供及时而专业的帮助，庭院自管小组的初步成立，各项规章制度也不够完善，在实际的运行过程中难免遇到困难。在与社区居民沟通的过程中，社会组织和社会工作者将先进的社区发展和参与理念及时地传递给居民，并且协助其制定自管小组的规章制度、运行制度、人员管理制度、资金使用和奖惩制度。在庭院微治理的过程中，自管小组逐步对社区新出现的具体问题能够通过组织社区居民开展居民议事会议，自主解决相关问题，居民的参与意愿也在此过程中得到进一步的提高。

其次，居民参与特色亮点活动。在社区治理中，垃圾分类是打造五化标杆社区的重要指标。因此，社会工作者在 Y 小区开展了垃圾分类宣传活动，主要面向社区的儿童、青少年、妇女、老人、社区商户等主体，旨在引导更多的居民参与到垃圾分类活动中来，帮助社区居民树立干净舒适的社区环境理念。在以往的社区活动中，社区对居民的号召方式主要是在居委会门口张贴通知或在居民微信群简单的通知。在开展垃圾分类活动的前期，社会工作者动员和招募有兴趣的志愿者，将垃圾分类的相关知识以动漫等居民喜闻乐见的形式制成海报、传单、易拉宝等，在居民下班的高峰期进行积极广泛的宣传，同时指导社区志愿者将这些资料信息制作成吸人眼球的微信公众号，转发到朋友圈和社区居民的微信群，使垃圾分类活动的内容做到居民人人皆知。社会工作者的这种活动形式在提高了社区居民环保意识的同时，也满足了居民对于整洁卫生庭院的需求。

最后，居民参与能力提升培训活动。在庭院微治理的过程中，社会工作者针对自管小组成员的能力提升开展了三次能力建设培训会，通过内部培训和外出参访的形式，使自管小组了解社区治理与社区参与、社区协商与社区自治、社区参与式治理的议事协商技巧等，提高了自管小组参与和处理社区公共事务的能力。在此过程中，社会工作者对社区居民开展了三次能力提升培训会，鼓励社区居民积极参与到庭院微治理的实践中，缓解了社区居民在面对社区问题时的无力感和无措感，增强了居民参与社区公共事务的信心。此外，小区自管小组和党小组的成立，将居民团结在一起，同心协力解决社区问题。另外，在居民参与能力提升后，社会工作者帮助 Y 小区所在的社区充分挖掘调动社区志愿者，申请政府的支持，促使 Y 小区的全民参与式庭院微治理行动得到更多的专业支持，收获更好的效果。

（三）全民参与式庭院微治理成效巩固与宣传推广

在庭院微治理项目实施的末期，根据项目服务书的要求，首先，社会工作者将项目执行过程中的视频、图片、培训资料等进行整理，并将其中的先进个人代表和先进事迹进行归纳收集，形成了 Y 小区在社区治理方面的宣传素材。其次，居民自管小组已经可以独立地组织居民议事会议，讨论此次活动的成效。此次活动的开展着力在宣传活动的成效，增进小区居民之间的联结互助，增强居民之间的人际关系网络，巩固并进一步激发居民社区参与的热情。最后，社区、社会组织根据项目的实际执行情况，组织了项目表彰活动，分别表彰了"最美社工""最美居民""最美组织"，并对项目的执行情况作总结报告和公示，使各个主体对本次活动的执行情况和效果有了更加准确的认识，并为后面项目的开展打下了良好基础。

三、"四社联动"的运行分析

（一）"四社联动"中的角色分析

在"Y 小区——全民参与式庭院微治理"项目开展过程中，笔者通过跟进调研，将"四社"在项目运行中的角色定位进行了梳理。

首先，社区是支持者、引导者和监督者。SH 西路街道办党工委领导班子积极发挥党建引领作用，整合社区党组织、党员力量和社区居委会等主体，支持社会组织，凝聚社区志愿者等各方力量开展社区治理。社区居委会是促进者和支持者，在项目初期，社区居委会的支持是项目顺利开展的第一步也是非常重要的一步，在社会工作者与居民建立关系的过程中，社区居委会发挥着重要的促进者的作用。一方面积极响应党组织的号召，协助社会工作者在小区中动员居民参与治理；另一方面，与社会组织和社会工作者一同深入社区。此外，街道办与社区也扮演着监督者的角色，在项目的实施过程中，需要同时监督社会工作机构和社会工作者的落地工作。

其次，社会工作者扮演着支持者、倡导者、服务提供者和资源链接者等多重角色。社区工作者在项目开展的过程中最重要的责任就是调动协调社区内的各类资源来满足社区居民的诉求，这些资源包括人力方面和财物方面，甚至社会关系方面等。在项目开展的过程中，社会工作者作为全民参与式庭院微治理的倡导者，鼓励社区居民积极参与社区事务，为社区居民参与社区事务创造条件，并在提高居民解决社区问题和矛盾的同时，努力提高社区成员的自身素质和自治能力。此外，社会工作者作为项目的提供者，通过调查走访了解社区居民的需求，并据此设计相应的项目方案，为居民提供各项具体的服务，包括提升自管小组的能力培训、开展小区议题活动等。

再次，社区志愿者既是协助者也是参与者。由社区专职人员、社区党员、热心居民以及文体队伍骨干组成的社区志愿者队伍，在社区项目开展的过程中，发挥着积极的作用，尤其是在项目的执行阶段，不仅自身积极参与到社区改造中来，还动员身边的居民一同参与。此外，社区志愿者还带领社会工作者挨家挨户了解居民对小区改造的诉求，协调居民达成一致意见，促进了庭院微治理的进程。

最后，社会组织既包括本次项目的专业社会组织即 WS 社会工作机构，也包括社区中的社会组织即社区养老组织、社区医药组织等。WS 社会工作机构一方面为项目落地的社会工作者在开展项目的过程中提供物资支持和专业督导，同时也为社区改造提供了专业指导和专业人才，为社区志愿者提供了参与社区治理学习的机会。

（二）"四社联动"中的关系分析

在社区和社会组织的关系中，一方面，需要社区支持、引导和监督社会组织的工作；另一方面，需要社会组织为社区提供专业服务和志愿服务。在全民参与式庭院微治理过程中，SH 西路街道党工委、社区党支部全面贯彻党中央对于加强和创新社会治理作出的一系列重要部署，在社区广泛开展各项有利于提高居民生活质量的活动。社区居委会在项目实施的过程中支持、引导并监督社会组织和社会工作者的实际工作，确保项目能够按既定目标实施。WS 社会工作机构发挥着载体作用，在项目开展过程中提供专业的社会工作者队伍，并提供财力、物资、专业知识方法等方面的支持。目前在 Y 社区和 WS 社会工作机构的共同支持下，退休党员和社区文体队伍部分成员再一次加入社区志愿者队伍中，为项目的开展提供志愿服务。

社区（通常指社区居委会）与社会工作者是合作的关系，两者的共同目标都是促进居民生活水平的提高。一方面，社区为社会工作者提供支持和引导，通常在项目开展前期，社会工作者与社区居民之间因为不熟悉而存有很大的戒备，在此情况下，社区的支持必不可少，社区居委会在社会工作者与居民之间的桥梁纽带作用，促使社区成员在较短的时间内对社会工作者有一定的了解，同时社区在项目开展过程中对社会工作者的工作起到一定的监督作用。另一方面，社会工作者为社区提供专业的服务。在针对社区项目开展的过程中，社会工作者主要负责运用自身的专业优势和方法为社区居民提供专业服务。

社会组织与社会工作者的关系社会组织的不同而区别看待，如在本案例中社会组织既包括 WS 社会工作机构，也包括社区自组织，所以社会组织与社会工作者之间的关系可以分别对待。首先，就 WS 社工机构与社会工作者的关系而言，WS 社工机构是社会工作者的集合体，政府向社工机构购买社区服务项目后，社工机构通过社会工作者具体策划和实施项目。社会工作者以社工机构为依托，在项目开展过程中遭遇困难或瓶颈而个人力量又无法解决时，可以通过社工机构协调化解。社工机构在社会工作者提供项目服务时也会提供专业的督导服务，指导社会工作者为居民提供更好的服务。其次，社区中的社会组织（也可称为社区社会组织）与社会工作者的关系是指导与合作的关系。如在项目开展的初始阶段，社会工作者会支持、指导和引领社区社会组织的发展。案例中所述的对于社区新成立的自管小组，其在社区活动组织与治理能力方面基本处于空白阶段，此时，需要社会工作者通过专业知识和理念的传授，帮助自管小组开展服务、指导服务，并促使其在项目结束后仍具有一定的能力和水平自主解决社区治理中的小问题。

社会工作者与社区志愿者是指导、合作和补充的关系。在项目的初始阶段，社会工作者主要发挥着指导作用。在社会工作者初入社区开展项目时，居民对于全民参与式庭院微治理和居民自治的概念都很陌生，在社会工作者通过调研与居民建立关系的过程中，也将全民参与式庭院微治理和居民自治的理念传递给了社区居民，潜移默化中让居民参与社区事务的意识开始觉醒。在项目的具体执行阶段，社会工作者和社区志愿者主要是合作关系。社会工作者协调志愿者及社区其他相关主体之间通力合作，一方面将居民的问题和需求及时反馈给社区，另一方面发挥居民与各参与主体之间的桥梁纽带作用，为项目结束后居民与各主体之间的持续合作打下坚实基础。社区志愿者在社区项目开展过程中发挥着补充作用。作为社区居民和自管小组的主要成员，在项目开展过程中，社区志愿者与社会工作者、与居民之间通过沟通协商，通过居民议事会议，形成居民公约，促进与其他治理主体的通力合作，最终促使项目目标的实现。

第五章

"五社联动"的背景及其
联动分析

第一节 "五社联动"的背景及参与主体

一、"五社联动"的背景

随着各地探索社区治理进程不断推进，"三社联动"及"四社联动"逐步显露出对社区治理发展需求的回应性和效用性有所减弱的问题。2020年，新冠疫情防控以来社会慈善资源重新作为一种治理力量参与到社区治理中，启发基层治理要吸纳新要素。至此，在"三社联动"的基础上又增加了社区志愿者、社会慈善资源两项主体，在"四社联动"上又增加了"社会慈善资源"这一主体。自2020年5月以来，湖北省民政厅在民政部的支持下开展"五社联动"项目，培育社区社会组织450余个，发展社区志愿者8400余人；湖南省在建设基层社工站（室）的同时，促进"五社联动"机制建设，打造了一批品牌服务项目；内蒙古、浙江、河北等省区相继出台推动"五社联动"建设相关政策举措；从"一枝独秀"到"多点开花"，各地"五社联动"的探索实践取得了系列成果，也很快得到政策层面的回应。[1]"五社联

---

① 王玉明.深耕基层治理"试验田"："五社联动"社会工作理论与实务研讨会侧记［J］.中国民政，2021（19）.

动"的社区治理模式开始在广东、湖北等部分地区进行试点实施，并取得了初步成效。

截至2023年7月19日19时，利用超星发现和中华人民共和国中央人民政府网以"社区""五社联动"为关键词进行搜索，按照相关性排序发现共有84篇法律法规。与关键词相关性最高的法规是2020年3月民政部印发的《关于民政部业务主管社会组织进一步在统筹推进疫情防控和经济社会发展工作中积极作为的通知》，通知指出，志愿服务组织要发挥社会工作的专业优势，支持广大社工、义工和志愿者疏导、情绪支持、保障支持等服务。慈善组织要高效运转，增强透明度，主动接受监督，让每一份爱心善意都及时得到落实。

紧接着在2020年12月，民政部办公厅关于印发《培育发展社区社会组织专项行动方案（2021—2023年）》，该方案指出，广泛调动社区居民和多方主体参与社区社会组织发展，引导社区社会组织更好提供服务、反映诉求、规范行为，积极推进共建共治共享。并且在文件中明确培育发展导向，制订培育发展规划，完善培育发展机制，落实培育发展资金。鼓励城乡社区党组织和村（居）民委员会为当地优秀人才领办社区社会组织提供必要支持。这份文件明确了民政部门的职责，即各地民政部门要统筹社区、社会组织、社会工作力量，制订培训计划，培养社会组织工作的骨干队伍。同时文件明确了组织实施的领导力量即民政部社会组织管理局、基层政权建设和社区治理司、慈善事业促进和社会工作司按照各自职责分工，分别抓好相关指导工作。地方各级民政部门要充分认识大力培育发展社区社会组织的重要性，积极争取支持，强化部门协同，完善工作机制，形成工作合力；要加强调查研究，制订和落实好本地区社区社会组织发展规划，细化工作措施，分步骤、有重点地推进相关工作；在加强指导支持方面有条件的地方要争取将社区社会组织发展纳入基层政府绩效考核、村（社区）"两委"班子目标责任考核、社区党组织书记年度述职内容，形成层层抓落实的责任体系。可以说这份文件是一份纲领性文件，为后来武汉地区开展"五社联动"提供了指引。在新冠疫情期间，武汉各地区众志成城，调动一切可以调动的力量，共同抵制疫情，各地区广泛实践创新。在此期间湖北省民政厅印发《湖北省城乡社区"五社联动"工作指引》的通知，在这份文件中明确指出"五社联动"是以社区为平台、社会工作者为支撑、社区社会组织为载体、社区志愿者为辅助、社区公益慈善资源为补充的新型社区治理机制。"五社联动"立足社区，坚持以党建为引领，以居民需求为导向，以政府购买服务为牵引，旨在发挥社会工作的专业优势，赋能社区社会组织、社区志愿者和社区居民，发掘和利用社区公益慈善资源，提升社区治理效能，推动建设人人有责、人人尽责、人人享有的社会治理共同体。2021年11月，湖北省民政厅再次发布《湖北省民政厅关于创新"五社联动"机制提升社区治理效能的意见》，在这份文件中明确指出在湖北新冠疫情防控斗争中，社区与社会组织、社会工作者、社区志愿者、社会慈善资源相互支撑、相互配合，共同为疫后重振、社区治理发挥了积极作用，作出了应有贡献。"五社联动"是对"三社联动"以及"四社联动"的创新和发展，是在基层党组织的领导下，以居民需求为导向，以社区为平台，以社会组织为载体，以社会工作专业人才为支撑，以社区志愿服务队伍为依托，以社会慈善资源为助推的新型社区治理机制。创新"五社联动"机制，要以促进多主体协同共治、提升社区治理效能为目标，以培育壮大"五社"要素、推动"五社"有机融合为工作重点，实现"五社"优势互补，形成治理合力，进一步提升居民自我管理、自我服务能力，推动形成共建共治共享格局。从文献梳理的过程中可以得出，对"五社联动"关注度最高并且进行了创新实践的是湖北省民政厅，湖北省民政厅至今仍在持续下发关于"五社联动"的相关信息，但是正式文件较少。

二、"五社联动"的参与主体

五社联动仍是以志愿服务队伍为主力，以社区为平台（社区居委会内含于这一主体概念中并发挥中枢主体作用，总体协调各种资源），以社会工作者为支持，以社会组织（社会团体）为载体，以社会公益资源（社会慈善）为助力为广大居民提供有针对性的社区服务，构建适合本区域安全发展的独具本土特色的基层社区创新治理体系。

　　"五社联动"自提出以来，全国各地结合本地实际，具体问题具体分析，对五社的主体界定各不相同。笔者梳理了北京市、上海市、湖北省、广东省以及安徽省合肥市蜀山区关于"五社联动"的政策文件，发现虽然各地在提法上有细微差异，但大致意思相同，核心思想就是多元力量共同参与。《中共北京市委 北京市人民政府关于加强基层治理体系和治理能力现代化建设的实施意见》指出，充分发挥社区、社会组织、社会工作专业人才、社区志愿者、社会慈善资源"五社联动"作用，指导社会组织多方面、多角度、多层次参与社区治理。上海市金山区民政局印发的《金山区社区公益创投活动管理办法》指出，为了提升本区社会组织能力，培育公益品牌项目，提升金山区公益事业的专业化、职业化、社会化水平，将探索社区、社会组织、社会工作者、社区志愿者、社区慈善资源"五社联动"新路径。2021年11月，湖北省民政厅发布的《湖北省民政厅关于创新"五社联动"机制 提升社区治理效能的意见》指出，在湖北新冠疫情防控斗争中，社区与社会组织、社会工作者、社区志愿者、社会慈善资源相互支撑、相互配合，共同为疫后重振、社区治理发挥了积极作用。2022年3月，广东省民政厅发布的《广东省民政厅关于发挥"五社联动"作用助力基层疫情防控工作的通知》指出，积极发挥以社区为平台、社会组织为载体、社会工作者为支撑、社区志愿者为辅助、社会慈善资源为补充的"五社联动"工作机制的作用，助力基层疫情防控工作。安徽省合肥市蜀山区人民政府根据《关于印发合肥市"五社联动"实施意见的通知》印发了《蜀山区"五社联动"实施意见》，建立基层党组织领导下的以社会服务平台为依托、以社会工作者为支撑、以社区社会组织为载体、以社会资源为保障、以社区自治组织为引领的"五社联动"

社区治理创新机制。

通过梳理可以发现，虽然各地在五社联动的主体提法上有细微差异，但大致意思相同，核心思想都是多元力量共同参与。2021年7月，中共中央、国务院发布《中共中央、国务院关于加强基层治理体系和治理能力现代化建设的意见》中指出"完善社会力量参与基层治理激励政策，创新社区与社会组织、社会工作者、社区志愿者、社会慈善资源的联动机制"。这就将"五社联动"以正式文件的形式予以明确，即社区要为志愿者、社会组织发挥作用提供平台，吸收社会慈善资源，促进社区自治与共治的开展。社会工作主要由专业的社会工作者进行，社会工作者通过深入了解社区及其居民的背景来规划和实施社区发展项目。社会组织应承担起协助实施社区发展项目和相关活动的责任，在提供社区服务和促进社区文化建设方面发挥着积极作用。社区自治组织的成员构成主要是社区志愿者，所以在安徽省合肥市蜀山区的政府文件中，将社区自治组织纳入"五社"之中，但是文件中也明确指出"社区自治组织具体是指居委会、村委会等基层群众自治组织"，除了社区两委，基层群众自治组织可以理解为它的构成成员主要是社区志愿者。不同于社区自治组织，社区社会组织则被具体认定为"在民政部门依法登记注册或备案管理并在基层社区开展服务的社会组织，负责在社会工作者的指导与支持下面向辖区居民直接开展各类具体的社会服务工作"，是否依法登记注册是自治组织和社会组织最明显的区别。社区慈善资源，主要指社区所能获取并能够支配的物质、服务及其他资源用以满足社区需求，以社区服务为抓手，破解社区难题。基于以上分析，本书对"五社联动"的主体界定是指社区、社会组织、社会工作者、社区志愿者、社会慈善资源，即以社区为平台、以社会组织为载体、以社会工作者为支撑、以社区志愿者为协助、以社会慈善资源为补充，通过相互配合协调，满足社区居民多样化需求，不断完善社区治理的过程。

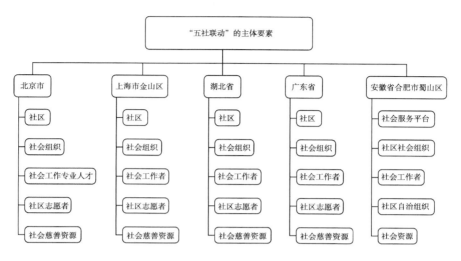

图5-1 "五社联动"的主体要素

第二节 "五社联动"中关于社会慈善资源的概况

长期以来，国家都十分重视社区治理工作，在不同时期颁布了多项扶持政策，从这些政策中可以看到社区治理模式和方向的转换。"三社联动"的基本运作思路是：社区（社区居委会）提供实践平台，社会组织在社区平台依靠专业社会工作者的知识和技能为社区居民提供产品和服务。"四社联动"合并了"两工联动"和"三社联动"的主体要素，在"三社联动"的基础上再次引入了社区志愿者这一主体因素，"四社联动"的基本运作思路是为社区（社区居委会）提供实践平台，社会组织在社区平台依靠专业社会工作者的知识和技能以及社区志愿者的协助，为社区居民提供产品和服务。"五社联动"在"四社联动"的基础上又新增了参与主体，即社会慈善资源。

"五社联动"的治理模式需要各种社会慈善资源的支持，一方面连接社会慈善机构、慈善中小企业等为共建单元可以为困境人群提供公益援助，改善他们的生活，促进共同富裕。另一方面可以通过社会工作者联系各地的慈善资源，构建难点需求对接机制，并协同社会工作者服务的社区落实慈善救助行动计划。如 A 社区可以依托所在地区的慈善组织，探索建立社区慈善基金。每年动员企业、驻区单位、居民群众等爱心力量参与慈善公益、爱心捐赠活动等，项目化开展扶弱助困、心理关怀、法律援助等社会服务。通过将"五社联动"的各参与主体运转起来，建立一个有效的对接机制，以有效的方式开展公益援助、困难帮扶等服务，有助于困境民众脱贫致富。后续围绕社会慈善资源展开论述。

（一）何为社会慈善资源

社会慈善资源也可以分为有形和无形两种，有形的社会慈善资源指人、财、物等可以用物质表现出来的，无形的社会慈善资源指可以转化、开发为有形资源的资源，包括信任资本、符号资源、关系网络、情感性资源等。社会慈善资源作为"五社联动"中的资源型主体要素，通过对社区资源进行"补充"参与社区治理，并在其中发挥重要作用。"五社联动"中，社区的社会慈善资源不仅包括社区居民和社会组织等社区内部的人、财、物等资源，还包括从社区外部对接到的慈善组织、慈善基金会等资源。本书界定的社会慈善资源概念为：社区可获得、可支配用于回应社区需求、提供社区服务、解决社区问题、促进社区治理的一切物质、资金、技术、服务等社会资源。

（二）发挥社会慈善资源在"五社联动"中的作用

近年来，各地的社区基金会、社区微基金、社区慈善超市、社区慈善捐赠站点、慈善空间等"家门口"的慈善载体和平台建设明显加快。[①] 社会组织、社会工作者长期在基层开展服务，与社区各方建立了良好的互动与信任关系。依托社工服务站点或社区公共服务设施，因地制宜建立社区慈善捐助站点等慈善平台及相应的运作机制，可为社区成员参与慈善活动提

---

① 胡小军.社会慈善资源动员的主要趋势与实践策略［J］.中国社会工作，2023（3）.

供常态化的渠道。① 分析其发展的必然性可以发现基于便捷、快速的优势，社区捐赠可以快、准、好地回应社区多样化的社会需求，逐步形成良性循环，为"五社联动"增添动能。此外，基于社会慈善资源较强的灵活性的特征，可以通过社会工作者的专业特长将社会需求与慈善资源进行有效对接，将一个个需求转化为具体的慈善项目，通过项目化的过程实现社区治理与各类慈善资源的对接，通过慈善项目开发设计、实施管理凝聚"五社联动"的其他主体要素，夯实慈善资源动员的专业基础。从长远来看，社区慈善对未来慈善捐赠的整体格局将产生不小影响，为社区治理注入新动力。②

（三）社会慈善资源的渠道及分类

社区所拥有的社会慈善资源的来源有多种渠道，可以分别来自政府、慈善基金会、社会组织、企业以及社区居民，这种慈善资源渠道的多元化也促进了慈善资源类型的多样性，包括《中华人民共和国慈善法》中规定的货币、实物、房屋、有价证券、股权、知识产权等有形和无形财产。这种慈善资源类型的多样性不仅带来了社区建设发展所需的项目资源、金钱资源，也带来了为社区提供服务的人力社会慈善资源，这种社会慈善资源种类的多样性也进一步促进了社区支配和使用慈善资源的灵活性和主动性，社区可以根据不同的需求来调动匹配不同的资源为己所用，这种供社区支配资源的灵活性和主动性从长远来看有利于社区治理能力的提高，可以促进社区的发展。

社会慈善资源按照资源渠道及其与社区之间的关系，分为社区内生性社会慈善资源、社区外引性社会慈善资源以及介于内生与外引之间的社会慈善资源三大类。本书主要讨论的是对于"五社联动"机制下的与社区相关的社区社会慈善资源，这类资源一方面内生于社区，属于社区资产，在社区的发掘与培育下得到发展，与社区居民之间存在亲密的情感，与社区

---

① 胡小军.社会慈善资源动员的主要趋势与实践策略［J］.中国社会工作，2023（3）.
② 胡小军.社会慈善资源动员的主要趋势与实践策略［J］.中国社会工作，2023（3）.

存在紧密的联系；另一方面是从社区外引入的，但其资源类型和目标与社区的规划和发展相契合，与社区在利益或发展目标上存在某种一致性或相关性，这类资源可逐渐转化为社区资产。

（四）重视社会慈善的规范

2016年《中华人民共和国慈善法》出台，通过立法对慈善行为进行规范，同时打击和取缔慈善行业中的违法行为。重视对社会慈善的规范有利于维持社会慈善发展的稳定性，有利于塑造社会慈善的公信力，有利于促使社会公众合法有序的参与到社会慈善事业中来。

在"慈善丑闻"和舆论环境的双重影响下，社会公众对慈善组织和基金会的行为产生怀疑，进而导致慈善相关机构公信力严重受损，公众虽有慈善之心，但因缺乏对慈善组织的信任，而没有采取慈善之举。此外，公众对慈善捐赠渠道也缺乏了解，因此借助"五社联动"的机制，从社区层面对社会慈善进行积极正面的宣传引导，可以让更多的公众关注慈善行为，信任慈善机构，并自觉自愿投身于社会慈善行动中，为基层的社会治理资源添砖加瓦。"五社联动"的机制在"四社联动"的基础上加入社会慈善资源，一方面可以将社会慈善资源作为一种参与要素吸引更多的社区居民和社区内的其他相关主体参与到社区社会慈善中来，从而重构一个新的场域；另一方面社会慈善资源作为一种投入要素参与到社区治理中来可以为社区提供更多的有形资源和无形资源，促进社区的发展。由此可见，重视社会慈善的规范是为了提高慈善的公信力，促使更多的公众放心地参与到社会慈善事业中来。

第三节 "五社联动"的联动机制分析

落实治理理念和共享经济社会发展成果已经成为社会主义优越性的体现，而让每个社会成员都能共享改革发展成果成为衡量社会进步的重要标

准。为了实现这个目标，不同领域提出了不同的方案，其中在社区治理中
"五社联动"成为广泛实施的方案并逐渐上升到社区治理政策的层面。这
种联动的治理方式充分体现了共享发展的核心价值，且与社区治理的实践
目标、理念和手段高度吻合，能够更好地解决社区治理中出现的问题。在
"五社联动"中如何发挥联动主体的作用显得尤为重要，也就是说，除了
社区"两委"，其他参与联动的"四社"行动主体都不一定是社区的，而
且不一定是单一的行为主体，虽然最终提供的服务及产品都将用来满足社
区居民需求。如此一来，如果说社区"两委"与其他"四社"联动还比较
容易组织起来，但其他"四社"之间的联动要组织起来就很难了。能不能
在联动中充分发挥社会组织中社会工作者的专业主观能动性与专业性，笔
者对近些年的"五社联动"做了热点分析。

一、数据来源、研究方法与热点分析

（一）数据来源

本书选择中国知网数据库中的文献作为样本数据源，检索条件设置
为"五社联动"主题，文献来源类别为学术期刊文献。检索关键词为"五
社联动"；专辑导航设定为：全部；数据库设定为：学术期刊；数据检索
时间为：2000年1月1日—2023年12月31日，人工检索到的第1篇文章是
2012年3月8日。检索共获得期刊文献152篇，经人工筛选剔除会议报告等
类型文献及无作者、非相关文献等无效文献后，获得138篇期刊论文数据
作为样本，每篇文献均包含作者、机构、关键词、摘要、发表日期等基本
信息。

（二）研究方法

我国于2005年引入科学知识图谱（mappingknowledge domains），作
为科学计量学新工具的科学知识图谱具有"图"和"谱"的双重优势。
CiteSpace既可以可视化地呈现知识图形，又可以序列化地显现知识谱
系，还可通过知识域（knowledge domain）显示知识单元或知识群之间的

网络、结构、互动、交叉、演化或衍生等诸多隐含的复杂关系，进而据此功能分析特定研究领域的现状并对该研究领域的趋势进行预判。本书借助CiteSpace软件对我国（港澳台的数据未统计在内）五社联动研究成果进行计量分析，包括基于作者、机构等的知识图谱分析和基于关键词等的共现网络分析。运用 CiteSpace 的关键词聚类分析功能，生成聚类图谱、时间序列图谱，通过分析、归纳和总结，依此研判和讨论"五社联动"的热点及趋势。

（三）热点分析

对相关文献所包含的关键词进行可视化分析，能够直观反映出该领域目前的研究热点及未来发展趋势。将 CiteSpace 中的 Node Types（节点类型）选为"Keyword"，绘制出关键词聚类图谱（如图5-2所示）。

图5-2 "五社联动"研究关键词聚类图谱

在图5-2的基础上，对关键词为"五社联动"的期刊文献进行聚类分析，以反映关键词之间的相互关系，进而揭示该领域的研究热点。同时，本书基于检索对获得的2000—2023年的关键词为"五社联动"的关键词聚类图谱进行了聚类分析。

由图5-2可以看出，在"五社联动"中，社会工作在社区治理中发挥着重要作用，社会工作旨在让更多人参与其中，带动多元主体参与社区治理，共建共享发展成果，由此构建完善的社会化服务支持体系。随着社会工作的不断拓展，对于社会工作者也提出了更高的要求，这也指引社会工作者朝着通才化和多元化职业发展。本章以"五社联动"为架构，利用社工专业方法与技术介入一个项目的微改造工作，以此作为扩大社会工作领域的试点，紧跟时代发展步伐。

二、基于以上图谱对"五社联动"的联动逻辑分析

（一）社区治理中，社区"两委"与社会工作者的协同是基础

在"五社联动"中，发挥"五社联动"机制有效作用的关键是社工和社区如何有效实现联动。首先，要建立需求与导向之间的关系，通过前期社区的协助，让社工能够深入参与到社区治理中来，对社区中出现的问题能够共同进行决策和应对，并通过平等协商的方式实现治理结构的整合。在此磨合中，使社区充分认识到社工的价值和专业性并主动让位部分权力给社工。社工获得了施展专业的空间，也会主动维护与社区之间的联系，主动并客观地处理专业工作和辅助行政工作之间的关系，为社会工作的服务专业化发展奠定基础。其次，社会工作者要协助社区打造"五社联动"的平台。一方面，社区为社会工作者和志愿者搭建了成长的平台，并可以支持社会工作者培育社区社会组织，给社会工作者供给服务的场地；另一方面，社会工作者可以利用自身的资源为社区提供服务并连接到更多的慈善资源，推动治理主体之间的平等切磋，搭建信息共享平台，以增强社会工作者、社区志愿者、社区社会组织之间的交流，实现对社区慈善资源的监管，促进社区各要素之间的整合利用。

（二）社会工作者参与社区治理，协同培育社区社会组织

社会组织主动参与社区发展并提供专业支持，以"五社联动"为架构，社会工作者通过其专业性主动引导社会组织共同参与到社区治理中来，并发挥其自身优势与力量共同推动居民参与的组织化。在社区这一

实践载体上，社会组织在社区两委的信任支持下，以其专业性、灵活性与组织性优势多措并举对社区问题及时化解，及时对治理行动作出快速反应。相较于政府的管理而言，社区社会组织的专业性、灵活性和针对性，以及募集慈善资源为社区提供资金、物质保障和教育培训的治理方式，更能激发社区居民参与的意愿。如在部分老旧小区中，存在着各种管理不到位、居住环境差、居住条件差等问题并且在此类小区中通常老年人的参与意识不强，但此类小区又通常以老年人为主，在此情况下，社会工作者通过为部分退休老党员提供专业服务的形式赢得了他们的信任，但是这部分党员中也有部分文化素质偏低的人员，在此过程中，社会工作者发挥着重要的作用，他们通过提供专业的沟通方式，挖掘可以为社区服务的人员，以及居民感兴趣的组织，并鼓励他们共同参与到社区治理中来，在此过程中，社会工作者扮演着沟通者、推动者以及协作者的角色。

（三）社会工作者参与社区治理，孵化志愿者团队

在普遍情况下，驻扎在社区的社会工作者首先要完成的就是项目制下的项目；其次会协助社区做一些行政事务以及社区临时交办的服务居民的事务；最后是多渠道孵化社区志愿者。在社区中，社会工作者发展志愿者的对象多是社区居民，意在通过培育和激励社区居民的公共精神与志愿精神，促进社区的自治发展。如在有些市区会在社区探索建立"公益银行"和"社区冠名基金"等项目，以此调动社区居民参与社区志愿服务的积极性。还有些市区则会采用时间银行、公益银行等形式的志愿服务项目，培养居民自助、互助的意识，以此鼓励更多的人加入志愿服务行列。采用此类志愿服务项目的社区多是城市的老旧社区，老旧社区的共性问题是物业服务缺失，基础设施差，生活环境欠佳，居民会有很多不满，经常会采用上访投诉等方式解决生活中遇到的问题。通过引入时间银行、积分兑换等志愿服务机制，建立规范的志愿者行为规章制度，以此来吸引居民自发地组建志愿者队伍来参与志愿服务，一方面可以解决社区中出现的部分问题,另一方面也为这些社区居民提供了实现自身价值的渠道。CC 社区在此方面成功孵化居民志愿者参与社区治理,取得了良好的成效。

(四)社会工作者参与社区治理,主动连接慈善资源

为了加强基础设施建设,政府向基层投入了大量的制度性与非制度性的资源,但是由于居民需求的多样化以及个性化,导致现有资源仍不能满足他们的多样化需求。基于此状况,社区慈善资源在社区治理与公共服务领域中的作用日益凸显,且受到了政府与社会的高度关注。社区慈善资源在改善社区治理模式、搭建服务平台、推进社区监督管理机制的健全等方面起到重要的作用。社会工作者通过主动连接社会资源,采用社区公益基金与公益创投相结合的方式,协同社会组织及其他主体共同参与社区治理,取得了部分成效。如 HP 社区"五社联动"工程成功地运用 XX 慈善基金所提供的各种资源,在充分挖掘社区(两委)本身的社会资本基础上,又通过义卖等方式发掘居民的潜能,通过组织化的运作,实现了"取之于民,用之于民"的目的,达到了社会工作者通过协调运作连接慈善资源,促使社区慈善工作扎根社区、成长壮大的目标。

第四节 "五社联动"的实践案例及联动分析

一、社区概况

W 市 PL 县处在城乡接合部,由 29 个社区组成。其中,YY 社区以 20 世纪 80 年代建成的国企宿舍和 90 年代初建成的老式商品房小区为主,社区居住着近 400 位老者,其中以高龄或行动不便的老者为多。经过近 20 多年的居住和使用,小区设施逐渐陈旧破损、公共设施不足、地面开裂不平,外墙墙体开裂且多处墙皮剥落。此外,由于小区没有电梯,楼梯上也没有扶手支撑,随着住户的逐渐年老,尤其是高层住户上下楼梯很是艰

难，居住在此的老者的出行安全形势严峻。另外，社区内独居老人人数占75%以上，且居家没人照顾，存在极大的安全隐患。还有，楼梯电线线路混乱，车辆摆放随意等安全问题严峻，因此，解决居家安全问题显得尤为迫切。

（一）YY社区人口情况

YY社区处在老城区，这里的主要特点是居民来源多元化，以租房户居多；人口的老龄化程度不断提高，而年轻人的人数相对较少。首先，社区中的原住民、回迁户、拆迁户和租赁户等都居住在此地。居民群体变得越来越复杂，这让本来就缺少物业的社区管理难度增大。加之YY社区的学区房房源丰富，辖区内小学、初中和高中的教学水平处于上游，吸引了越来越多的租户。其次，随着城市现代化不断发展，许多年轻人已经迁至新城区，留守在老城区的主要是老年人且独居老人在社区中占据了主导地位，形成了社区老龄化的趋势。这也引发了一系列的问题，需要政府相关部门加强关注，提高重视程度。

YY社区常住人口约17000人，60岁以上老人约400人，约占街道常住总人数的2.35%。其中，60~70岁老人约253人，70~79岁老人90人，80~89岁老人49人，90~99岁老人6人，百岁以上的老人2人；孤寡老人5人，十类特殊人群279人。YY社区存在大量特殊人群，其中包括伤残者、精神病患者、独居老人、特困人群、重疾人员、高龄人群等，其中独居老人占到了75%。随着人口老龄化趋势的日益凸显，很多老年人的子女已经迁往新城区，一些老人的伴侣也已过世。由此可见，社区居民的特殊性质越来越突出，进而增加了社区适老化微改造的难度。YY社区居住着许多独居长者，且独居长者存在着多种问题。首先，由于房屋老旧狭小子女很难共同居住，致使他们长期远离家人，家中日常照料不足。其次，许多老者不愿意向子女寻求帮助，并忽视子女的照顾责任。在某些紧急情况下，他们才会迫不得已地寻求子女帮助。此外，许多独居长者受教育程度不高，对社区资源知之甚少，无法参与社区活动，并逐渐与外界隔绝，导致他们在不知道社区资源和服务的情况下无能力获取社区资源。最后，YY社区独居老者的经济收入有限，且很少有子女会每月给予生活补贴。虽然独居老者很希望社区能进行适老化微改造，但是大部分老者因为收入仅够支付医疗和生活费用，所以难以承担更多的支出。

（二）社区硬件情况

社区主要的硬件设施可以划分为四类：社区政务设施、社区服务设施、社区活动设施和社区信息网络设施。社区内的政务设施比较齐全，如街道办事处、居委会、派出所的公共用房等。社区服务设施主要有三级医疗网、邮局、储蓄所、公共厕所及大众浴室，老年设施的建设要以寄托为主，兼顾医、养、娱、学。但YY社区房屋及基础设施条件差，普遍存在陈旧房屋长期失修、公共体育及设施相对不足、老人活动及娱乐场所匮乏等问题，无障碍设计、指引标识以及其他公共设施也存在缺陷。与此同时，目前还缺少方便老人上下楼的扶梯和电梯，养老建设的投入方式有单一化倾向。社区里的活动设施应着眼于满足社区居民的多种需要，注重居民的日常活动需求，同时也是政府和居民之间交流的通道。如政府信访室、便民答疑室、老年茶室。但YY社区针对老人的社区活动设施只有老人院、棋牌室等，不能满足老人活动的多样化需求。在互联网时代，政府的各种指南、医疗保健机构的健康信息以及社区就业情况等数据可以通过信息化手段传播，优化信息获取渠道。同时，地区公安部门的治安信息，也可以通过智能平台实现快速布控，提高工作效率。但是，YY社区的信息网络设施尚未完全实现信息化，导致信息获取速度较慢且缺乏灵活性。特别是对社区老年人健康状况的关注和数据跟进方面，解决问题的效率不高。此外，社区居民的沟通交流较少，社区文化活动单一，社会支持系统无效。许多租户涌入社区，对社区建设并不关注也不参与。与此同时，很多年轻人迁往新城或外出工作，老年人数量在持续增加且社区的社会支持系统效果不佳，因此使得老年居民很难实现社区的适老化微改造。

二、以项目推动"五社联动"的实践案例

为了实现社区的适老化微改造，政府通过购买服务的方式向社会组织购买了 YY 社区的适老化微改造项目。社会组织安排社会工作者进驻社区协同其他主体在"五社联动"的机制下开展工作。

一是宣传动员居民。通过社区宣传和摊位小游戏等形式，了解居民对老者居家和小区出行安全方面的认识，同时，招募居民加入义卖活动手工制作，扩大微改造项目在社区内的影响力，提高居民的关注度。此阶段的工作主要是为达到以下目标。首先，开展党员志愿者专业培训工作坊活动，提高党员对独居长者的关注度，为可持续化发展适老化微改造项目争取支持力量；其次，吸引100余名社区居民参加活动，并使活动满意度达到80%以上，以此来推广该项目并吸引更多用户参与；再次，提高独居老者的居家安全防范意识，并吸引20余名老者主动了解该项目，从而加强老者对该项目的认可和参与；最后，期望通过宣传服务，获得至少20位老者的项目建议和意见，从而持续改进该项目并更好地满足群众需求。

二是孵化志愿者队伍。尽量招募10名居民参加义卖活动，以充实该项目的志愿者队伍。通过发展志愿者希望达成以下目标。首先，志愿者队伍协助社会工作者的小组成员提高居民参与社区事务和志愿服务的能力，将学习到的知识和技能熟练地应用于日常生活和志愿服务中，推进老年志愿者服务队向专业化和规范化发展。其次，培养志愿者协助社会工作者小组成员提升团队合作能力，通过与居民的沟通，分享个人经验，达到解决问题的目的。再次，提高志愿者沟通技能、资源整合和连接能力，提升社会工作者小组成员的实际操作能力，提高志愿服务质量和效果，并增强志愿者参与社区自治的能力。最后，为志愿者提供有针对性和实际效果的小组活动，促进建立积极正向的人生态度，倡导志愿服务理念，培养良好习惯，争取社区居民的认可。

　　三是社会工作者利用专业化知识开展个案工作。个案工作是一种专业的社会工作方法，通过一对一、面对面的方式，为需要帮助的个人或家庭提供专业支持，帮助他们解决问题，缓解矛盾，其目的是解决社区居民间的矛盾与冲突，促进居民潜能与热情的发挥。一些学者提出个案工作方法能够借助专业手段来帮助有困难的人们改善生活环境，生活态度，行为方式以及心理动机等，增强社会适应能力，从优势视角挖掘潜力，充分发挥社会的积极作用。YY 社区适老化微改造工程中，化解各主体之间的矛盾和冲突是促进工程实施的重点问题。社会工作者以个案工作方式，关注有矛盾和冲突的个体与家庭，通过行为治疗、人本治疗以及个案管理来解决问题，减少矛盾率。比如项目开展时需要公开宣传，举办社区骨干培训和义卖活动，但是这一活动可能会遭到一些居民的反对。这时，就需要社会工作者采取个案工作方式，与主要矛盾居民进行入户访谈，构建专业关系，利用主导、影响和沟通技巧来缓解矛盾。同时社会工作者还可以通过个案工作方法充分挖掘工作对象的潜力与热情，化解个体与家庭间的矛盾与冲突，促进社区适老化微改造项目顺利实施。此外，适老化微改造项目对于观念普遍守旧的老年人来说是一个新兴的陌生概念，他们也不了解社会工作者的概念。即使在社会工作者为老人们做了清晰全面的概念解释，也着重强调了适老化微改造的重要性和必要性之后，个别老人对适老化微改造也还是保留原有的看法。经过入户评估，社会工作者发现某些老人家里的安全情况十分令人担忧，但他们不愿意把钱花在房屋改造上面，认为他们的房子还能将就着住，甚至向社会工作者询问能否将分配给他们的项目资金转变为现金补贴的形式发放给他们；另外还有一些老人担心免费改造后的质量保障，改造后的效果会不会比改造前的质量更差。这时，社会工作者通过采取个案工作方式，与主要利益居民进行入户访谈，构建专业关系，利用会谈、澄清和建议等沟通技巧提出最佳方案来解决利益居民的困惑。社会工作者对居民模糊不清的微改造项目概念进行更详细、更清楚的解说，使居民得到具体清晰的概念信息，并对居民产生误解的项目进行必要的解释，尽最大能力让居民放下心理包袱，接受改造项目。

四是发掘和连接社会慈善资源。在 YY 社区的适老化微改造工程中，社会工作者通过广泛招募志愿者的形式为社区改造增加志愿者，培训改造工程的主力军。培训后的志愿者通过慈善团体在 M 手工的工作坊和 M 拉丝厂制作义卖手工，在两期的手工制作坊中，他们不仅参与义卖手工的制作，参与义卖行动，而且还会将个人闲置的物品贡献出来参与义卖，然后将这些资金投入到 YY 社区的适老化微改造工程中，这种既出钱又出力的行动也动员了更多的居民参与到微改造的行动中。此次连接资源的项目主要以工作坊和社区活动的形式开展，通过志愿者的努力，在一个月的时间内，项目筹集到5000多元的项目经费。此外，社会工作者积极连接社区内外资源，为社区适老化微改造提供各类支持。第一，社会工作者与项目实施地所属的 SH 居委会和 CA 居委会定期沟通项目进展情况，并积极与街道对接资源，通过街道的搭桥引线，促使辖区内的一个爱心企业完成了桥中广场一期 C 栋不锈钢扶手的安装。第二，社会工作者积极连接社会资源，在 S 市慈善会和善城公益基金会举办的"创善·微创投——S 市社区公益微创投"项目中获得2万元的项目资金支持。第三，社会工作者通过在 S 市慈善会备案，取得了 XX 联募公开募捐资格，并争取到 S 市的公益慈善义卖摊位，在 S 市进行项目义卖。通过线上宣传线下义卖的方式，在一个月的时间内，累计收到300余人的捐款，通过有效整合，多种途径筹集等方式，共筹集资金25137.79元，为此次项目的顺利开展提供了部分资金支持。第四，在资金仍然不足的情况下，社会工作者通过推动党建引领解决社区问题的方法，由 SH 居委会牵头链接共建单位 S 市的 SC 贸易有限公司党支部，为桥中广场一期 A 栋安装了不锈钢扶手。至此，桥中广场一期的社区适老化微改造不锈钢扶手安装全部完成。2021年6月，CA 社区慈善基金成立，慈善基金账户有6万元资金，这笔资金为拉丝厂宿舍区剩余楼梯扶手的安装、适老椅的安装以及防滑材料的提供给予了资金保障。第五，社会工作者通过组织社区内外的志愿者，连接附近的幼儿园、小学、艺术团，让微改造项目的宣传覆盖面由社区向学校和企业延伸，力争获得更广泛的宣传和更多的支持。

五是培育社区社会组织。在连接社区内外资源的过程中，培育社区社会组织显得尤为重要。在前期调研的过程中，社会工作者既要了解居民对公共空间改造的需求，同时还需发现潜藏在社区中的资源。社会工作者在实地调研和随访的过程中，挖掘社区社会组织的潜力、发现社区骨干等群体，并以老旧小区改造为契机，为他们提供参与活动的机会和空间，支持他们参与到整个改造过程中来。这不仅有利于社会组织的发展，还促进了社区骨干力量的成长，而且也为他们参与社区事务提供了更多的渠道。通过搭建"社区—社会工作者—社区组织"议事机制，社区自治能力得到有效提高。以往居民遇到社区问题，都是向政府部门提意见，由政府部门主导解决。自从开展 YY 社区适老化微改造项目以来，通过发挥社会工作者在群众与政府之间的桥梁纽带作用，政府提供服务的固有形式被打破，居民会把需求反馈给社区，社区两委会参与到项目实施中来并与社会工作者以及社区社会组织进行沟通，其中包括项目立项、项目推进、项目进展、项目施工等。在 YY 社区培育社会组织的过程中，通过社会工作者的介入，协调社区、社会组织和社区骨干共同探讨和实施，解决 YY 社区的改造安全问题。社会工作者充当连接政府、群众、社区、社会组织的桥梁，"社区—社会工作者—社区社会组织"议事机制初步搭建，这种方式有效提高了社区的自治能力，同时也为后续其他改造问题的解决提供了参考价值。在社区社会组织的培育过程中，社会工作者以拉丝厂宿舍区项目为突破点，定期召开项目推进会议，并同时与社区骨干交流项目的进展情况、资金的筹集和使用情况等相关事宜，以制作义卖手工成立的社区社会组织，在制作义卖手工的过程中，参与花市义卖品的选品和定价工作；在项目实施阶段，确定适老化微改造方案及选材，以及施工前后居民意见的收集工作。社会组织的工作人员除了为微改造项目的后续发展出谋划策外，还会对无人照顾的独居长者提供邻里支持，协助这些独居长者买菜送医。社会组织参与社区治理的范围从微改造项目扩展到社区邻里间的互助，社会参与程度更深入。在对社区社会组织的培育过程中，社区社会组织不但为微改造项目的后续发展提供意见，还发现了社区存在的消防安全等问题，并在社区居委会的支持下为小区添置了灭火器材，通过社区微改造项目的打造，社区社会组织在发掘和解决社区问题方面的能力也得到了提高，社会参与度进一步加深。

六是促进"五社联动"。在适老化微改造项目中，为了将 YY 社区打造成一个设施完备、活动便利、适宜长者居住的社区，社区联动社会工作者采用多种服务方式满足居民的需求，并以社区为服务平台，社会工作者为提供服务的主力，社会组织为服务载体，在此基础上辅之以志愿者服务和慈善基金的有益补充和有力支持，全方位地改善社区环境，方便长者的出行和居住，提高社区的安全系数，提升社区的自治能力。

三、"五社联动"的运行分析

（一）"五社联动"中的角色分析

首先，社会工作者是专业服务的提供者及社区改造的参与者。在社区微改造项目中，社会工作者作为一个重要的参与主体，在面对社区中存在的种种改造困境，人际矛盾等问题时，通过构建专业关系，搜集有效信息，制订服务计划等切实可靠的行动来推动居民能力的提升与权益保障。对社会工作者而言，在项目实施过程中参与协调，缓解冲突，调查分析，咨询服务和民主参与等都是其关注的重点。

其次，社区是多方联动的促进者，互助合作的支持者。在微改造项目中，社区是促进"五社联动"的推动者和适老化微改造项目中的互助合作激励者。社会工作者融入社区环境中，在初期需要社区居委会的支持和引荐以获得居民的信任，社区在促进社区居委会和环境管理委员会专业合作，构建互信协作的社区网络中发挥着重要的作用，社会工作者运用专业知识对社区建设提出建议，在一定程度上需要社区的支持和信任。在适老化微改造项目中，社区为社会工作者搭建平台，社会工作者联动多方力量推动多元主体间互助合作，推动了适老化微改造项目的顺利实施。

再次，社会组织是项目开展的实践者，社区发展的推动者。在社会组织的积极参与下，推进了社区适老化微改造项目的开展与社区生活环境的改善，强化了居民的社区主体认知，有助于居民利用社区资源，解决社区问题，满足社区需求，建立和谐的邻里关系。社区社会组织以项目的开展为孵化器，站在服务对象的需求上，满足社区特殊的要求，以推动者的身份向社区居民表明行动的可行性和科学性。

最后，社会慈善资源是活动得以顺利开展的切实保障。在社区适老化微改造的项目中，参与项目的主体包括社区委员会、社会工作者、社区居民、社会组织。社会工作者以专业的社会工作为指导和支撑，深入调查了解服务对象的需求，并充分调动服务对象的自身资源，这个资源既包括专业知识，也包括连接的社会慈善资源。在服务过程中对社会慈善资源的有效连接，使得慈善资源可以高效及时地投入项目中，解决了资源短缺问题，保障了项目的顺利推进。

（二）进一步完善"五社联动"机制

首先，为确保社区社会组织沟通协调工作的顺利进行，政府需做好顶层规划。建议成立专门的社区社会组织领导小组和领导小组办公室。由街道领导任组长，实行组长负责制，把社区社会组织的工作摆在了重要地位。此外，为保证社区社会组织的持续发力，要根据实际情况制订具体工作方案。领导小组办公室内部要成立专项工作组，使街道和社区工作人员及社会组织能按照实施方案的安排有步骤地做好"五社联动"有关工作。比如，构建社区社会组织统筹工作机制。在项目实施的过程中，各主体必须从服务统筹、购买统筹、监管统筹三个方面建立有序的统筹机制。

其次，创新政府购买服务项目的机制。政府购买服务已经成为提高政府公共服务能力的有效途径。为此，必须不断创新政府购买服务项目机制，在制度与实践中不断推动政府购买公共服务方式的创新。主要有三个方面。一是要加强理念创新。准确把握政府对购买公共服务的定位；发挥政府对"五社联动"服务项目的有效作用，推动不同服务机构全面联动发展。二是创新政府购买方式。清楚地梳理好政府购买服务的客体，解决好"买什么""从哪买""怎么买"的问题。三是促使政府购买公共服务机制科学化。通过对政府资金管理，评估管理和监督管理的规范化，形成以评估公共服务为主线的政府购买公共服务管理体系。

最后，构建有效协调沟通机制。在"五社联动"中，多元主体通过协商、合作等方式促进"五社"之间的有效协作和良性互动，以实现有效的多元治理，使政府与多元主体形成合作式伙伴关系。为强化多元主体之间的联动机制，需要构建切实可行的协商和对话机制。一是建议以项目为载体确立共同的治理目标。确立自愿平等的合作关系，明确彼此的合作内容是建立民主协商对话机制的前提条件。各主体扮演着不同的角色和功能，但最终目标必须是一致的，即促进社区自治，促进社区治理水平的提高。二是建议健全以政府为主导的协商机制。以政府为主导引导社区两委、社会工作者、社会组织和社会志愿者共同参与社区治理。在此机制中，专业社会工作者发挥着重要的桥梁纽带作用，充分利用专业知识，一方面可以孵化志愿者，另一方面可以培育社会组织，此外，还扮演着连接慈善资源的作用。在整个体系中，政府需充分利用他们的专业知识和技能，不断加强各主体之间的互动和合作，并在冲突中寻找发展的契机，以求得社区公共利益的最大化。

下编

理论依据与实践经验借鉴

社会工作方法简介与在具体情境下的最优合作模式

联动服务的中国路径

第六章
理论依据与实践经验借鉴

第一节 西方社会工作者与志愿者联动服务简史

一、初期的紧密互动

社会工作专业源于志愿服务。志愿者建立了救济团体、儿童家园、日常照顾项目、娱乐服务、家庭和儿童福利协会以及精神健康协会。换句话说，志愿者在每个领域的实践都早于社会工作。许多关于社会工作和社会福利的入门教材承认它们的专业起源于志愿服务。莫斯和舍富将社会工作的开端描述为"兴起于美国形成时期大规模的志愿服务运动"[①]。尤其是志愿者的奉献被认为对慈善组织运动和城市定居救助之家运动的发展起到了关键性的作用。[②] 正是在这两个运动中，志愿服务的角色和社会工作专业的出现才紧密联系在一起。

作为一个志愿运动，慈善组织运动的出现成为社会工作重要的先驱，代表着社会工作第一次以系统化的方式向穷人提供帮助。慈善组织运动实质由那些帮助家庭满足生理、经济、情绪和精神需要的志愿者组成。1877

---

① Armando T.Morales，Bradford W.Sheafor，Malcolm Scott.Social work：a profession of many faces［J］.Turbulent Flow Problems，2009.

② Ellis S J，Noyes K H.By the people：a history of Americans as volunteers［M］.Jossey-Bass Publishers，2010.

年，牧师 S.H. 哥尔亭（S.H.Gurteen）在纽约布法罗建立了第一个慈善组织机构，为不同的穷人提供有区别的、个性化的帮助。^① 慈善组织运动的支持者努力使慈善工作更加系统化，更有效率。提高效率最主要的方法就是志愿者的合作。慈善组织会社通常包括一个执行委员会，这个执行委员会由那些已经非常积极投身于为穷人提供服务的志愿者领袖所组成。委员会对那些提供直接服务的志愿者进行培训，即通常所说的家庭访问员，教授他们如何审核申请、家庭探访、管理案例以便有能力选择最好的方式来提供帮助。

住房建设运动也起源于志愿服务。作为芝加哥妇女城市俱乐部的一员，简·亚当斯将一座破旧不堪的建筑物改建成赫尔会所。赫尔会所妇女俱乐部成为芝加哥城市最大的妇女志愿组织。亚当斯承认妇女志愿组织的价值，她说，虽然赫尔会所的组织活动受到了当地居民和其他人的促进和指导，但更大程度上受到组织内部成员的推动和维持。更确切地说，正是凭借她在组织内与成员所发展起来的关系，才使亚当斯能够促进不同种族群体之间的伙伴关系，使赫尔会所的成员得到更好的住房。此外赫尔会所还呼吁改善芝加哥城市监狱的条件。慈善组织会社和住房建设运动的特征是将个人和志愿者的慈善行为转移到科学的慈善团体活动。正如玛丽·里士满（Mary Richmond）、约瑟芬·肖·洛厄尔（Josephine Shaw Lowell）、罗伯特·亨特（Robert Hunter）、爱德华·迪瓦恩（Edward Devine）等人认可综合评估、保持清晰记录和有效服务合作的重要性，他们逐渐认识到需要对那些面向穷人和有需要的人提供服务的工作者进行专业培训。^② 然而，这一时期，专业培训从来没有试图取代个人关怀和志愿服务。事实上，玛丽·里士满认为社会工作者不能完全代表社区社会志愿服务人员，相反，

---

① Pumphrey，Ralph E.The heritage of American social work：readings in its philosophical and institutional development［M］.New York：Columbia University Press，1961.

② Morales A，Sheafor B W，Scott M E.Social work：a profession of many faces［M］.Allyn and Bacon，1986.

她认为社会工作专业最基本的责任是指导和支持志愿者的工作。

二、社会工作专业化及与志愿者分离

社会工作之所以从志愿服务中分离出来，与王伯拉罕·弗莱克斯纳（Abraham Flexner）有很大的关系。在1915年召开的第四十二届美国慈善与矫治大会（NCCC）上，弗莱克斯纳受邀发表了一篇题为《社会工作是专业吗？》的演讲。报告中，他提出了判断是不是"专业"的六个标准，并以此作为评判社会工作是否专业的标准。一是专业行为必须是理性行为，专业思维是解决问题的主要工具。社会工作者必须具备五种能力，即分析和区别的能力、把握同情的限度和灵活度的能力、健全的判断能力、熟练地利用有效资源的能力以及建立新的合作关系的能力。二是专业知识的素材来源于科学研究和系统的学习。但社会工作者所使用的是其他领域研究所得的成果，而不是对他们自身所处领域的研究所得的知识。三是专业以实用的方式运用知识，专业的思维过程和原创知识的发展有着为社会所接受和认可的明确边界，但社会工作并不拥有使自己与其他专业明确区分开来的边界。四是专业需要运用一种通过教育才能获得的传播技术，在跨入专业领域之前，从业者必须明确从事这一专业所必备的能力要求。但社会工作涉及的领域太广了，涉及的专业太多了，因而难以形成一套简单明了（专业、有针对性）的教育规范。五是专业是自我组织的，专业行为是围绕权威组织起来的。六是专业行为在动机上是利他的，对社会大众福利的贡献程度越来越成为评判专业活动价值的公认标准。在这一标准上，社会工作是优于大多其他职业的。尽管不认可社会工作是一种专业，但弗莱克斯纳承认它确实蕴含着专业精神。

弗莱克斯纳的报告对于社会工作的专业化影响是深远的。围绕社会工作与志愿者的关系，形成了三个比较重要的议题。一是社会工作者是否应该继续探寻专门领域的知识？二是社会工作是否需要建构自己的理论知识基础才能证明自身是一门专业？三是探寻专业理论基础的行为是怎样影响社会工作与志愿者的关系的？1915年会议后，社会工作者中的一些领军人物开始致力于推进社会工作理论基础的建设。最终，精神病学的社会工作作为一个独特的实践领域出现了，由弗洛伊德心理学发展而来的理论作为指导很多实践领域的主要理论也出现了。精神病学和弗洛伊德心理学在社会工作中的应用，将社会工作实践方法与医疗模式实践结合起来，使得社会工作者的地位得以提高到与受过专业训练的能提供治疗服务的专家同等的高度。与之前强调导致贫困以及其他社会问题出现的宏观社会环境因素相反，社会工作的实践范围缩小到更为明确的目的——提供服务和治疗以增强个体福祉。这也为"两工联动"的实践场域放在社区提供了基础前提。在这种医疗模式的影响下，社会工作者所需要做的基本是，研究案主的问题所在，评估问题，然后制订出治疗方案，以求能达到预期的效果。医疗模式对社会工作的突出影响在美国社会工作者协会（NASW）的伦理守则中也有所体现（至今还很明显）。守则的第一章第一条就明确表明，社会工作专业的首要使命在促进人类的福祉。协助人类满足其基本人性需求，尤其关注于弱势群体及贫穷者的需求和增强其力量。社会工作者协同或代表案主来促进社会正义和社会变迁。[①] 同时，案主这个术语也被严格地定义为接受专业社会工作者治疗和服务的个体。

随着社会工作在社会服务的供给和发展方面确立了主要专业的地位，社会工作的发展也繁荣起来且逐渐建立了稳定的专业地位。专业社会工作者的职业前景比其他的人类服务职业的前景要乐观得多。在美国，社会工作者是社会福利和精神健康治疗服务的主要提供者，而且在药物滥用、康复服务、老人服务、学校服务、健康服务、就业服务等领域中，社会工作者的人数在不断地增长。关于国家社会工作者执业资格证书颁发的相关法律的制定以及全国性的大型会员协会所做的努力，如美国社会工作者协会

---

① 社会工作.美国社会工作者协会（NASW）伦理守则 社会工作事迹［EB/OL］.［2023–10–21］. http://www.shehuigongzuozhe.net/shiwu/7401.html.

和美国社会工作教育委员会，使得公众开始承认社会工作是一门专业。

尽管社会工作通过建立统一的伦理道德规范、确立社会工作职业资格证书颁发制度、执行社会工作教育的统一标准获得了它的专业地位，但社会工作没有自己的理论知识基础。系统理论来源于生物学领域，生态学的视角来自人类学、社会学和心理学，生命过程理论根源于心理学和社会学，社会交换理论是由心理学、人类学以及经济学演化而来的。在许多情况下，社会工作者已经试图证实各种理论对于社会工作实践的重要性。例如，罗宾逊认为精神分析有助于社会工作实践，马特霍利斯提倡运用社会心理学，斯莫利赞成功能理论，托马斯推荐行为矫正理论，萨利贝主张优势视角观点。然而，每一种理论框架最终都根源于由另一个领域发展而来的知识。深入的观察表明，在任何一个现有的实证研究领域，界定社会工作的独特贡献都是不可能的。①

社会工作缺乏统一的知识基础，所以一直致力于发现和建立自己的专业基础，这些努力让社会工作对自身的专业地位产生怀疑。甘布里尔认为社会工作专业的不安全性是显而易见的，因为其知识建立在权威而不是事实基础上。② 因此，社会工作不愿意扩大与志愿者之间的关系，担心这样会危及自己在社会上的专业地位。同样，社会工作专业试图证实自己的起源与志愿服务无关。社会工作与志愿者合作提供服务和解决社会问题，这为志愿者提供了接近社会福利领域的机会。然而，社会工作专业一直努力在社会福利方面确立自己的地位，志愿者的介入会威胁它在这一领域既有的权威。甘布里尔认为社会工作已经诱导公众以及那些赞助服务项目的人，相信社会工作专家提供的特殊服务需要专业的训练和经验积累。

---

① Thyer B A.Developing Discipline-Specific Knowledge for Social Work［J］.Journal of Social Work Education，2002（1）.

② Gambrill E D.Critical thinking in clinical practice：Improving the accuracy of judgments and decisions about clients.The Jossey-Bass social and behavioral science series［M］.Wiley，2005.

缺乏安全感的一个结果是，社会工作专业倾向于避免与志愿者合作。1929年，纽约慈善学校的院长珀特·李发表了一个著名的演讲，他认为培训志愿者来领导和参加社会运动已经不再是社会工作的一个功能了。相反，他认为社会工作的主要功能是通过运用基于精神病理学而非心理治疗介入的方法（和其他精神病治疗干预策略的主要方法）来为个体服务①。这是"两工联动"初始服务的领域，他的观点代表了专业领域的主流观点。今天，虽然已经发展到了"五社联动"参与社区治理的模式，但是他的观点仍然被大部分社会工作者认可。社会工作者更愿意扮演基本上不需要与志愿者合作的直接临床角色。②需要补充的是，社会工作者与志愿者分离与福利制度也有关联。罗斯福总统实行新政后，政府成为社会福利服务的责任主体，社会工作才成为提供这些服务最主要的专业。③

三、重新重视社会工作者与志愿者联动（"两工联动"）

在过去的一个世纪里，社会工作者大部分时间都在努力将自己的服务与那些希望帮助为社区服务的人的慈善行为区分开来，以此来证明自身是一门专业。但与此同时，很多学者注意到，社会工作者往往将关注的焦点放在个人需求上，却忽视了对那些给人们造成伤害、压抑和贫穷的环境因素。此外，对社会工作专业准入和组织运行的系统和效率的强调使得社会和经济的不公平迟迟得不到解决。有些学者甚至怀疑，社会工作是否完全抛弃了自己的天职。但是当社会问题变得更加严重和复杂时，多数社会工作者坚持使用精神治疗法，他们没有与志愿者合作探寻和解决社会问题，

---

① Lee P R.Social work as cause and function, and other papers［J］.American Sociological Review，1937.

② United States Department of Labor Bureau of Labor Statistics.Occupational Outlook Handbook 2008-09 Edition［R/OL］.http：//www.bls.gov/oco/ocos081.htm.

③ Ellis S J，Noyes K H.By the people：a history of Americans as volunteers［M］.Jossey-Bass Publishers，2010.

反而仍然会花费大量的时间和精力去致力于巩固他们的专业地位。[①]

自20世纪80年代以来，西方国家的社会福利体系开始发生变化。提供社会服务的责任已经从政府转移到州和地方的公共领域、个人以及非营利组织身上。伴随着这种变化而来的是出现了鼓励志愿者参与解决社会问题的努力。作为对社会福利服务的发展、供给和评估至关重要的专业，社会工作是一门非常有效和有价值的专业。美国社工专协呼吁，现在已经到了让社会工作者停止证明自己专业身份的时候了，反而是到了全心履行他们应有使命的时候，即"满足所有人的基本需求，给予那些最脆弱、受压迫最深并且生活在贫穷中的人们的需求和权力特别的关注"。

近年来，为应对专业社会工作的短缺，社会工作者再次求助于志愿者，在此背景下，社会工作者和志愿者开始携手（"两工联动"）参与到社会工作中。社会工作者认识到，志愿者如果能受到良好的培训和监督，那么志愿者就能胜任这种角色并且能够节省专业社会工作者的部分精力使其集中关注到实践中更复杂的方面。事实证明，社会工作者与志愿者合作（"两工联动"）是社会工作发展和传递服务的一种可以选择的方法。在寻求社会变革的过程中，社会工作者需要把志愿者作为合作伙伴。更进一步说，社会工作者应该与志愿者并肩作战，支持和引导他们一起为促进社会、经济的公平而贡献力量，而不是以专家的身份提供关心，更不能充当代表社会官僚机构利益的媒介。然而，扩大社会工作者与志愿者（"两工"）之间的实际合作，还需要社会工作者放下对自己专业地位的困扰，拥有一定程度的自信才行。对于社会工作者来说，与志愿者的合作（"两工联动"的萌芽期）应该是参与社会治理的最有效的途径。社会工作对于促进人与环境之间交互作用的强调，让社会工作者非常适合去培训、支持以及与志愿者合作，从而发展并实施有效的服务。

---

① Specht H，Courtney M.Unfaithful Angels：How Social Work Has Abandoned its Mission［M］. Free Press，1995.

第二节　基于"两工联动"对志愿服务的再认识

在本书中，社工不是西方意义上的专业社工，而是特指社区工作者。而志愿服务在很大程度上说的也是服务社区的志愿服务。志愿服务的本质是什么？志愿服务又带来了怎样的价值？连续提供志愿服务的理由有哪些？志愿服务的领域以及志愿服务的类型有哪些？在本节笔者会一一介绍。

一、志愿服务的本质

简单地讲，志愿服务可以定义为一种服务他人的自由选择，这种选择是基于社会责任感而不是考虑经济利益，是出于自身需要且超出了个人基本义务。但在学术层面上，关于志愿服务的定义主要考虑以下四个方面。

（一）志愿服务是一种自由选择

志愿服务涉及自由意志或者自由选择，即人们选择从事志愿服务仅仅是因为他们自己想这样做。这也就意味着根据志愿服务的本质含义，志愿服务不是被迫性工作。关于这一点，争议的焦点是"义务性的"[①]志愿服务是不是志愿服务的？这个有关自由选择程度的问题是以假设非营利机构无法"强制"志愿者提供服务为前提的，当然也可以通过与志愿服务者签订协议而形成某种契约意义上的"义务"，而不是真正要就志愿服务的"自愿性质"进行怀疑，因此，换一种方式来问更易于理解：政府机构或营利企业能否成为志愿服务的提供主体？在德国，法律所定义的青年志愿服务是兵役和社会役之外的一种替代选择，选择志愿服务并不是完全出于自愿，而是带有某种强制的义务。墨西哥法律也规定本科生毕业前必须提

[①] 这里所说的义务是政府、企业、学校等组织因其自行规定而产生的，员工或学生被要求在其工作或学习时间内提供志愿服务，其自愿性表现为工作或学习时间内的一种选择。

供240个小时的志愿服务。与此不同的是，很多国家明确规定志愿服务的机构性供给主体是非营利组织，如丹麦统计局（1992）将志愿工作定义为"无偿地为非营利机构工作"，加拿大统计局（2006）也将志愿者定义为"不求报酬履行服务的人，代表着慈善或其他非营利组织的利益"。

（二）志愿服务涉及对经济利益的漠视

从事志愿服务的人是不在乎经济利益的。关于这一点的争议焦点是志愿服务是否完全无偿。有些国家，如墨西哥（2007）规定志愿服务不能获得任何金钱或食物支付，也就是说，连志愿服务相关的个人开支也不能得到补偿；在另一些国家，获得某种形式的补偿则是合法的，如德国《青年志愿服务促进法》除了为青年志愿者提供了一系列的激励措施（特殊休假、就业优先、保险费减免、事故保险、医疗保险、退休保险、护理保险、儿童津贴、乘坐公交工具减免费用等16项）外，还规定志愿者可以得到"免费的住宿、膳食、工作服，或在无住宿、膳食与工作服时获得相应的货币补偿——恰当的零花钱，而恰当的零花钱则不能超过（《社会法典（六）》第一百五十九章所规定的）平均退休保险金的百分之六"。

（三）志愿服务超出了基本义务

志愿服务是一种超出基本义务的自我选择行动，意味着志愿服务是要超出基本的社会期待。问题是，公民之间的自助行为和互助行为是不是志愿服务？也就是说，公民没有通过组织而是直接向其他人提供的无偿服务是否属于志愿服务范畴？与上面引用的丹麦统计局的定义相类似，美国劳工统计局（2008）将志愿者定义为"从事无偿志愿活动的人……通过或为了一个组织"。也就是说，这些国家官方认可的志愿服务是有组织的志愿服务。另外一些国家的志愿服务定义中则涵盖了个人直接提供的（无组织的）无偿服务，如英国国家统计局（2007）将志愿服务界定为："任何活动，包括花时间，不求报酬地做一些事情，目的是造福除了近亲属以外的他人（个人或团体），或造福于环境。"

虽然对家庭成员提供无偿援助不被看成是志愿服务，但关于"家庭成员"的界定在不同国家是不相同的。英国国家统计局将其界定为"近亲属"（包括家庭成员在内）；爱沙尼亚内政部（2006）规定帮助家庭成员不被认为是志愿活动，是否包括近亲属则不可知；加拿大统计局将对家庭成员和朋友提供的无偿帮助都不认定为广义的志愿服务，但没有对朋友作出明确的界定。

（四）志愿服务体现了社会责任

志愿服务的真正目的是惠及他人。但问题是，惠及部分社会成员的志愿服务是不是志愿服务。有些惠及他人的志愿服务并非真正意义上的志愿服务，也称之为非志愿服务，这里主要还是看"他人"与本人的关系，如表6-1志愿服务与非志愿服务的区别示例。再以美国关于非法移民的争论为例，有的人可能认为移民法需要改革，以便使一些人更容易成为合法公民。他可能会付出自己的一些时间和资源去和一个草根组织一起共同活动，教育社会大众以使他们认识到改革的需要。也有人可能会认为一个国家的边界应该更加安全些，以限制非法移民入境。她可能就会花时间去当一名业务的预备警员来帮助警察保护她所在社区的安全。虽然这两人对于非法移民持不同的观点，但他们都可以被看作为公共利益而工作的志愿者，因为"哪一边的观点正确并不重要，只要每个人相信他的行为是有社会责任的就可以了"[①]。

综合以上论述，可以归纳出志愿服务的四个特点：一是志愿服务是工作或服务，但不是就业；二是金钱报酬并非主要的激励因素，但可以得到一定的经济补偿；三是志愿服务是非法律义务的或非工作责任的，但可以是有道德义务和社会责任的；四是志愿服务不包括为家庭成员及直系亲属提供的无偿服务，但包括为朋友、熟人和同事提供的非法律义务的无偿服务。

----

① Gidron, B.Sources of Job Satisfaction among Service Volunteers［J］.Journal of Voluntary Action Research, 1983（1）.

表6-1 志愿服务与非志愿服务的区别示例

志愿服务	非志愿服务
为老年邻里购买杂货	为自己父亲购买杂货
为无家可归者下厨房做饭	为家人做饭
在一个公共学校义务教书	辅导自己的孩子做作业
服务于工会的申诉委员会	指导企业获取利润
在一个投票登记点工作	选举投票
在避难所提供食物、医疗或精神救助	开车带着自己的妻子去医院看病
作为执事或迎宾员在教堂服务	出席一种宗教仪式
无偿地帮助非营利的环境组织收集样本水	为某种职业做研究
在司法服务机构免费提供法律意见	有偿提供法律意见或援助
在自己孩子所在的儿童足球俱乐部做义务教练	帮助自己的孩子练习足球
为福利机构的残疾儿童洗衣服	为自己的孩子整理衣服
为无家可归的家庭建造房屋	修理自己的房屋

二、志愿服务的价值

关于志愿服务的价值,《中央精神文明建设指导委员会关于深入开展志愿服务活动的意见》作了比较完整的表达:"志愿服务体现着公民的社会责任意识,是人们自觉为他人和社会服务、共同建设美好生活的生动实践,是现代社会文明程度的重要标志,是新形势下推进精神文明建设的有效途径。志愿服务领域宽、渠道广,能够广泛动员社会资源,有效弥补政府服务和市场服务的不足,为政府分忧、为百姓解难,有利于在全社会形成团结互助、平等友爱、共同进步的社会氛围和人际关系,增加和谐因素、促进公平正义、维护社会稳定。志愿服务以自愿、无偿为前提,以弘扬志愿精神为核心,能够把服务他人、服务社会与实现个人价值有机结合起来,引导人们在做好事、献爱心的过程中陶冶情操、提升境界,有利于倡导爱国、敬业、诚信、友善等基本道德规范,提高公民思想道德素质,把建设社会主义核心价值体系的任务落到实处。志愿服务形式多种多样、方式灵活便捷,适应了社会结构、社会组织形式、社会利益格局发生深刻变化的新特点，能够满足不同层次人们关爱他人、服务社会、展示特长的愿望，有利于充分发挥群众的主体作用，激发群众的参与热情，为精神文明创建活动注入新的生机与活力。"

为了更加清晰地呈现志愿服务的价值，这里参照《香港义工团义工手册》将志愿服务的价值分不同主体层面进行了简单归纳和总结。

（一）社会层面

志愿服务在社会层面的价值表现在以下几个方面。一是建立和谐社会。现今传统文化、生产形态及社会结构的变迁，使人与人之间的关系逐渐疏离。志愿服务工作，是提供社交和互相帮助的机会，加强人与人之间的接触及关怀，减少彼此的疏离感，建立一个和谐的社会。二是促进社会进步。社会的进步需要多方面的资源配合。志愿服务工作，是提供大量人力资源，积极参与一些补救、预防及发展性的工作，协助解决或预防社会问题，大家愿意努力为社会而作出贡献，产生稳定社会功能及促进社会进步的作用。

（二）服务机构层面

对于使用志愿者的机构来说，志愿者的工作具有以下几个方面的价值。一是加强及改善服务志愿者的参与，既可提供人力资源，分担专业人员的繁重工作量，又可提供人才资源，补足工作人员专业技能上的不足。如能有效地管理及善用志愿者资源，实可协助改善、加强及发展现有的服务。二是了解服务对象的需要。志愿者通过与服务对象的接触，会更加明确他们的需要，而志愿者可协助反映其需要，令机构更深入了解而提供更适切的服务；同时，志愿者是来自社会上各阶层的人士，可以积极反映各社区或阶层的问题及需要，令机构能提供更切合社会需要的服务。三是加强机构与社区的沟通。志愿者来自社区各个地方，了解所服务机构的情况，他们可担任桥梁的角色，将机构的工作、作用、困难及其他服务信息传达至社区中，并将意见转达，将彼此的距离拉近，加强机构在社区中的形象及建立密切的关系。四是提高机构员工工作的士气。志愿者的参与，除提供人手及人才来支援机构员工的工作外，他们还能够共同参与策划及推动工作，并从较广的层面提出有建设性的批评及意见；更可给予员工支持及鼓励，分担及共同面对困难，寻求有效的改善方法。这对员工的工作士气产生一定的激励作用。

（三）志愿者个人层面

对于志愿服务的志愿者个人层面而言，志愿服务的价值主要有以下几点。一是贡献社会。志愿者能有机会参与改善社会问题，义务地为社会出力、建设社会；以取之社会、用之社会的理念，尽公民的责任，回馈及贡献社会。二是丰富生活体验。志愿者善用余暇，参与一些有意义的工作，除可扩大自己的生活圈子外，更可深切体验社会的人和事，从而作出客观的判断，巩固及扩展自我的价值观念。这些体验为志愿者提供了促进成长及教育的难得机会。三是学习新知识和技能。在参与志愿服务工作的过程中，志愿者除可以发挥一己所长外，更可以培养自我的组织及领导才能，学习新知识及技能，从中领受到工作的满足及成功感，并能协助义工培养责任感及正确的工作态度，为未来的工作做好准备。这对个人自信心的培养及发展潜能与才干，较于薪酬的回报，来得更有价值及更有意义。

（四）服务对象层面

志愿服务的服务对象层面主要涉及以下三个方面的内容。一是接受个人化的服务。志愿者的参与能提供大量人力资源，经过适当的训练及有效管理，更能协助发挥服务的人性化、个人化及全面化的功能，从而令服务对象受益更大。二是加强对社会的归属感。通过志愿者与服务对象的接触，能有效地协助服务对象扩大社交圈子，并可鼓励服务对象多参与社交活动，加强他们对人、对服务及对社会的信心；志愿者以亲切的关怀及鼓励，协助服务对象减少对接受服务的自卑感及疏离感，从而建立其自尊与自信心。三是提高生活质量。志愿服务工作的推动，可从福利范畴内扩展至其他预防性及发展性的工作层面上，而服务对象也不一定局限于贫困老弱、孤寡伤残等有需要的人士。如能动员社会庞大的人力资源，多推行些发展性及创新性的服务计划，鼓励市民互助互爱，对提高生活质量将会起到积极的作用。

三、连续提供志愿服务的理由

对于志愿者的组织和志愿者组织的管理机构来说，如何保证志愿者能够连续参加志愿服务非常重要。招募到的志愿者多数在短期服务时候离开的话将是非常令人沮丧且高成本的，而且，许多社区、组织、基础运动也会由此半途而废。虽然某种程度的（人员）流动在社区和组织发展中是必要的，但是如果没有足够的持续性的志愿者参加到核心计划与实践中的话，项目便不可能如期完成，或者将会完全停止。因此，行之有效的社工与志愿者的合作实践的重要组成部分之一，就是确定人们将持续或是一段时间内持续奉献于志愿服务活动。同样重要的是，为了做好未来项目和服务的计划，社会工作者要正确评估志愿者的忠诚度。有以下五个因素可以提高人们致力于志愿服务活动的可能性。①

（一）沟通满意度

相对而言，对组织的沟通满意度高的人更加愿意继续志愿者工作，沟通涉及从机构管理者到志愿者的消息传递的质量。信息传递包括了几种类型的沟通：机构总体概况、具体工作（关于志愿者特殊工作的要求）、对志愿者的认可和反馈。当人们参与志愿活动不同于机构所期待的那种要求时，那么他们可能很少继续从事志愿服务活动。

（二）便利度

日程安排和工作分配是影响测量志愿者满意度的另一个重要因素。如果志愿者的工作任务安排便于他们执行，那么志愿者就更可能感到满意。实际的工作应该涉及可以提供自我展现机会的大量的工作技巧和工作方法。安排志愿活动时间如果考虑到志愿者是否便利，那么对志愿服务工作

---

① Galindo-Kuhn R，Guzley R M.The Volunteer Satisfaction Index：Construct Definition，Measurement，Development，and Validation［J］.Journal of Social Service Research，2001.

的交接也有直接的影响。

（三）成就感

这个因素虽然与志愿服务工作类型高度相关，但成就感在很大程度上来自志愿者与从中受益的服务对象的关系。不管是有直接联系的当事人还是间接联系的服务对象，当志愿者对工作的有效程度有了解时，他们更能体会到满足感。觉得自己的参与是有用的，志愿者更加乐意将他们的志愿活动看成是有价值的、重要的。

（四）机构支持水平

人们从机构中获得的支持主要有两类：培训支持和情感支持。参加了培训的志愿者比没有参加培训的志愿者表现出更高的满足感。情感支持同样与志愿者满意度和认同感密不可分。如果专业工作人员抵制志愿者参与，并将志愿者看作他们的工作威胁，如果工作人员是出于服从上级安排而非出于互惠的观念与志愿者共事，志愿者就很难对自身参与感到满意。

（五）集体归属感

所谓集体归属感，指的是在情感上将志愿者彼此之间以及与组织联系起来的纽带。这些关系是独立于工作之外的，为与志愿者满意度和认可度有关的志愿者经历提供了一个社会化的视角。当志愿者与其他志愿者交流较多或者有更多参与其他非工作内容的社会活动机会时，志愿者的满意度更高。[1] 为非正式的工作人员或其他志愿者提供午餐、聚会、晚宴、颁奖宴会都是培养集体归属感的有效手段。同样，当有薪工作者与志愿者在社区会面时，鼓励他们对志愿者的努力表示感谢并记住志愿者的名字，也是培养集体归属感的有效方式。[2]

---

[1] Field D, Johnson I.Satisfaction and change：A survey of volunteers in a hospice organisation [J].Social Science & Medicine, 1993（12）.

[2] Black B, Dinitto M & D M.Volunteers Who Work with Survivors of Rape and Battering-Motivations. Acceptance, Satisfaction Length of Service, and Gender Differences [J].Journal of Social Service Research, 1994（1-2）.

四、志愿服务的领域与组织类型

（一）志愿服务领域

凡有志愿服务立法的国家及地区，均对志愿服务的领域有明确的界定。界定的方法理论上可以分为三类，即定义法、排除法、列举法。最为常用的是排除法和列举法。前者如《西班牙志愿服务法》（1996）规定，志愿行动因本法得以完全与任何基于劳动、公职或商业关系的有给薪式劳务提供划清界限。同时，也排除基于友谊、善心或睦邻原因所实行的个别或零星活动。在任何情况下，志愿服务工作皆不得取代有给薪的工作。

采用列举法的国家一般都对志愿服务领域进行了详尽的列举。如《波兰公益活动及志愿制度法》中就具体陈列的领域有24项之多。我国香港义工局的手册中则进行了更为详尽的罗列，如表6-2所示。但无论是排除法还是列举法，各国原则上都赞同志愿服务不能替代行政性工作和干扰劳动力市场。

表6-2　中国香港志愿服务类别

办公室事务	协助整理文件、打字、翻译及接待等工作，更有为失明人士诵读课本
技能指导服务	在一些中心的兴趣小组担任导师，将技能授予参加者
辅导服务	为情绪受困扰者或遭遇困难不知如何解决者分析问题，提供有关资料及可行的途径予以其参考，并在精神上支持服务对象
专业服务	以其专业知识协助服务对象及机构改善服务，如医疗、康复工作、电脑程序设计、影音制作等
文化艺术活动	协助推广文化艺术活动，如表演艺术活动、博物馆及视觉艺术活动及图书馆活动等
编辑及出版服务	如编辑刊物、采访、写稿、校对等
友伴服务	以大哥哥、大姐姐的身份，关心儿童及青少年成长；以义工或朋辈的身份，关怀有需要的人士，协助他们投入社会，增强他们对生活的信心
体育活动	协助推动、策动和组织运动比赛和体育活动，或授予运动技能
医疗护理服务	如免费为市民检查牙齿、量血压及协助伤残或病患者做物理治疗等
网页/多媒体设计	协助设计或整理网页、资料更新、系统管理和技术支持等

培训工作	在一些中心的兴趣小组或服务计划担任训练员或导师，协助提升参加者的技能及对服务的认识
探访服务	分为家庭探访和住院探访，通过交谈或其他活动，给服务对象如病者、长者、儿童、弱能人士等表示社会人士对他们的关怀及使其与外界保持联络
宣传及公众教育服务	协助策划或推行各项宣传活动，使各项讯息广为人知
康乐服务	策划或带领户外及室内活动，如集体游戏、嘉年华会、旅行及露营等
调查服务	为收集某种社会现象的数据或搜集民意，做资料搜集、整理、分析及研究等工作
劳动服务	任何需要运用体力的服务，如修桥整路之工作营、清洁运动、为保护环境而植树等工作
功课辅导服务	为智力发展迟缓、缺乏学习兴趣、因环境因素以致成绩不佳等青少年进行小组或个别辅导
护送服务	接送一些需要特别照顾的人士如病患者、伤残人士、老人及儿童往返办公室、学校、医院等
美术设计	协助设计和制作宣传海报，介绍机构的刊物、报章及展览板等
环保工作	如绿化环境、推广环保讯息等工作
策划及组织	参与机构管理、行政策划等工作，使机构运作更加完善

（二）志愿服务的组织类型

志愿服务的类型可以有多种分法，如按照志愿服务活动的领域、功能、专业、受益对象、项目类型、组织机构、归属管理机构、志愿者特征等划分。根据受益对象的不同，英国志愿服务组织（Volunteering England）的现任行政总裁和志愿服务研究所的前所长史密斯博士将志愿服务划分为四个类型[①]。一是互助或自助（mutual aid or self-help）。人们为了共同的利益或共同的生活环境而贡献他们的时间和精力来帮助他人和帮助自己。这种志愿服务形式最早出现在新石器时代的原始社会。在当今世界的许多地区（包括工业化国家），互助和自助为很多人提供了基本的社会福利。二是慈善服务或为他人服务（philanthropy or service to others）。人们自愿地付

---

① 丁元竹，江汛清. 志愿活动研究：类型、评价与管理［M］. 天津：天津人民出版社，2001.

出时间和精力去帮助他人，并不期待他人回馈同样的好处和帮助。与互助及自助式的志愿服务不同，慈善或为他人服务的受益对象是第三方。早期的研究者将这种志愿服务理解为一种"赠予式关系"，但近期的研究者将它理解为一种"交换式关系"，因为志愿者在无偿服务的同时也有所收获。三是参与（participation），又称公民行动（civic engagement）。它是公民参与社会公共事务治理的重要形式，指公民个人或集体为了确认和解决广泛关注的公益问题而自愿付出时间和精力，如担当政府咨询部门的群众代表。四是倡导与运动（advocacy and campaigning）。人们为了自己或他人的利益付出时间和精力，在地区、国家或国际范围内开展游说、宣传和辩论活动，目的是推动政府修改、完善和实现有利于弱势群体和环境保护的立法和政策。

以上四种志愿服务的类型在我国的志愿服务实践中都有出现，但相对来说还是以前两种的"服务型"志愿服务为主，而后两种"参与治理型"的志愿服务则相对较少。

通常使用的还有另一种分类方法：一是由公共服务部门组织的正式志愿服务：人们付出时间和精力参与到一些由政府和其他公共机构（如医院、儿童福利院、养老院、社区服务中心等）组织的公共服务中提供志愿服务。二是由非政府机构组织的正式志愿服务：人们付出自己的时间和精力参加非营利机构和志愿服务机构组织的各种各样的志愿服务活动。与公共部门提供的志愿服务不同，非营利机构组织的志愿服务是民间力量有组织地参与社会建设和社会问题解决的重要方式。三是个人直接的志愿行为（非正式的志愿服务）：人们付出自己的时间直接为自己的邻居、朋友、陌生人提供无偿服务。如果说，机构组织的志愿服务代表了现代社会的志愿服务主流的话，个人直接提供志愿服务则更多地代表了传统的互助文化与习俗在现代社会的延伸和继承。

上述三分法实际上是在正式志愿服务与非正式志愿服务二分法的基础上，将正式志愿服务的组织主体分为公共服务部门和非营利部门。

第三节 基于"三社联动"对社区的再认识

较之"两工联动"的社会工作(社会工作者)和志愿者(义工),社区和社会组织是新出现的元素,社区是社会治理的最小单元也是具体的平台,自"三社联动"一直发展到后面的"五社联动",一直都是围绕这个词语开展治理的。本着一个章节只阐述一个核心主体的原则,且从"两工联动"到"五社联动"的研究基本平台或者主体都是社区,故社区这个概念放在第三章作具体阐述。基于以上,本节重点阐述的核心概念是社区。社区不仅仅是社会治理的最小单元(行政区域的符号),社会工作开展活动的地理空间,还是共同体(社区居民的统称),以及社区居民委员会的符号。

一、"三社联动"是社区发展的产物

"三社联动"是社区发展的产物,其目的是服务社区居民,因而对社区有个全面的认识,对于分析"三社联动"的模式、主体角色定位及联动的机制等都具有重要意义。社区发展是一个组织与教育的行动过程。在此过程中,社区工作者协助社区居民参与社区行动。早在18世纪末,德国的救济制度改革运动,19世纪末英国的邻居互助组织发展和20世纪初美国的慈善组织和邻居互助组织的迅速发展,成为推动福利制度和社区生活改善的社区发展方式。1935年美国社会工作全国大会把社区发展的成功经验向全国推广。1950年,联合国社会经济理事会试图向各国介绍发达国家的社区发展经验,经常在各国举行社区发展研讨会,交流各地实践经验,社区发展因此成为世界性的潮流。

(一)社区发展的目标

"三社联动"的目的是促进社区的发展,社区发展的目标是聚焦人本化、生态化、数字化的价值坐标，以创建美好生活、美丽宜居、智慧联通、创新创业、和睦共治为特征的，突出高品质生活的，实现包括政治、经济、社会、文化各方面改善的，包括教育、医疗、养老等内容的现代化基本单元。以此可以看出"三社联动"的目标与社区发展的目标是等价的。"三社联动"服务的主要场景是社区，社区以为基层打造有归属感、舒适感的社会城市基本功能为主，实现人的全面发展和社会进步。早期发展中国家，如印度、埃及的社区发展项目都是农业技术推广。此时社区发展强调的是通过经济发展和技术推广，使居民受到教育或启发，积极参与社区及国家的发展，同时也使自己的居住环境得到改善。因此，从多主体联动的最终目标来考量就是，社区工作者协助社区居民或社会组织认识他们的共同需要，并运用各种技术、社区资源或者社会慈善资源来提高社区居民的生活质量。

（二）社区发展的参与者

社区是"三社联动"实施项目的空间。社区可以看作城市的基本细胞，承载着教育、医疗、养老等基本公共服务供给的重要职能。本书重点讲述推动社区发展的参与者主要是"三社联动"的主体，包括社区、社会组织、社会工作者。通常社会工作者来自一些推动社区发展工作的专门机构，在西方国家，这类组织通常是地方性的，例如社区福利理事会、社区居民中心、邻里互助组织等。在一些发展中国家，社区发展的参与者多是由中央政府成立一个社区发展专责机构，各省市再成立社区发展协会，组织的角色是派出专业人士协助社区发展或者进行必要的协调，而不是直接介入社区工作中。在很多国家，参与社区治理的多数是民间组织和社区居民。自"两工联动"推动以来，我国在着力探索有为政府和有效市场并重的社区治理模式。社区、社会组织和社会工作者围绕社区居民的生活链接需求，并在社区两委的支持或协助下以改善民生作为出发点和落脚点，借用先进文化和前沿科技力求满足社区居民对美好生活的向往。但就目前来看，各主体的参与力度以及发挥"1+1>2"的治理效果略显不足。

在"三社联动"中社区公共服务的供给依然过多依赖政府自上而下地通过社会组织提供，而社会组织通常为了完成项目，也疲于发动居民。在短短几个月，很多社会组织为了快速推进项目，完成考核指标，只是依照与政府签订的量化合同完成任务，不愿花多余的时间和精力去动员居民参与。一方面是社会组织疲于动员社区居民，造成居民的参与依然相对有限；另一方面是一些居民没有自治意愿，疲于接受服务。双重因素导致的最终结果就是社区居民参与社区公共服务供给缺乏，尤其在养老、医疗、教育、公共文化等领域，公共产品供给的种类与质量很难满足人们日益增长的需求。例如，社区养老服务缺乏社会组织和专业人才的参与，可持续经营维系的难度就大，加之长期存在的政府医疗公共投入的分配机制以及社会办医隐形门槛长期存在的制约，社区在提供医疗服务方面长期处于运转效果不佳的状态，社区难以成为社区居民健康守门人的参与者。再如，在社区教育方面，尽管社会组织以及部分市场主体参与度相对较高，但社区居民中的教师志愿者及其他专业人才等在社区居民中作为潜在的优质教育资源并没有充分发挥其作用。社区发展参与者的合力还需平台或项目的凝聚。这里需要注意的一个问题是，在"三社联动"中并没有志愿者这一主体，但是在实际的治理过程中还是需要志愿者的参与，才能更好地提供服务，这也为"四社联动"重新纳入志愿者这一群体提供了参与治理的实践基础。

（三）社区发展中的困境

1. 社区功能同质化的趋向忽视了居民的个性化需求

随着1998年取消福利分房，香港的地产模式逐渐引入内地市场。在地产开发商逐利心理的驱动下，房地产行业快速兴起，在追逐利益的过程中，"炒房炒地"的现象日益突出，环境、文化、服务等统统成为开发商的营销手段。很多的社区建设都是重规模扩张而忽视了功能的完善，也很少考虑居民的需求从而完善配套的设施，在设计的初期并没有考虑到空间结构、历史文化和社会网络等因素。社区的文化属性被忽略，精神信仰标志被弱化，社区功能呈现同质化的趋向。在此情况下，如何发挥"三社联动"的优势，对社区内的一些重大公共事件和发展规划通过社区、社会组织以及社会工作者的协商对话，以多元主体利益最大化为根本标准探寻一个最佳的实施方案，是社区发展中的一个困境，也是探索"三社联动"机制保障服务质量的难题。

2. 封闭社区催生孤岛和睡城

"三社联动"在发展的过程中，如何依托信息技术平台，参与社区治理，合力打造新型的智慧数字社区也是需要深入思考的问题。在国内，大多数小区采用的都是封闭式的建筑模式，这种模式虽然便于管理，但同时也带来了小区内外割裂等问题。尤其是较大的封闭型小区，内部道路自成体系，社区楼栋紧密相连，从交通影响来看，这个社区就成了城市孤岛。例如，新冠疫情期间，打通社区内外社会资源的连接通道，拓宽应急资源获取途径，保障社区资源供给，为社区工作者提供安全保障是尤为重要的。① 但大型封闭小区只能通过出入口与城市连接，这一方面导致了城市干道交通流量难以分流；另一方面，从功能业态来看，流动性的降低也导致了社区活动的缺失，造成除居住功能以外的其他多元化业态不易打造，小区的功能变得单一，小区仿佛成了睡城，而不是充满生机、承载多元功能的微型社会。基于此情况，探索如何在"三社联动"过程中充分利用数字互联网技术，打破楼宇间的物理空间，在民情反馈、公共服务、弱势群体服务等领域发挥更大作用，及时反馈民情需求，通过社会组织和社会工作者的力量焕发社区的活力，发挥社区的功能，提供专业化的设计和针对性的服务。

3. 公共空间的闲置加剧了邻里淡漠

公共空间是社区功能网络结构发挥作用的平台，在提高居住环境、生态品质和公共服务水平，促进邻里交往方面起着尤为重要的作用。但是

---

① 周永康，李泓桥，丁雅文，等.新冠疫情期间社区工作者社会支持、工作压力与情感耗竭的交互机制研究：基于全国6省市383个社区1263名工作者的调查［J］.西南大学学报（社会科学版），2023.

当前多社区都面临着公共空间供给不足、服务质量不高、利用率低等问题。一方面，对于开发商而言，公共空间经济效益不高，面积规模往往按标准规范中的下限标准执行。尤其是建筑年代久远的老旧小区，公共空间基本上退化成了停车场，大面积的集中活动场地极为匮乏。小区设计经常忽视其功能性、宜居性等多元化要求，也缺乏本地特色以及对使用需求的多方位考量。另一方面，对于老旧小区，政府每年需要投入大量资金购买社会性服务，这会对地方财政造成较大压力。以上海浦东新区为例，其每年用于购买社会组织服务的费用就超过亿元。地方财政较为困难的中西部地区，则很难做到持续购买社会组织的服务。有的地方政府直接放弃这些"软服务"领域，着力追求招商引资等"硬指标"。实际上，民间还有很多社会资源，但没有得到充分利用，社区吸纳公益基金、慈善基金、福利基金的力度还不够。[①] 受以上几重因素影响导致邻里交往空间的缺失，也是当前社区邻里关系疏离的一个重要原因。针对老旧小区，在政府投入有限的情况下，需要考虑如何弥补社区发展资源的不足，将其他地方分散的闲置的资源吸引到此类小区的发展中，如何发挥社会组织与社会工作者在治理过程中的优势，整合社区资源的同时更好地发挥社会工作者的专业优势，引导居民自觉培养自助互助的意识，共同参与治理，最大限度地发挥"三社"整合功能，使"三社"优势互补。

4. 社区中"三社联动"的协同共治效果欠佳

近年来，"三社联动"在社区治理中虽取得了一些成效，但是"三社"协同共治的效果欠佳，在强政府弱社会的大环境下，目前大部分社区仍采取政府主导的治理模式。社区居委会整天忙于行政事务，无暇动员居民参与。社区居委会压力超载和行政化倾向对自我治理产生"挤出效应"而造成居民参与不足。[②] 在"三社"协同共治的过程中仍以行政化的手段开展社

---

① 许宝君，陈伟东."三社联动"到"五社联动"的转换逻辑及实现路径［J］.浙江社会科学，2023（9）.

② 张岩，杨丽.基层治理中"三社联动"的实践反思与路径优化［J］.领导科学，2020（22）.

区治理，影响了社区合作治理目标的达成。在协同治理的过程中，社区居委会既是政府公共产品的协助提供者又是政府与居民之间的利益协调者，因为承担了大量行政性事务导致社区居委会在社区治理中的错位；社会组织这一主体常常因为组织间存在利益冲突以及个人的利益偏好和行动逻辑造成相互之间为争夺社区公共资源的竞争和冲突；社会工作者一方参与不积极、主动性不高。几方面的因素导致难以形成治理合力，"三社联动"协同共治的效果不佳。

二、国外社区发展的典型模式

国外社区发展模式根据管理方式划分，可以划分为三种类型：政府主导型、社区自治型和混合型（如图6-1所示）。[①] 这三种管理模式的主要区别在于政府与社区结合的紧密程度不同。

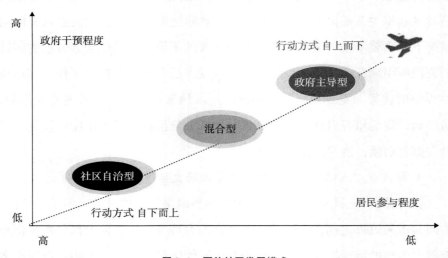

图6-1　国外社区发展模式

（一）政府主导型

政府主导型是政府主导、居民响应参与、自上而下推行的社区发展

---

① 叶南客.都市社会的微观再造：中外城市社区比较新论［M］.南京：东南大学出版社，2003.

模式。在整个社区发展中政府处于中心地位，政府对社区发展的法律、政策、组织规范体系提供计划及方案，并给予大力的资金支持，而社区层面的组织及居民按照政府的计划与方案实施或参与活动。这种社区的管理特点是官方色彩比较浓，政府对社区的干预方式比较直接，干预内容比较具体，即在社区中设立了各种形式的派出机构，比较具有代表性的是新加坡。

（二）社区自治型

社区自治型是社区主导、居民主动参与、由下而上实施的社区发展模式。在整个社区发展中社区自治处于中心地位，政府对社区发展的职能主要表现在制定法律、政策，协调社区内的各种利益关系，为社区居民参与活动提供制度规范。社区层面的组织及居民按照自主自治的原则，处理社区事务，政府基本不涉及组织及计划方案，政府对社区的干预较为间接，社区内的事物完全实行自主治理，政府对社区的干预方式是间接的，政府的主要职能是通过制定各种法律法规来规范社区内不同集团、组织、家庭和个人行为，比较具有代表性的是美国。在美国的社会中，政府、营利部门（企业）、非营利部门是三支主流力量。各类社区组织作为非营利部门的重要组成部分，在社区发展中发挥着主导作用。

（三）混合型

在混合型模式下政府对社区发展的干预比较宽松。社区发展的混合型模式是政府与居民处于双重主导地位、自上而下及自下而上两种方式并行的社区发展模式。虽然政府对社区发展的主要职能是规范、指导并提供经费支持，但还是会通过间接的方式使社区发展既体现官方色彩又能与社区自治交织在一起。澳大利亚的社区发展是这一模式的代表之一。作为一个高税收、高福利国家，澳大利亚政府对国民生活的间接干预是全方位的。各级政府给予政策引导、财政保障，推动社区发展。这种治理模式的优势在于国家作为治理的主体为社区发展提供财政支持，如在当时的维多利亚地区，政府用于社会福利和发展的财政开支高达40%；社区作为治理的另一主体，服务社区居民，开展内容丰富：形式多样的社区活动，政府将社区发展项目立项后并通过招标或者购买的方式，依靠市场化运作的规则让非政府组织（我们这里通常讲的是社会组织）负责实施，随后政府再对项目的质量进行评估，性价比均高的社会组织随后会得到政府机构的扶持；"政府 + 社区"携手作为治理主体的模式，政府的主要职能是规划、指导并提供经费支持，这种类型更像是前两种方式的一种组合，依靠政府和社区两支力量可以避免既做裁判员又做运动员的不公平现象产生，同时又能实现政府与社会两支力量的互动，努力实现"1+1>2"的治理效果。

第四节　基于"四社联动"对社会组织的再认识

一、"四社联动"中引入社会组织的价值所在

党的十六届六中全会《中共中央关于构建社会主义和谐社会若干重大问题的决定》中指出，要"健全社会组织，增强服务社会功能……完善培育扶持和依法管理社会组织的政策，发挥各类社会组织提供服务、反映访求、规范行为的作用。"党的十七大报告进一步强调，"发挥社会组织在扩大群众参与、反映群众诉求方面的积极作用，增强社会自治功能"。"社会组织是我国社会主义现代化建设的重要力量，截至2023年底，全国共登记88.2万家社会组织，从业人员达1150余万人。"[①] 随着中国社会组织的发展和壮大，社会组织在诸多领域发挥其特有的作用并展现出其特有的价值。不同形式的社会组织在规模、领域、活动、范围、性质等各个方面存在极大差异，但在满足社会需要方面都存在共同的价值目标。为了更加清晰地呈现社会组

---

① 中华人民共和国民政部. 推动社会组织工作改革发展取得新成效 [EB/OL].（2024-10-23）[2024-10-25].https://www.mca.gov.cn/n152/n166/c1662004999980002131/content，html.

织的价值，这里对社会组织分不同层面进行了简单归纳和总结。

（一）政治层面

1. 促进协商民主建设

"社会组织的成员不是被一种强制权力集中在一个组织范围内的特点，使其具有更大的自愿性和自治性。"[①] 随着中国市场经济的不断发展，多元化的利益群体和利益格局随之产生，不同群体及利益集团之间、人与社会之间以及人与自然之间的各种矛盾和冲突逐步显现，人民群众的利益诉求日益多样化，改革开放也打破了人们长期的思想禁锢状态，公民的权利意识、政治意识、法律意识普遍提高，对自己的切身利益得失也越来越关注，参与经济、政治、文化、社会事务管理的愿望日趋强烈，社会的自治性活动机制也就随之活跃起来。社会组织作为公民自组织团体，在利益表达方面与其他组织相比有着不可替代的优越性，它是基于自愿和自治原则的组织，以志愿参与、互助互利、慈善公益等理念将分散的公民变成了有组织的群体，是不同群体理性表达利益诉求、合理维护自身权益、实现自身意愿、整合群体利益、参与基层政治的重要平台，是广泛存在于社会关系和社会网络结构中的基层组织形式。

2. 增强民众的维权意识

"公民在处理社会组织的日常事务时是自愿的、独立的、政治的，独立意识和政治观念就会逐渐产生并融入到组织成员的日常生活和工作中。"[②] 社会组织在服务社区的过程中可以通过启发、教育和引导，增强民众维权意识特别是基本政治权利的意识，鼓励和帮助民众维护自身的合法与合理的权益，促进社会主义政治的社会基础的形成。社会组织可以在参与社会事务的过程中，有程序、有组织、有渠道地表达自己的利益和诉求，进而影响社会事务。

---

① 俞可平.中国公民社会的制度环境 [M].北京：北京大学出版社，2006.

② 罗伯特·B.登哈特.公共组织理论（第3版）[M].扶松茂，译.北京：中国人民大学出版社，2004.

（二）社会层面

1. 促进社会自治

社会组织来源于社会，根于公众，是人民群众实行自我管理、自我服务、自我教育、自我监督的重要载体。社会组织具有来自人民群众、依靠人民群众、服务人民群众，表达民意、传达民情，实现民权、维护民生的特点。随着中国行政管理体制改革推进，政企、政事、政社不断分开，众多群众性、社会性、公益性、服务性的社会职能将向社会分离和转移，"强政府，大社会"格局日益明显。公民通过社会组织以组织的方式表达意愿和诉求，参与各种社会事务，将彼此间具有共同需要的利益诉求和权利意识表达成集体意志，并通过社会组织这个载体以集体行动的方式参与到社会公共事务中来。

2. 参与社区治理

社区是社会的基本单位。在"三社联动"中已经明确社会组织和社会工作者服务的主要空间是社区。由此可见，社区治理的好坏在一定程度上对社会治理起着能动的正功能作用。在这里，社会组织对社区治理所起的作用，主要表现在居民对社会事务的表达与参与，以及在参与基础上所形成的与政府、企业之间的多元共治。推动社会组织参与社区治理主要体现在以下三个方面。一是社会组织是居民自发形成的集体，社会组织可以将彼此共同的利益诉求和权利意识形成集体意志，通过集体行动的方式参与到各种社会公共事务中来，通过表达和参与形成公共领域的话语权，参与公共事务，表达他们这一集体的诉求（比如乡村社区的茄子辣椒协会）；二是社会组织以志愿参与、慈善公益、利他互助实现人际沟通，在人与人之间形成了对话互动的纽带，这种沟通是基于平等关系上搭建起来的，有助于化解人与人之间，不同群体之间以及不同利益集团之间的矛盾和冲突；三是社会组织通过有组织的社会动员和社会参与从而帮助其成员实现社会价值或更广泛的公益价值（比如环保社会组织）。

3. 提供社区服务

自"三社联动"开始，这里的核心主体服务的空间都是社区，因此这里主要阐述的是社会组织服务社区方面的内容。一是为满足有一定社会需求的社区居民提供服务，其存在和发展的基础就是不断地提供社区服务，可以给特定对象提供服务，也可以是社区空间内的社会服务供给者，如幼儿园、养老院、社区医院等；二是社区居民应对社会所需要的公益性质的服务需求，以捐赠或志愿服务的方式进行购买，通过社会组织购买服务这样一种制度形式来满足社区对这类公益服务的需求，换句话说由社会组织向社区提供各种公益性的活动，比如社区儿童兴趣班、托管班、社区食堂等；三是弥补政府失灵和市场失灵的不足，在社会问题发生的各个领域拓展空间，构建基于社会公益的服务体系并不断增强其专业化能力，从而维护并增进社会的公共利益；四是受政府委托或参与政府采购，加入政府公共服务体系，拓展公共服务的空间并提高其效率，同时形成与政府的合作互补、共同发展的关系，在"有限政府"、"小政府"、"服务型政府"与"大社会"中成为政府在公共服务领域内的理想合作伙伴，比如在一些领域，社会组织和政府都在提供养老服务、医疗服务、教育服务等，双方之间不仅不存在竞争，反而起到互补的作用，比如在对福利院儿童提供服务方面，社会组织和志愿者能够通过与儿童的接触，了解儿童的心理状况和需求，从而更好地为儿童服务，弥补政府服务空间的不足。

（三）经济层面

1. 动员社会资源

社会组织可以在不同程度上动员和整合社会资源，包括社会捐赠等公益资源、义工服务等志愿资源，以及基于互助合作、协同共赢的公益资源。社会组织通过资源动员向社会表达他们致力于社会公共利益（公益）的宗旨和理念，得到社会的回应，以此聚集来自社会的财产资源（捐赠）、人力资源（志愿者）以及其他各种社会资源，然后再投入到各种社会公益活动中。例如英国著名的志愿者服务机构"英国海外志愿者服务社"

（Valuntary Service Overseas，VSO）。社会组织是建立在社会成员对社会组织所倡导的公益理念基础上的一种信托关系，一种基于信任志愿和公益的资源支持与委托代理关系，基于利他的慈善精神和志愿精神所采取的公益行为，既不同于政府和纳税人之间的强制关系，也不同于生产者和消费者之间的交换关系，在一定意义上可以理解为区别于国家税收和市场交换的另一种资源配置机制。

2. 建构社会资本

社会组织可以在一定程度上建构社会资本，但是这里的社会资本不是物质的，而是人们在相互生活中建立起来的彼此之间的信任关系以及网络体系。社会组织建构社会资本主要体现在以下三个方面。一是社会组织自身规范，且组织的活动规范有影响力，从而在利益相关者特别是组织成员之间建立起的种种基于共同兴趣爱好、共同目标而达成的普遍共识、普遍的信任关系；二是社会组织所坚持并普遍倡导追求的公共理念，在利益相关者之间形成普遍的共识并形成普遍认同的伦理道德甚至行为规范（比如乡村社区的村规民约）；三是社会组织通过一系列的交往和社会活动在其利益相关者及其成员之间所形成的理念、价值以及信任会随着交往人群的扩大、情感的加深、信任的加强呈正比例增长，以实现理念、价值以及信任等社会资本的增值。

（四）文化层面

1. 传承传统文化

近年来，服务城乡社区的很多社会组织开始通过开展各类活动参与到中国传统文化的传承与发展中来。一个国家的兴盛、一个民族的繁荣总是以文化的持续发展为支撑的。在当代中国社会发展过程中，传统文化的传承是不可缺少的重要部分，只有保护好传统文化，挖掘好传统文化，传承好传统文化，将中华民族在历史长河中遗留下的精神财富充分利用，我们才能屹立于国际舞台。社会组织在保护传统文化、保障文化权利、参与文化建设方面发挥了重要的作用和价值，并已逐步成为推进文化建设的生力军。这些社会组织拥有大量的专业文化人才，通过提供服务贴近居民群众生产生活，组织志愿服务活动，秉承自律和诚信积极践行中华民族传统美德，推动社会公共事业，弘扬主旋律、传播正能量，满足人民群众日益增长的精神文化需要。

2. 开展文化活动

随着文化类社会组织的不断发展，文化类社会组织极大地促进了文化的繁荣和发展，为文化软实力的提高注入了生机和动力，日益成为推动文化大繁荣大发展、参与文化治理的一支不可或缺的重要力量。社会组织是开展公益性文化活动的重要主体之一，在文化领域活跃着大量的学术团体和民办文化服务机构。这些民间文化团体始终坚持将社会效益放在首位，通过开展大量人民群众喜闻乐见、便于参与的文化活动，走基层、下农村、到边区，贴近群众、贴近实际、贴近生活，为基层、农村和偏远地区的群众带去了形式多样、内容健康的文化产品，提供了生动活泼、时代感强的文化服务，丰富了广大人民群众，特别是基层群众的文化生活，满足了人民群众在精神文化方面的需求。

（五）生态文明价值

1. 促进生态建设

生态文明建设中有一支力量发挥着重要作用，这支重要的力量就是环保类的社会组织，它们独立于政府和企业之外，不以营利为目的，以环境保护和生态建设为主旨从事环境公益类的志愿服务，具有公益性、志愿性、非营利性、服务性、生态性等特点。如环境保护联合会、环境保护教学学会、环保志愿者联合会等社会组织，这类社会组织在促进生态建设中发挥了积极的作用。

2. 宣传环境保护

中共中央、国务院《关于加快推进生态文明建设的意见》中指出，要引导生态文明建设领域社会组织健康有序发展，发挥社会组织和志愿者的积极作用。该文件旨在加大对环保社会组织的扶持力度和规范管理力度，做好环保社会组织工作，使公众更为直接、广泛地参与到生态文明治理中来，使公众对于生态文明形成理性和感性的认知与理解，最大限度地认同、支持和参与生态文明治理，进一步发挥环保社会组织的号召力和影响力，使其成为环保工作的同盟军和生力军，并对生态文明各环节的政策制定和实施给予必要的监督，以此实现在宣传环境保护的同时形成价值共识、认同合力，进而形成推动多元共治的环境治理格局。

二、"四社联动"吸引社会组织发展的现实基础

（一）顶层制度支持

激发群众内生动力的重心在社区，增加居民幸福指数的依托在社区，保障民生稳定的根基在社区，做好社区维稳工作，营造和谐有序、安全稳定的社区环境是创设和谐社会的基础。2013年，《关于加快推进社区社会工作服务的意见》指出：政府切实履行社区社会工作服务宏观规划、标准规范、政策引导、资金投入、监督管理等方面职责；建立健全社会参与机制，鼓励和发动广大社会组织、驻区单位、社区居民、志愿者队伍参与社区社会工作服务。自此，"三社联动"的开展以及后面的"四社联动"的开展有了政府文件的指导，只不过此文件下发后更多的地方开始了"三社联动"的实践创新。2016年中共中央办公厅、国务院办公厅印发《关于改革社会组织管理制度促进社会组织健康有序发展的意见》，明确了社会组织的发展方向，肯定了社会组织在推动社会经济发展、促进社会事业繁荣和激发社会治理创新中的积极作用，与此同时，也肯定了社会组织在社区治理中的地位。为了进一步提高对社区社会组织的培育，该意见还特别指出，到2020年前，要形成一个具有中国特色的、统一登记、各司其职、协调配合、分级负责、依法监管的社会组织管理体系，并对社会组织的法律和政策进行完善，强化对社会组织的全面监管，充分发挥党组织的领导作用，构建一个政社分开、权责明确、依法自治的社会组织体系，初步形成一个结构合理、功能完善、竞争有序、诚信自律、充满活力的社会组织

发展模式。2017年《中共中央 国务院关于加强和完善城乡社区治理的意见》又提出，要通过整合各方面的资源，提高城乡社区治理的法治化、精细化、组织化水平，推动城乡社区治理体系与能力的现代化。健全孵化培育、人才引进、资金支持等支持政策，实施各项税收优惠，促进城乡社区开展纠纷调解、卫生养老、公益慈善、文化娱乐、居民融合、社区生产技术服务等方面的公益事业。2021年，民政部印发了《关于大力培育发展社区社会组织的意见》，提出了在城乡社区开展为民服务、公益慈善、邻里互助、文体娱乐和农村生产技术服务等活动的社会组织。充分发挥社区社会组织的积极作用，加大对社区社会组织的培植力度，强化对社区社会组织的管理服务，重点是对社区社会组织的培育支持，并提出了以满足人民群众的需要为导向，以激励支持为重点，以能力建设为根本，以促进社区社会组织的良性发展，使其在提供服务、反映诉求、规范行为等方面发挥积极作用的要求。

由此可见，培育和规范社区中的社会组织，加快扶持外生性社会组织和培育内生性社会组织力量的制度需求，推动了社会组织在社区治理中的落地生根。引进社会组织助推社区治理已有了系统、清晰的政策依据，要充分发挥社会组织在优化公共服务、兜底民生服务、化解社区矛盾、突发事件响应等方面的作用，最大限度地激发社会组织链接资源、信息灵通、专业人才等优势，不断把组织优势转变为社区治理优势是深化社会管理体制改革的基本要求。

（二）对多元服务的期待

伴随社会的发展，公众受教育程度在不断提高，自我管理、自我监督、自我服务意识也在呈正比例提升，社会责任感和权益意识也随之提高，对于社区治理的实效性和服务内容的精细化、个性化、多样化也提出了更高的要求。不同年龄层次、不同阶层的社区居民的需求呈现异质化特点，外加社区治理中的新老问题交织叠加，社区服务要满足多元化的需求，实现增效赋能的治理结果确实存在难度。社区治理社区服务存在服务找不准切入点，服务质量不能满足居民需求的窘境，与此同时，虽然社区居民渴望参与社区治理和服务建设，尤其一些热心的退休老人也存在为社区服务、代表社区居民表达诉求的意愿，但是迫于参与机会较少、渠道和平台较为局限的种种因素，表现出英雄无用武之地的无奈。在此情境下，社区居民自下而上的多样化服务需求期待基层社区的更大作为，自下而上的居民参与也需要社区主动开放空间、搭建其他利益主体协同共治的互动平台。在此情况下，社会组织便起到了一个中介和平台的作用，是一个非常重要的、专业化程度较高和持续性较强的参与渠道。同时作为与社区居民利益密切相关的共同体，社会组织辅助社区治理也有助于缓解社区治理痛点，疏通社区治理堵点，激活基层治理末梢。

（三）社区自治的诉求

社区本身存在服务专业水平不足、人员配备力量薄弱等方面的问题，因此就社区治理和精细化服务这一层面而言存在诸多短板，包括社区养老服务供给、失能老人和儿童照护、新老市民融合、文体志愿服务等方面，这就很容易造成"重管理、轻服务"的境况，从而致使社区居民的获得感、满意度和幸福感都处于低标准的徘徊甚至造成不满情绪的积压。反过来对于社区这一治理主体而言，也存在有苦难言的境况，基层治理的逐级放权、简政放权最终的归宿都到了社区，各种烦琐的行政事务让社区疲于应对又不得不应付，整个社区的治理游离于群众需求之外。这时就迫切需要调适社区治理主体之间的互动关系，吸引参与治理的力量，一方面吸引外部专业社会组织的加入，另一方面培育社区内部的社会组织加入成为缓解痛点、疏通堵点的备选方案。在社区内培育社会组织的优势在于社区居民对本社区的情况比较熟悉，同时也有改善和提升社区治理效果的强烈愿望，可以通过这些居民动员社区内的其他居民，同时鼓励和培养他们参与环境治理，提供助老助残、适老化服务，筹办文体活动并成为其他居民反馈意见、参与社区治理的重要纽带。总而言之，培育发展内生性社会组织和吸引外部专业化的社会组织参与社区治理，对推动居民参与社区自治、增强基层自治、提升善治能力都有着重要意义。

三、社会组织在"四社联动"中持续发展的驱动力

社会组织能够参与社会治理是其适应社会发展趋势与潮流的结果，这个结果的取得离不开其发挥治理功能的定位与担当。社会转型期引起了社会全方位的变化，也为社会组织的发展带来了机遇与挑战。这里依然以社区这个场域进行分析，以下几方面因素是促进社会组织持续发展的动能。

（一）维护公民权利，满足公民诉求

随着社会阶层结构的复杂化以及利益关系的群体化，居民开始重新审视自身权利的实现途径与实现形式，基于人的社会属性，居民从自身特定利益出发，结成并参与某种组织以实现自身权利的意愿越来越强烈，促使社会组织的发展有了坚实的群众基础。在此情况下，社会组织通过整合社区中的社会力量为社区提供公共服务。与此同时，民间资本得到孕育和成长，于是借助这一平台，拉近了国家公权力与群众之间的距离，形成了两者之间的良性互动，于是公共政策的制定就有了听民声的渠道，也就自然向着解民忧的方向制定。

（二）共同福祉的驱动

美国著名的政治学家帕特南提出社团作为合作的社会结构，社团成员在政治上更成熟，更有社会信任感，有更多的社会参与。实践也充分证明，社会组织的发展有利于形成人与人之间的相互信任关系以及良好人际关系氛围的营造。基于此信任，居民通过自愿、无偿、服务他人、回报社会等为特征的各种志愿性社团，就可以在一定程度上克服市场经济造成的人际冷漠、疏离，进而向着公平正义、诚信有爱的促进共同福祉的方向发展。

（三）和谐稳定的社会环境

目前，"五位一体"的社会发展格局使得社会的系统性建设得到前所未有的重视，这是促进我国社会组织发展的外在因素。政治建设中发展基

层民主的要求促使社会组织不断加强自身建设，完善内部治理机制；经济建设中完善现代市场体系为以行业协会为代表的中介组织的专业化发展带来了机遇；文化建设中的构建现代公共文化体系，鼓励了社会力量参与，促进了科教文卫领域社会组织的大发展；社会建设领域的加强，政府购买服务激发了社会组织的创新，壮大了全社会的社会组织工作队伍；生态文明制度建设的有序开展促进了各类环保性社会中介组织的专业化发展。

（四）基层民主的发展

民主的内容和形式在不断发展，社会参与也逐渐成为一种体现民主内容的重要形式。社会参与可以分为多种形式，其中最为居民熟知的就是参加社团活动，就像大学时的各类社团活动，学生们因为兴趣而聚在一起形成各式各样的社团。在城乡社区中，居民也会根据各自的利益需求结成不同的团体，这类团体在组织采取集体行动时通常需要依靠社会组织这一平台，社会组织的特性也赢得了公民的信赖。由此，社会组织在扩大群众参与、反映群众诉求方面发挥了积极作用，发展了基层民主，凝聚了多元主体，增强了基层自治。

第五节　基于"五社联动"对社会慈善资源的再认识

一、基于"五社联动"对社会慈善资源的分类

对于"五社联动"机制下的社区来说，社区中社会慈善资源多样，种类丰富，社区建设和发展中可根据当下具体需要进行资源调动，可以通过创新理念、多样性以及安全性等方面融入基层社会治理。例如，通过设立"社区慈善基金"，为辖区企业和工商户提供奉献爱心的平台，募集慈善资金，实施社区慈善项目，提升社区服务水平。据《慈善蓝皮书2023》统

计，2022年全国社会公益资源总量为4505亿元，较2021年增长0.81%。其中，社会捐赠总量为1400亿元，较2021年下降4.63%。近两年，中国社会捐赠总量稳定在千亿元以上，社会组织总量和志愿服务参与人数也在不断增加。本书将社会慈善资源主要分为两类。

第一，社会慈善资源按照客观存在可以分为有形资源和无形资源，有形资源指人、财、物，主要是基于一种动员结果来看的；无形资源是从能促进与有形资源的对接、转化、开发、配置的过程意义上来使用的，通常指可以转化、开发为有形资源的资源，例如关系网络、信任资本、情感性资源符号资源。基于"五社联动"的社区治理模式，社会慈善资源作为"五社联动"中的资源型要素，通过对人、财、社区资源进行"补充"，参与到社区治理中来，并在其中发挥着重要的作用。在"五社联动"中，所涉及的社会慈善资源不仅包括社区居民和社会组织等社区内部的有形资源，还包括从社区外部链接到的用于回应社区需求、可供社区支配，为社区提供服务、解决社区问题、促进社区治理的慈善组织、慈善基金会等资源。

第二，社会慈善资源按照资源渠道及其与社区之间的关系可分为社区内生性社会慈善资源、社区外引性社会慈善资源以及介于内生与外引之间的社会慈善资源三大类。在"五社联动"机制下社会慈善资源的内生性可持续获得既包括社区中某一类社会慈善资源获得的可持续性，也包括社区中社会慈善资源整体的可持续获得。因此，在资源依赖理论的指导下，结合资产归属的研究视角和此前对于社会慈善资源概念的界定，本书在此对文中所涉及的社会慈善资源的可持续获得进行说明。对于社区中的社会慈善资源而言，可持续获得需满足以下条件之一：一是社会慈善资源内生于社区，属于社区资产，在社区的发掘与培育下得到发展，与社区之间存在紧密的情感及关系联结；二是社会慈善资源从社区外引入，但其类型和目标与社区的规划和发展相契合，与社区在利益或目标上存在一致性及依赖关系，并逐渐可以将其转化为社区资产。

二、"五社联动"引入慈善资源的价值所在

（一）弥补资源配置的不足

在"五社联动"中引入慈善资源，能够弥补"三社联动""四社联动"在资源配置方面的被动性与滞后性，能够及时、自主地调动资源，特别是在公共服务、社会救助、社区发展等方面获取必要的资金和服务支持，有效补充社区资源的不足，形成基层社会治理的合力。

（二）优化社区治理结构

在"五社联动"中引入慈善资源，可以优化社区治理结构，提升基层治理能力，构建起党组织统一领导、各类组织积极协同、居民群众广泛参与的共建共治共享基层治理新格局。

（三）推动社区可持续发展

慈善资源的引入从解决基层资源匮乏的痛点入手，重视本地资源的发掘和动员，促进社区与社会组织、社会工作者、志愿者等多方力量的协作，形成基层社会治理的合力，助力社区可持续发展。例如，腾讯基金会响应党和政府号召，提供慈善资金支持湖北开展"五社联动·爱满荆楚"社会工作服务，通过发挥社区、社区社会组织、社区志愿者等多方力量，推动社区可持续发展。

（四）满足居民多样化需求

慈善资源可以为社区社会组织和志愿服务提供资金支持，社区能够以居民需求为导向，提供专业化、针对性的服务，把矛盾化解在社区、把多元服务供给社区。例如，某些项目要求社区至少培育发展一个志愿服务组织，并建设志愿服务站，但是因为有些社区苦于资源限制，并不能实现这一要求，慈善资源的加入对此类组织的发展提供了重要支持。

（五）创新社区治理模式

"五社联动"引入慈善资源，能够进一步激发社区的内生动力，创新社区治理模式，实现党建联抓，通过政府购买服务，资源共享、活动联办、问题共解，实现社区治理的专业化和精细化。

综上所述，慈善资源在"五社联动"中通过补充社区资源、推动项目实施、促进多方协作、提升社区服务水平、支持社区社会组织和志愿服务的开展，在激发社区内生动力等方面发挥着重要作用。

三、慈善资源优化配置的实施方法和策略

（一）优化资源配置程序

搭建慈善资源优化配置平台，可以树立慈善事业发展的风向标，促进慈善资源的有效对接和合理分配。具体做法包括：首先，开展资源评估。在项目开始前，对所需的人力、物力和财力等资源进行详细评估，确保资源的充足性。其次，制订资源分配计划。根据项目的优先级和重要性，制订详细的资源分配计划，确保资源的合理配置。最后，进行资源监控。在项目执行过程中，实时监控资源的使用情况，及时调整资源分配，避免资源浪费和短缺。

（二）对资源进行精细化管理

首先，对慈善资源实施动态监控和调整。在项目执行过程中，实时监控资源的使用情况，及时调整资源分配，避免资源浪费和短缺，确保资源的合理配置和高效利用。其次，对项目严格管理。通过精细化管理和科学的资源分配，确保项目透明度，增强团队协作，推动社会影响力。最后，加强财务管理。对慈善资源的财务实施透明的财务管理，确保资金的合理使用和监督。

（三）提升慈善组织的专业化水平

首先，提升慈善组织的公共服务供给水平。依托信息技术手段，建立慈善组织与政府部门、公共服务需求方等主体之间的信息共享机制，促进公共服务参与行动者的信息流动，提升慈善组织公共服务供给水平。其次，加强使用者的能力建设。通过培训提升志愿者的能力和专业技能，减少物资浪费，提高资源利用效率。最后，推动慈善行业标准化管理。规范慈善组织的项目管理，提升其科学化、专业化水平。

（四）加强慈善行业组织的多方协作

首先，在应急情况下，加强慈善行业组织的资源整合与行业统筹，优化慈善需求信息发布与数据跟踪，提升慈善组织应急救助能力和专业水平。其次，引导多方协作和社会力量参与。引导和支持有意愿有能力的企业、社会组织和个人积极参与公益慈善事业，形成社会合力，共同推动慈善资源的优化配置。最后，建立信息共享机制。建立慈善组织与政府部门、公共服务需求方等主体之间的信息共享机制，促进资源的高效流动和利用。

（五）加强政策支持和引导

其一，大力开展慈善组织登记认定，优化审批流程，引导符合慈善组织条件的基金会、社会团体、社会服务机构登记为慈善组织，提高慈善资源的利用效率。其二，引导慈善资源向特定社区倾斜。例如，浙江省通过引导慈善资源向山区26县倾斜，助力共同富裕，缩小地区差距，优化慈善资源配置。

（六）加强政策激励

其一，通过政策激励，鼓励更多的企业和个人参与慈善事业，提升慈善资源的总量和质量。其二，简化慈善组织的登记认定流程，加大对慈善组织的支持力度，促进慈善资源的合理流动和高效利用。

（七）创新资源配置方式

首先，鼓励金融机构、创投机构、担保机构根据慈善资产的特点推出专属理财产品并减免有关费用，创新发展慈善信托、社会影响力投资、慈善共同基金等现代慈善运行模式。其次，利用商业能力提升公益成效，设计更好的公益产品，避免随意性和偶然性的运作。最后，依托信息技术手段，优化资源配置，提升慈善组织公共服务供给水平。

综上所述，通过策略的综合运用，可以有效提高慈善资源的利用效率，确保慈善资源得到更加科学合理的配置和使用，从而更好地服务于社会公益事业。

第七章

社会工作方法简介与在具体情境下的最优合作模式

第一节　社会工作方法简介

狭义的社会工作分为个案工作、小组工作和社区工作三类。广义的社会工作还包括社会工作行政、社会工作督导和社会工作研究及教学。这里介绍的是狭义的社会工作方法。社会工作的类型、方法、模式及社会工作者在其中扮演的角色（见表7-1）。

表7-1　社会工作的方法

类型	方法	模式	社会工作者的角色
直接方法	个案工作	心理社会治疗模式 认知行为治疗模式 理性情绪治疗模式 任务中心模式 危机介入模式 人本治疗模式 家庭治疗模式	
	小组工作	社会目标模式	使能者、倡导者、资源提供者、榜样
		治疗模式	治疗者、专家
		互动模式	中介者、使能者
		发展模式	协调者、使能者

类型	方法	模式	社会工作者的角色
	社区工作	地区发展	使能者、教育者、中介者
		社会策划	技术专家、方案实施者
		社会行动（社区照顾）	治疗者、辅导者和教育者、经纪人、倡议者、顾问
间接方法	社会工作行政	将社会政策转化为社会服务	
	社会工作督导	督促、引导工作人员正确有效地实施社会服务的过程	
	社会工作研究	获取知识和发现事实的过程	

一、个案工作方法

个案工作（social case work）是专业社会工作者遵循基本的价值理念、运用科学的专业知识和技巧、以个别化的方式为感受困难的个人或家庭，提供物质和心理方面的支持与服务，以帮助个人或家庭减轻压力、解决问题、挖掘生命的潜能，不断提高个人和社会的福利水平。

个案工作的服务对象是在生活中遇到困难的个人或家庭；核心原则是个别化，在一对一的服务中，突出个性、承认每个个体的独特性；目标是协助个案与周围环境或者他人之间的关系更加和谐。

个案工作的本质是协调个人与社会环境之间的适应状况，恢复和增强个人或者家庭的社会功能（见表7-2）。

表7-2　个案工作的本质

个案工作的本质	基本内容
社会功能的恢复	个人或者家庭具备了基本处理困境的能力
	个人或家庭具有基本的社会环境适应性
	个人或家庭与社会环境能够形成相互促进
社会功能的增强	对个人或者家庭自身拥有的能力的关注
	个人或家庭运用周围环境资源能力的提高
	个人或家庭困境解决能力或问题预防能力的同时提高

经过长期的发展，目前的个案社会工作已经形成了七类模式，包括心理社会治疗模式、认知行为治疗模式、理性情绪治疗模式、任务中心模式、危机介入模式、人本治疗模式和家庭治疗模式。这些个案工作模式各自的理论依据、工作技巧和主要特点都各不相同，最佳适用对象也不同（见表7-3）。

表7-3 个案工作主要模式的内容和特点

基本模式	内容		特点
	理论假设	治疗技巧	
心理社会治疗模式	（1）对人的成长发展的假设，即人的成长受生理、心理和社会因素的影响（2）对服务对象问题的假设，即服务对象的问题与服务对象感受的压力有关（3）对人际沟通的假设（4）对人的价值的假设，即每个人都是有价值的，有待开发的潜能	直接治疗技巧：直接对服务对象进行辅导、治疗的具体方法：（1）非反思性直接治疗技巧（工作者直接提供的服务），支持、直接影响、探索—描述—宣泄（2）反思性直接治疗技巧（工作者与服务对象的互动），现实情况反映、心理动力反映、人格发展反映（3）反思性间接治疗技巧：通过改善周围环境或者辅导第三者间接影响服务对象（重要他人：父母、亲属、朋友、同事邻里、社区管理员）	（1）注重从人际交往的场景中了解服务对象（2）运用综合的诊断方式确定服务对象问题的原因（3）采用多层面的服务介入方式帮助服务对象
认知行为治疗模式	理论基础：经典条件作用理论、操作性条件作用理论、社会学习理论学习中的认知因素：信息加工；信仰系统；自我表述；解决处理问题的方式	放松练习（应用最广）、系统脱敏、满灌疗法（快速脱敏法）、厌恶疗法、模仿、果敢训练、代币管制等	（1）认知和行为因素的有效结合（2）采用综合的方式开展个案辅导工作（人的行为改变规律和人的认知加工特点）
理性情绪治疗模式	艾利斯提出，以人本主义作为自己理论的基础，提出ABC理论（A引发事件；B信念系统；C事件之后的认知、情绪和行为）	检查技巧：反映感受、角色扮演、冒险、识别与非理性信念的辩论技巧：辩论、理性功课、放弃自我评价、自我表露、示范、替代选择、去灾难化、想象	克服服务对象情绪和行为困扰的最有效方法是协助服务对象质疑非理性信念
任务中心模式	把服务介入的焦点集中在为服务对象提供简要有效的服务上。任务就是服务对象为解决自己的问题而需要做的工作	有效沟通所具备的两个要素：有系统、有反应；达到五种功能：探究、组织、意识水平的提升、鼓励和方向引导高效服务的五个要求：时间有限，目标清晰，服务简要，效果明显，过程精密	（1）清晰界定问题（2）明确界定服务对象（3）合理界定任务

基本模式	内容		特点
	理论假设	治疗技巧	
危机介入模式	林德曼、卡普蓝提出危机适用理论，即危机为两类：成长危机和情境危机；危机发展分为四个阶段：危机发生、危机应对、解决危机、恢复期	危机介入原则：及时处理、限定目标、输入希望、提供支持、恢复自尊、培养自主能力	（1）迅速了解服务对象的主要问题；（2）快速作出危险性判断；（3）有效稳定服务对象的情绪；（4）积极协助服务对象解决当前问题
人本治疗模式	罗杰斯：以当事人为中心的治疗模式	创造一种有利的辅导环境让服务对象接近自己的真实需要，变成一个能够充分发挥自己潜在能力的人	（1）注重社工自身的品格和态度；（2）强调个案辅导关系：具备真诚、同感和无条件积极关怀，表里如一，保持独立性；（3）关注个案辅导过程
家庭治疗模式	米纽秦提出，结构式家庭治疗模式在家庭治疗模式中运用最广、影响最大，把家庭视为社会工作的服务对象	集中焦点、划清界限、打破平衡、协助建立合理的观察视角、显现似是而非的想法、强调优点	（1）以家庭为工作的焦点；（2）关注家庭功能失调的评估：家庭形态和结构；家庭系统的弹性；家庭系统的回馈；家庭生命周期；家庭成员症状与交往方式的关系；（3）强调家庭功能的恢复：改变家庭成员的看法、改善家庭结构、改变家庭错误观念

作为专业工作的特点之一，个案社会工作非常重视工作程序的标准化。个案工作的流程一般分为接案、收集资料、制订计划、签订服务协议、开展服务、结案、评估及追踪等八个阶段（见表7-4）。

表7-4　个案工作与通用过程各阶段的工作要求

个案工作	通用过程	主要内容
接案	接案	了解服务对象的求助愿望、促使有需要的求助对象成为服务对象、明确服务对象的要求、初步评估服务对象的问题和需要
收集资料	预估	收集与服务对象问题有关的资料、对服务对象的问题进行评估
制订计划	计划	服务对象的情况、希望解决的问题、目标、基本阶段和方法、期限、联系方式

个案工作	通用过程	主要内容
签订服务协议	计划	口头或书面协议
开展服务	介入	注意社会工作的角色（以案例形式考核）
结案	评估	内容：服务对象的改变状况、工作目标的实现程度、工作的人力物力和资源的投入状况 方法：服务对象评估、社会工作同行的评估、服务机构评估
评估	结案	五种结案情形、四个结案工作、三种结案形式
追踪		巩固练习、调动资源、持续评估

社会工作是实用性很强的工作，因此十分注重工作技巧（尤其是与案主的沟通技巧）的积累（见表7-5）。尤其重要的是，社会工作者必须掌握这些技巧，才能在切实保护服务对象利益的同时取得积极的服务效果。

表7-5　个案工作的技巧

阶段	技巧与重点
会谈	支持性技巧：专注、倾听、同理心、鼓励，重点是借助口头和身体语言表达对服务对象的关心
	引领性技巧：澄清、对焦、摘要，重点是引导服务对象探索自己的过往经验
	影响性技巧：提供信息、自我披露、建议、忠告、对质，重点是提供必要的信息和建议
建立关系	技巧是营造气氛、积极主动、感同身受。重点是建立有利于服务对象积极表达的关系模式
收集资料	会谈技巧，重点是收集资料
	通过调查表收集涉及隐私及不便于表达的资料
	观察，重点是通过表情、身体语言等信息源收集资料
	利用现有资料，如通过转借资料等了解服务对象
方案策划	利用规范的流程，明确服务对象的范围，合理策略，重点是制定目标清晰而且现实可行的方案
评估	正确运用评估类型，重点是兼顾过程评估或结果评估的选择
	合理利用评估方法，重点是综合运用基线评估、任务完成评估、对服务对象影响评估

个案管理是一种社会工作的服务策略，着重于发展一个资源网络，同

时，它还以"增能视角"的模式，即注重提升案主的能力，强化案主独立取得所需资源及运用资源的能力开展工作（见表7-6）。

表7-6 个案管理

含义	个案管理是一种提供服务的方法，它是由专业社会工作者评估服务对象及其家庭的需求，并安排、协调、监督、评估和倡导一套包含多种项目的服务，以满足特定服务对象的复杂需求。也叫"综融性社会工作"	
特点	（1）对象：遭遇多重问题、资源匮乏的个人和家庭 （2）方法：强调"全貌" （3）运作：经过协调提供服务、展现责信态度	
原则	服务对象参与、服务评估、照顾协调、资源整合、包裹式服务与专业合作、服务监督	
工作过程	个案发掘与转介（服务对象通过转介与外展进入服务系统）	
	评估与选择（预估，问题或需要复杂的个案才需要个案管理）	
	计划与执行（包裹式服务：服务计划和治疗计划）	
	监督和评估（评估方法：服务对象的满意度、同行评估、服务机构评估）	
	结案	

二、小组工作

小组工作是社会工作的基本方法之一，也称为团体工作。小组工作是在社会工作者的协助下，通过小组成员之间有目的的互动互助，使参加小组的个人获得行为的改变、社会功能的恢复和发展的工作方法。

从形成方式、参与动机、组织结构、小组目标、组织边界等不同的角度，小组的类型非常之多（见表7-7）。社会工作者的目标设置、工作手法和工作环境也因此有很大区别。

表7-7 小组工作类型

分类标准	主要类型	具体形式
形成方式	组成小组	任务小组、工作委员会、兴趣小组
	自然小组	家庭、朋辈群体、街头玩伴群体
参与动机	自愿小组	志愿者小组、技巧训练小组
	非自愿小组	戒毒小组

续表

分类标准	主要类型	具体形式
组员联系	基本小组	家庭、小型的成长小组
	次层小组	同事
小组结构	正式小组	任务小组、行动小组、教育小组
	非正式小组	同学小组、街头玩伴小组
组员界限	封闭小组	情感小组（从头至尾人数不变）
	开放小组	维权小组（组员自由进出）
小组目标	教育小组	提供新知识、新方法
	成长小组	帮助组员认识、了解自己（如抗逆力训练、拓展训练营）
	支持小组	同质性人群的互动（如单亲妈妈小组、癌症病友小组）
	治疗小组	治疗创伤、复原并康复（如美沙酮治疗小组）
	任务小组	完成不同具体任务

　　小组工作的特点（见表7-8）涉及以下几个方面：第一，小组是由组员和工作者组成的关系体系，在这个复杂的关系体系中，有工作者和组员的互动，更多的是组员彼此之间的互动；第二，小组工作是在互动过程中，通过彼此分享、分担、支持、教育、治疗等小组动力，带来组员态度和行为的改变；第三，小组工作既是过程，也是组员改变的方法和手段；第四，小组工作都有明确的目标。

表7-8　小组工作的特点

类型	特点
功能上的特点	影响个人转变
	社会控制
	形成群体力量解决问题
	再社会化
	预防
成效上的特点	促进人际交往
	运用团体动力
	促进经验分享和经验选择
	带来的转变更为持久
	在时间和人力资源等方面更经济

目前，小组工作已经形成了四种主要的工作模式，即社会目标模式、治疗模式、互动模式和发展模式（见表7-9）。不同小组工作模式的理论背景、基本概念和假设、具体的实施方法和特点也各不相同。

表7-9　小组工作模式特点及实施原则

模式	社会目标模式	治疗模式	互动模式	发展模式
理论基础	系统论、生态系统论、教育理论、社会学	精神医学、心理学、咨询理论与技术、行为修正学、社会化及学习理论	发展心理学、社会关系、社会结构理论、小组动力学	发展心理学、社会关系学、社会结构理论、小组动力学
目标	培养组员社会归属感，实现社会整合：一是提升社会意识、挖掘潜力，提高责任心；二是发展社会能力，与社会环境互动能力；三是培养社区领袖，推动社会变迁	通过治疗，促进个人行为改变。以治疗个人行为作为主要目标，一是帮助组员在心理、社会和文化适应方面康复、发展和完善，二是预防消极因素	促进组员产生社会归属感，形成相互支持。基于人与环境和人际关系而建立；重点集中于组员与组员间的互动过程。目标焦点：既在个人，也在环境	促进组员和小组共同成长，强调以人的发展为核心，以关注人的社会功能恢复、预防社会功能缺失、发展人的社会功能为目标
组员	组员有民主参与社会生活的动机和潜能（同一区域、社区、阶层的人群，特别是弱势群体）	组员有较严重情绪和行为问题；获得矫治性治疗，而非发展性和预防性帮助	组员在团体中有平等互惠的动机和能力（平等、独立性）	组员通过互动、学习和经验分享获得自我成长
说明	最早的小组模式，主要在社区层面，核心的理论概念是社会责任和社会变迁，强调培养公民的社会责任感、社会良知和社会意识，与社区工作有许多相似之处	在为服务对象提供治疗和康复时与个案工作有许多相似之处。强调通过小组工作技巧来解决成员的心理和行为问题	小组目标的实现依赖组员间的相互作用和影响，小组存在和发展的动力是组员间"面对面"和密切的互动关系	关注社会功能性而不是有关病理的因素，重视自我实现而不是治疗过程，强调发掘个人潜力寻求解决的方式
实施原则	（1）小组目标与社区目标是否一致，权衡后果；（2）增加组员动力，激发社会责任感；（3）遵循民主原则，鼓励组员参与，引导目标共识；（4）促进社会变迁目标实现	（1）设定个别性治疗目标，寻找共同目标；（2）建立小组规范和价值系统；（3）预先设定小组聚会内容；（4）强调为服务对象工作，而不是一起工作	社工扮演协调者的角色要做到：（1）启发思考，澄清期待，寻找需求，挖掘动力，强化发展目标；（2）说明承担角色、小组作用，提供信息、协调关系，利用资源实现目标	（1）发展认知，形成共识；（2）建立目标，形成动力；（3）激发潜能，增强能力

小组工作通常分为6个阶段（见表7-10）。在每个阶段，组员的心理和行为方式、组织结构特征、组织任务都会有所变化，这就要求社会工作者在不同的阶段采用不同的介入策略和工作方法。为了简单起见，表7-10中将准备期和前属期进行了合并。

准备期。这一阶段的重要任务是确定组员和潜在组员，筹集必要的资源。

前属期。也即小组开始阶段，组员试图与陌生人建立初步关系，社工在此阶段鼓励成员表达对小组和其他组员的期望。

权力和控制期。当小组建立后，组员逐渐找到了安全感，并试图确立自己在小组中的角色。这是一个动荡时期，个别无法从小组中获得安全和满足的组员可能会选择退出小组。

亲密期。组员关系更为亲密，公开比较小组生活和家庭生活，也会出现移情，并开始思考小组的目标。

差异期。此期形成良好的小组。小组的规范和标准成为组员行为的参考，相互支持和沟通。成员们联合合作以期能提出现实的建议或实施大型的项目和方案。

分离期。小组因工作目标的达成等多种原因而面临解体。此期社工需处理各种焦虑情绪，如内聚、逃避、拒绝分离、情绪反复等。

表7-10 小组工作各阶段的工作描述

工作描述	准备期（前属期）	权力和控制期	亲密期	差异期	分离期
组员特征	确定的组员、潜在的组员	两极情感困境、以往经验影响、试探	关系亲密、认同小组、权力竞争与控制、组员在冲突中的特殊表现	彼此熟识和聚合、较高认同、次小组出现、权力竞争和情感波动小	离别情绪、情绪转移、两极行为
社会工作介入焦点	评估组员的真实需要	帮助组员建立信任关系	帮助组员更清楚地认识自己和他人	促进小组目标的更好实现	处理好组员对于分离的情绪

工作描述	准备期（前属期）	权力和控制期	亲密期	差异期	分离期
工作程序	协助组员了解小组	介绍小组组员；明确小组目标和小组组员的期望；讨论保密原则；建立合约；制定小组规范；小组结构	实现小组目标；处理好小组冲突；为小组发展过程重新整合；使组员参与并增强能力	关注小组角色的分化与运作；关注小组目标的转化与追求；关注小组规范与凝聚力	组织好结束期的活动；做好小组的评估
社会工作者角色	组织者	领导者、鼓励者、组织者、统筹者	辅导者、调解者、支持者	资源提供者、能力促进者、引导和支持者	引导者、领导者
社会工作者任务	明确工作目标；制订工作方案；选择（招募）组员；申报并协调资源；物质准备	理解组员心境；建立信任关系；创造可信赖环境	促进认同、解决冲突	认识组员特征、介入焦点和关注小组动力变化	认识组员的心理行为特点；处理离别情绪；做好结束期的工作和小组评估

　　与个案工作一样，小组工作要实现其设定目标、取得良好的社会效益，社会工作者必须在整个项目过程中熟练运用各种工作技巧（见表7-11）。这些技巧是长期积累下来的，其有效性是经过实践检验的。

表7-11　小组工作的技巧

类型	具体技巧
沟通和互动技巧	全神贯注倾听、积极给予回应、适当帮助梳理、及时进行小结、表达鼓励支持、促进互动交流
控制小组进程技巧	适当给出解释、提供精神支持、促使承担责任、避免行为失当、联结集体和个人、严格设定界限、适当挑战内心、分类妥善处理、整合小组行动
小组会议技巧	做好开场演讲、设定会议基调、把握中心话题、播种未来希望、善以等待求变、真诚流露自我、告知可选方案、灵活运用眼神、订立行动同盟
策划小组活动技巧	小组活动设计考虑相关因素

小组工作有8个方面的功能和目标。①康复：针对有问题的组员，帮助其在情绪、行为、态度和价值观等方面恢复到原来状态的过程；②能力建立：组员在小组中成长和发展的过程，是一种通过教育和技能培训提升意识和自信心，而不是治疗的过程；③矫正：协助违反社会秩序、道德规范或侵犯他人利益的"问题"组员，在小组工作中改变的过程；④社会化：协助组员学习社会规范和人际关系技巧的过程；⑤预防：对可能发生的困难做预测，并提供人们所需要的环境支持；⑥社会运动：通过鼓励组员参加社会运动，使个人学会领导、服从、参与、决策等方法，并承担社会责任；⑦解决问题：协助组员作出决定并解决问题；⑧社会价值：鼓励组员实现其社会价值。要实现这些目标，就必须针对性地、详尽地设计小组工作各阶段的活动（见表7-12）。

表7-12 小组各阶段活动设计

阶段	设计重点	常见活动
权力和控制期	促进相互熟悉，消除紧张情绪，打破僵局；形成集体感和凝聚力，建立沟通与互动	自我介绍、相互介绍、找朋友、集体唱等游戏；共同画、突围
亲密期	巩固共识，促进整合，促进信任、认同与归属，自我探索	扶倒、自画像、我是谁……
分离期	巩固学习成果：评估经历，强化效果	角色扮演、分享收获与成长
	准备小组结束，安抚情绪	回忆小组经历，引导表达感受，联欢会

三、社区工作

社区工作有广义和狭义之分。广义的社区工作是指社区内开展的以提高社区福利、促进社区和社会协调发展的社会服务或社会管理。狭义的社区工作是指专业社会工作机构及社会工作者运用社区工作的理论、方法、技能，以社区为介入对象而开展的，意在改善社区生存环境和发展能力的项目与活动。具体而言，就是通过组织社区内居民参与集体行动，去厘清社区需要，合力解决社区问题，改善生活环境及素质；在参与过程中，让居民建立对社区的归属感，培养自助、互助及自决的精神；加强居民的社区参与及影响决策的能力和意识，发挥居民潜能，培养社区领袖才能，形成更公平、正义、民主及和谐的社会。

目前，社区社会工作者已经摸索出地区发展、社会策划和社会行动（社区照顾）等三种常用工作模式（见表7-13）。

表7-13　社区工作的主要模式

主要内容	地区发展	社会策划	社会行动（社区照顾）
特点	较多关注社区共性问题；居民能力重建与整合；强调过程目标；重视居民参与	注重任务目标的实现；强调利用理性原则处理问题；注重由上而下地改变；指向社区未来的变化	注重正常地融入社区；强调社区的责任；强调非正规照顾的作用；提倡建立相互关怀的社区
实施策略	促进居民之间的交流；团结邻里；社区教育；提供服务和发展资源；社区参与	明确组织的使命和目标；分析环境和形势；客观地认识自己的能力；界定和分析问题；确定需要：四种需要评估方法（参与性、社会指标、服务使用资料、社区调查）；建立目标和达到目标的标准；列出、比较并选择可行方案；测试方案；执行方案；评估结果	（1）在社区照顾。有需要及依赖外来照顾的弱势人士在机构或住所中获得照顾：一是在社区中的家庭里生活，并辅以社区支援；二是将社区里的大型机构改造为接近社区的小型机构；三是将大型机构迁回社区，便于接触和探访。（2）由社区照顾。协助建立社区支持网络，提供直接服务网络——亲人、邻里、居民组织、服务对象自身的互助网络、社区紧急支援网络。（3）社区照顾。充足的支援性社区服务辅助（日间医院、护理中心）
社工角色	使能者、教育者、中介者	技术专家、方案实施者	治疗者、辅导者和教育者、经纪人、倡议者、顾问
优点	营造良好的气氛；提高社区居民能力；推进社区民主；切合中华传统文化	保证服务质量；较有效率	对服务对象人性化的关怀；动员社区普通居民参与社区照顾
不足	无法解决某些问题；调和不同利益群体的手段不足；民主成本高、效益低	居民参与率低；服务对象对所提供服务的依赖性上升	倡导社区层面服务的综合化资源及权力下放可能引发政府责任与角色问题；社区资源状况可能不符合社区照顾的要求；激励机制问题；非正规照顾的服务质量难以保证；社区对有困难人士的排斥和歧视问题

无论采用哪种社区工作模式，社区工作项目都会经历准备、启动、巩固和评估4个阶段（见表7-14）。每个阶段都有逻辑划分的阶段性目标，与此相应的是阶段性的行动方针、工作方法和介入策略。在社区工作的不同阶段，社会工作者及其他参与主体也会面临着不同的任务，需要各自承担的角色也不尽相同。当然，采用不同的社区工作模式，这些阶段性的工作要求是需要有相应变化的。因此，表7-14应该理解为一般性的要求。

表7-14 社区工作各阶段的工作要求

阶段	行动方针、主要任务	介入策略、工作方法	阶段性目标的实现	注意事项
准备阶段	确定服务方案、建立互信的工作关系	确定进入方法	完成介入计划、认识较多居民、提出共性问题	不要将工作过分活动化和事件化
启动阶段	发动资源、成立小组、训练带头人、创造互动合作	发掘资源、开展互助、提供服务	组建不同性质小组、带头人群体发挥作用	防止依赖、谨慎处理矛盾
巩固阶段	成立或巩固居民组织，让社区工作系统化	互助合作、社区教育、行动竞争	社区组织得到支持；带头人能力提升，并获得支持	不要过分注意带头人，应提供服务以促进居民持续参与活动
评估阶段	重新评估需要与问题，工作过程，决定未来方向；组织总结，界定方向	策划和倡导；科学衡量能力，协助组织确定方向，科学决策	客观方法总结，系统计划未来	总结不过分依赖感性或数据统计，着眼于未来方向，避免走形式

社会工作者在策划、组织活动的时候，需要考虑的不单只是参加者本身，还需要考虑很多其他方面的因素，如服务购买者、活动的宣传、活动场地、活动时间等，也需要与很多除参加者之外的人事进行接触，如服务购买方的公司、场地方、交通公司等。因此，社会工作者这个时候的角色可以说是"项目经理"，在活动的策划阶段就需要考虑、统筹很多范畴的工作。只有借助于各种已经成熟的社会工作技巧，才能确保社区工作实现预期的目标（见表7-15）。

表7-15　社区工作的技巧

类别	技巧	实现方式
社区团体建立	接触社区居民的技术	接触社区人士、倾听和注意力集中、互相认识
	基本人际关系技巧	温暖和尊重、同理心、真诚、自我袒露、倾听
	引导社区团体成员互动的技术	联结、阻止、设限、融合技术、支持技术、当面质询
教育	知识和资料传播	发放宣传单、召开座谈会、研讨会、通讯
	居民骨干的训练	个别教授方式
	动员群众	家庭访问、个人影响、壁报、教育讲座
	发展社区关系	社区社工与社区政府部门、社会团体及有影响的人士之间的互动关系
	开展互助活动	调查研究、新闻报道、宣传典型
策划	策略规划	第一步，利用头脑风暴法罗列所有策略；第二步，运用符合性、可接受性、可行性去评估、筛选目标；第三步，通过SWOT分析法注意分析保留策略
	方案设计	6W+2H+1I[①]

四、优势视角

优势视角（strength perspective）是社会工作学领域的一个基本范畴、基本原理，是指"社会工作者所应该做的一切，在某种程度上要立足于发现、寻求、探索及利用案主的优势和资源，协助他们达到自己的目标，实现他们的梦想，并面对他们生命中的挫折和不幸，抗拒社会主流的控制。这一视角强调人类精神的内在智慧，强调即便是最可怜的、被社会所遗弃的人都具有内在的转变能力"。概括地说，"优势视角"就是着眼于个人的优势，以利用和开发人的潜能为出发点，协助其从挫折和不幸的逆境中挣脱出来，最终达到其目标、实现其理想的一种思维方式和工作方法。

---

① 6个W分别代表Who（谁做）、What（做什么）、Where（在哪里做）、When（何时做）、Why（为什么做）、Which（细节内容）；2个H分别代表How many（组员的数量及工作人员的数量）和How much（经费、时间、能力、困难、努力、情绪等）；1个I代表If（意外情况的处置）。

优势视角超越了社会工作的传统理论模式，其关注点在于个案的优势、潜能和成绩，这一突破在社工领域具有"范式革命"的意义。它首先由美国堪萨斯大学社会福利学院教授塞勒伯（Saleebey）在《优势视角：社会工作实践的新模式》一书中提出。社会工作的优势视角反对将服务对象问题化，认为问题的标签对服务对象"具有蚕食效应，重复的次数多了之后，就改变了案主自己对自己的看法和周围人对他们的看法。长远来看，这些变化融入了个人对他们的自我认同（越来越没有自信心）"。塞勒伯明确提出："优势视角是对传统社会工作实践的一次戏剧性飞跃。优势视角取向的实践意味着：作为社工所应该做的一切，在某种程度上要立足于发现和寻求、探索和利用案主的优势和资源，协助他们达到自己的目标，实现他们的梦想，并面对他们生命中的挫折和不幸、抗拒社会主流的控制。"塞勒伯认为，在一段时间内，我们在发挥案主的优势方面做得不够。"优势视角的实践要求我们从一个完全不同的角度来看待案主、他们的环境和他们的现状，不再是鼓励地或专注地集中于问题，而把眼光投向可能性。在创伤、痛苦和苦难的荆棘之中，你能看到希望和转变的种子。其实这个公式很简单：动员案主的力量（天才、知识、能力和资源）来达到他们自己的目标和愿望，这样案主将会有更好的生活质量。"

优势视角的基本信念包括：①赋权（empowerment）。西门（Barbara Levy Simon）将赋权的概念建立于五个理念之上：与案主和委托人之间的合作伙伴关系；对扩大案主能力和优势的强调；关注个人或家庭与环境；将案主视为积极的能动主体；将个人的精神指向一直受到剥夺和压制的人群。②成员资格（membership）。优势取向从承认我们服务的所有人如同我们自己一样，是一个种类的成员，并享有与成员身份随之而来的自尊、尊严和责任。成为成员和市民，享有参与权和责任，保证和安全等特征是赋权的第一步。成员资格的另外一个意义在于人们必须走到一起，让他们的声音被听到，需要得到满足，不公平受到重视，从而实现他们的梦想。③抗逆力（resilience）。越来越多的研究和实践正在使得人类的这样一个规则清晰可见——人们在遭遇严重麻烦时会反弹，个人和社区可以超越和克服严重麻烦的负面事件。它是一种面对磨难而抗争的能力。④对话与合作（dialogue and cooperation）。在对话中，我们确认别人的重要并开始弥合个人、他人和制度之间的裂缝。

优势视角强调每个个人、团体、家庭和社区都有优势（财富、资源、智慧、知识等）；创伤和虐待、疾病和抗争具有伤害性，但它们也可能是挑战和机遇（那些为面包、工作和住房而抗争的人们是具有抗逆力和具有资源的，即便在痛苦之中，他们也期望取得成就）；与案主合作，我们可以最好地服务于案主；所有环境都充满资源；注重关怀、照顾和脉络。以优势和资产为本的取向可以激发案主和工作者的乐观情绪、希望和动机。

对于组织志愿者服务弱势人群的社会工作者来说，优势视角具有双重意义。社会工作者可以运用优势视角激发志愿者对自己潜能的认识，也可以此激发服务对象的服务潜能，将服务对象转化为志愿者。

五、行动研究

行动研究（action research）有多种不同的指称，如参与式研究、解放研究、协作探究、行动学习及情景行动研究等。作为一种研究方法，一种科研理念，或是一种实践类型，行动研究的核心意思是"干中学"（learning by doing）。由于侧重点不同，行动研究有不同的定义。作为一种实践类型，行动研究是指从实际工作需要中寻找课题，在实际工作过程中进行研究，由实际工作者与研究者共同参与，使研究成果为实际工作者理解、掌握和应用，从而达到解决实际问题，改变社会行为目的的研究方法。在一般意义上，行动研究同时瞄准两个目标，一是在实践层面上有助于解决人们关心的现实问题，二是在研究层面上有助于实现社会科学的研究目的。也就是说，行动研究中存在着双重承诺：为沿着一个可取的方向改变某个系统，在开展研究的同时与系统的成员一起推动改变。为了实现这种双重目标，研究者与研究对象必须积极合作，因此，行动研究过程的要旨是强调共同学习（co-learning）的重要性。

行动研究的想法最早由柯利尔（Collier）提出。他于1933年至1945年担任美国印第安人事局局长期间，安排专业人士和非专业人士结合一起研究改善印第安人和非印第安人关系的方案。在这一过程中他得到启发，认为专家研究的结果还需依靠实际工作者执行和评价，倒不如让实际工作者根据自身的需要，对自身工作进行研究，或许效果更好。他称此法为行动研究法。的确，专业性的研究需费较长时日，注重实际应用者等待不了取得研究结果后再来解决实际问题。所以对迫切问题的解决，难以采用全面研究的方式。更合适的是就已有资料提出改革措施，一边实施，一边观察分析结果，随时调整修改行为。行动研究法对实际问题解决的这种适宜性使它很快得到发展。Jean Mcniff 和 Jack Whitehead 认为，行动研究的特征是其自由的竞争多元主义（agonistic pluralism），它不是指一种求取一致思想的和行动的方法，而是指努力求知的持续实务工作。行动研究并不视研究工作为一个隔岸观火的客观分析，而是将研究与行动链接起来，使其成为一种亲身经历的实践过程，即关注研究过程而非注定的结果。行动研究者秉持一种"要确定保持不确定"的哲学观点，以实务工作者为研究者和参与者。行动研究在今天，已经广泛运用到各种专业学术的领域中。其倡导的为服务对象负责，促进人与人、人与环境的适应的实践宗旨，也得到社会工作专业领域的研究者的青睐。

长期以来人们一向将"行动"和"研究"作为两个不同领域的概念，"行动"即实际工作者和实践者的实际工作和实践活动；"研究"主要指受过专门训练的专业工作者、学者专家对人的社会活动和社会科学的探讨。"行动"和"研究"本是两个不同的概念，用以说明不同的人从事不同性质的活动。这样使得"行动"与"研究"处于分离状态，许多研究者选择课题的内容严重脱离了实际工作的需要，他们还要将研究的"成果"推广普及到实际工作中去，在"成果"的推广上造成很大的困难。而在技术工作一线的人员具有丰富的知识，他们在实践中积累了大量的经验，事实上他们可以给技术研究工作者提供实际工作中存在的问题，有着取之不尽的研究课题。行为和研究是实践来源于理论，理论又指导实践并得到实践的检验，相互依存的整体。在实际工作需要中寻找课题，在实际工作过程中进行研究，由实际工作者与研究者共同参与，使研究成果为实际工作者理解、掌握和应用，达到解决实际问题、改变社会行为的目的，做到"没有无行动的研究，也没有无研究的行动"。

行动研究的特点概括起来有三点：一是为行动而研究，也就是说，研究的目的不是构建系统的学术理论，而是解决实践工作者所处的情境遇到的问题，研究目的具有实用性，问题的解决具有即时性；二是在行动中研究，也就是说，行动研究的环境就是实际工作者所在的工作情境，并非经过特别安排的或控制的场景，行动研究既是实际工作者解决问题的过程，也是实际工作者学会反省、问题探究与解决能力的过程；三是由行动者研究，行动研究的主体是实际工作者，而不是外来的专家学者，即便专家学者参与研究也只是提供意见与咨询，是协作者，而不是研究的主体。

行动研究法有多种模式。行动研究的模式之一，是"行动研究之父"科特·勒温的"计划—行动—观察—反思"（如图7-1所示）的四环节循环模式。

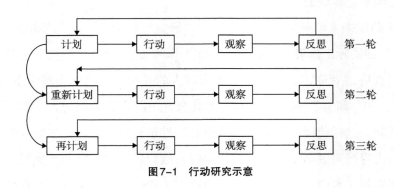

图7-1　行动研究示意

"计划"是第一个环节。计划应以所发现的大量事实和调查研究为前提。它始于解决问题的需要和设想，设想是行动研究者（行动者和研究者）对问题的认识，以及他们掌握的有助于解决问题的知识、理论、方法、技术和各种条件的综合；设想还包含了行动研究的计划。"计划"包括总体计划和每一个具体行动步骤的设计方案，特别重视计划中的第一、二步行动。

"行动"是第二个环节。行动计划的执行和实施具有灵活性。随着研究者对问题认识的逐渐明确，以及行动过程中各种信息及时的反馈，不断吸取参与者的评价和建议，对已制订的计划可在实施中修改和调整。行动是不断调整的。

"观察"是第三个环节。观察内容有：一是行动背景因素以及影响行动的因素。二是行动过程，包括什么人以什么方式参与了计划实施，使用了什么材料，安排了什么活动，有无意外的变化，如何排除干扰。三是行动的结果，包括预期的与非预期的，积极的和消极的。要注意搜集三方面的资料，背景资料是分析计划设想有效性的基础材料，过程资料是判断行动效果是不是由方案带来和怎样带来的考察依据；结果资料是分析方案带来的什么样的效果的直接依据。考察要灵活运用各种观察技术以及数据、资料的采集和分析技术，充分利用录像、录音等现代化手段。

"反思"是第四个环节。反思是行动研究第一个循环周期的结束，又是过渡到另一个循环周期的中介。这一环节包括整理描述、评价解释、撰写总结报告等。

第二节　在具体情境下的最优合作模式

受全球化的影响，西方福利国家的社会工作者面临着资源削减带来的困惑，这就要求社会工作者保持一种开放的态度，以社区为背景最大范围地整合包括志愿者在内的不同资源，创造符合本地居民需要的社会服务。在此背景下英国社工专家希尔（Sherr，2008）提出了"在具体背景下的最佳合作关系模式"（Context-Specific Optimal Partnership Model，简称CSOP模式），这一模式被广泛运用于社会工作者指导志愿者参与社会服务实践。

一、CSOP 模式的基本特点

CSOP模式的特点是在根据某个重要议题的独特情景来决定谁该参加以及谁扮演什么角色，而不是用预先决定的角色和期望去开展社会工作者与志愿者联动服务。从流程看，CSOP模式由评估情景背景和创造最佳合作关系两个部分构成。不过，这与通常的社会工作实践并没有什么区别。真正让CSOP模式与通常的社会工作实践相区别的是流程的实施路径。CSOP模式要求社会工作者在评估背景时不做预测，比如有关议题该怎样被定义、哪些人该参与、哪些议题该如何解决等此类预测。CSOP模式鼓励社会工作者在评估背景和建立合作关系的过程中保持一种开放的态度，以社区为背景最大范围地整合包括志愿服务在内的不同资源，创造符合本地居民需要的社会服务。社会工作者坚持的这种合作立场，有利于合作伙伴根据其提供的指导信息客观地作出决定。在某些情况下，背景评估会促使社会工作者或其他专业服务机构在与志愿者的合作关系中扮演主要角色，在某些情况下，背景评估则可能促使志愿者扮演重要角色，而社会工作者及其他服务专业机构起辅助作用。

二、评估背景

评估背景包括从多种渠道收集信息并理解其中的组织因素、文化因素、社会因素及社会阶层因素，并分析这些因素是如何在实施过程中展现出一种规范而又完整详尽的过程。具体包括五个相互关联的步骤，这五个步骤不需要按论述的顺序实施，只要确保从每一个步骤中收集到的数据都能对特定背景作出评估即可。

（一）社会问题的界定

首先需要界定一个有重要意义的社会问题。社区中存在大量的问题，哪些是个人的困难，哪些是社会问题？这就需要社会工作者运用他们的专业技巧（包括语言的和非语言的方式）对社区居民进行调研。在调研的过程中，有些个人的困难可能会引发社会工作者的怜悯之心，甚至可能会转移他们的关注点，把个人困难误判为社会问题，这是必须注意的。因为，不同于社会问题，个人困难通常影响的是一个相对较小的人群。这就需要社会工作者用专业的视角去判断或界定哪些是真正的社会问题。

在界定了社会问题并对其进行了轻重缓急的排序之后，社会工作者还需要运用他们的评估技巧去分析这些社会问题是怎样出现的，这就需要从大量的收集到的信息中去甄别筛选，去判断这个问题的来源并了解它是怎样被带入公众视野的。比如，人们在当地报纸的社论上说了什么？当地餐馆、休闲广场、杂货店里哪些议题正在被讨论？这些议题被不同群体的人是如何理解的？这个问题的讨论源于当地的议题，还是社区正面临的或者曾经被困扰的社会问题？这些问题现在是否还影响着当地居民的生活？这个问题是只影响某一个社区还是同时影响着周边的区域？

有时，社会工作者可能并不认同社区界定的社会问题，在这种情况下，社会工作者就需要运用一定的工作技巧去思考接下来该怎样做。正如临床医生在判断病人的病情时会综合病人的语言和非语言信息一样，社会工作者也需要把注意力放到他们所观察到的所有正式的和非正式的信息上。在此情境下，通常来讲社会工作者作为受过专业训练的人员对于社区所提出的社会问题提出怀疑是可以的，但是，在具体背景下的最佳合作关系模式中强调社会工作者要引导协助委托人（在这里指社区）共同定义社会问题。此外，社会工作者还需要注意那些来自商业社区并自愿分担问题的商人，关注慈善团体的需求和渴望，然后通过沟通，协助两者建立合作的渠道共同服务社区。

（二）地理位置和人口结构分析

为了清楚社会问题产生的背景，有必要分析一个地区的地理位置和人口结构。比如，那些生活在山里偏远社区和生活在水边的社区与那些地理位置优越、交通便利的社区相比，在社区合作方面有着不同的需求。一般情况下，地理位置也是影响一个社区居民生活质量的重要因素，如何在不同的地理位置下确保社区居民的生活质量也是需要考虑的问题。

虽然社会工作者并不是地理学的专家，可是一个地区的基本地貌却能够为社会工作者提供有关社会环境的有价值的信息。比如，社会工作者需要了解关于这个社区地理位置的一些相关问题，包括该地的气候类型、地貌（如植被、海拔、山脉、高原、平原、水源等）以及所处的独特环境特点（相对于别的社区来说，该社区地理位置既可以是独特的，也可以与其他社区相似）。

如同需要分析地理位置一样，一个地区的人口结构也是分析一个社区产生社会问题的主要因素。比如社区居民的外来人口占比，老龄化程度、人口密度等。居民是集中在某一地区还是分散而居，该社区又有几个民族，不同类型的住房是如何分布的？哪部分人是主要的雇主？该社区是被描述为乡村的、郊区的还是城市的？这个社区的人口在增加、稳定还是下降？在研究这些问题的时候，社会工作者不仅要看到今天这个社区的样子，还需分析它一年前，十年前，甚至是一个世纪以前的情况。如果分析结果显示人口结构有重大变化，那么怎样解释这些变化，也是社会工作者需要思考的问题。

（三）政治环境评估

政治环境在塑造社区方面具有重大的影响，如果社会工作者想与志愿者建立平等的伙伴关系，就需要花费时间和精力去评估正式和非正式政策之间的细微差别。只有与志愿者建立平等合作的关系，才能在社区中充分整合各种社会资源为社区居民提供符合本地需要的专业服务。对于刚刚进入社区的社会工作者来说，首先，需要清楚社区管理者任职多久了？是不是本社区的人员？哪些工作人员是本社区的，他们已经工作多久了，在此居住多久了？哪些人是后来因为工作才迁入本社区的，那这部分人又在此居住多久了？其次，需要了解在这个社区的周边有没有商业机构，其中哪些是热心社区公益？有没有校区，校区的领导是谁？再次，就是对社区居民之间的关系做客观评估，这对于社会工作者来说也很重要。最后，就是要梳理社区公益机构与所辖单位负责人、商业机构负责人、校领导以及其他社区成员之间的关系，寻找可以为社区服务的切入点。

（四）服务的可获得性评估

在社区中设有不同的服务网络。社区中的或是社会组织中的社会工作者可以通过社区居民寻求和得到帮助的途径获取他们得到服务的情况，从而对正式的到非正式的服务做可持续的评估。一方面，对社区所提供的常规服务通常由政府部门和社区提供，这种服务具有规范化、程序化和非个人化的特点，且与他服务的对象并无优先等级、亲近远疏等关系存在，这类服务我们通常称为正式的服务，此类服务也比较适用于委托那些具有专业知识或专业技巧的部门或组织。这类组织可以是社会服务机构、经验丰富的行政部门、大型的社会组织或者社工机构。这类组织可以为社区居民提供精神健康和药品使用方面的指导，如在特定位置提供特定时间的照顾。此外，还需要对一个社区里可能存在于居民需求和偏好之间的不一致及实际得到的服务进行评估。

另一方面，社会工作者也要敏锐地察觉到非正式的服务。通常非正式的服务网络由家庭、朋友以及邻居所构成。如做特定人群的访查，先了解他们与朋友及其家人之间的关系如何？再了解他们在社区里遇到危机或困难时，能否得到非正式的支持以及得到非正式支持的类型？

那么，正式服务与非正式服务之间有相互合作的吗？社区可能存在介于这两种服务主体之间的中间组织。例如，志愿服务组织、兴趣组织、文艺小团体等通常为人们提供了一种家庭之外的服务途径。人们通常认为这种场所扩大了他们的非正式服务网络。因此，他们更加愿意从这些组织而不是政府部门中寻求帮助。对于社会工作者来说，当中间组织建立或参与到与志愿者合作的关系中时，如何发挥中间组织与社会工作者及志愿者协同治理的潜能才是最重要的。

（五）志愿者获得的可能性评估

每一个社区都有它自己招募志愿者和挖掘潜在志愿者的独特方法。不管你是新涉足这个领域的还是已经是一名有经验的老将，都应当花些时间去评估人们做志愿者的可能性。可以从身边着手了解当地的大学和学院是否有志愿者组织，并了解他们从哪里招募学生。了解志愿者协会中的志愿者是如何参与志愿服务的。此外，通过查看当地的报纸寻找全国性的志愿者协会，每个协会基本都有各自感兴趣的领域，通过他们感兴趣的领域和他们取得联系。

社会工作者可以通过了解居民平时开展的组织活动寻找愿意提供志愿服务的潜在志愿者群体。社会工作者首要的目标是能够让自己融入此类群体中，与他们一起开展什么活动是次要的，而相对主要的是通过开展活动实现与此类群体的有效社会互动。其次就是努力和不同群体中的人们建立有效的关系网，并用社会工作技巧把他们组织起来。以上这些做法都是为后期开展志愿服务创造可能的机会。

以上做法正如在临床实践中一样，评估的持续性是至关重要的，评估的持续性对于确保合作关系中不同人群的有效交流、成效性的维持以及合作的终止时间都是极为重要的。在某些情况下，实施社区评估也可能是合作者使用的一项策略，以便更好地了解社会问题，建立团队凝聚力，或者招募更多的志愿者。社会工作者也可以利用他们的人际关系技巧来邀请其他人共同参与到评估社区数据的收集中来。

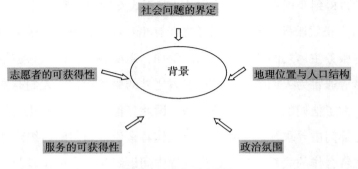

图7-2 评估项目背景

三、建立社会工作者与志愿者合作伙伴关系

社会工作者可以在特定背景下利用他们对某个社会问题的理解从而与志愿者建立合作伙伴关系。如果说 CSOP 模型的评估阶段更多地涉及背景的易变性，那么社会工作者在发展最佳合作伙伴关系的过程中则要繁杂得多。这是因为不论是招募人员、设立目标还是确保人们在一段时间内的积极参与都需要付出很多时间和精力。

（一）确定谁应该参与其中

在整个评估过程中，社会工作者应该将一个主要问题铭记于心——应该与谁发展成为合作伙伴关系。尽管每一情景都是独特的，需要具体问题具体分析，但是一些主要的指导方针还是一致的。在开展一项活动时，一方面社会工作者需要邀请社区里的主要利益相关者，他们代表着各种各样的利益集团。社会工作者首先需尝试着邀请医院、学校等体制内、系统内的人员参与其中；其次需要邀请包括慈善界、社会服务机构的代表以及辖区内最大的企业管理者。这里需要注意的是邀请的利益相关者还需要囊括不同年龄和职业背景的人群。如果社区所辖小区在地理位置的分布上比较分散，要确保邀请到每个地区的人员，这在乡村会显得尤为重要，因为大部分人都住得比较分散，除非社会工作者有意识地去邀请那些偏远地区的人们，否则许多人是没有办法与社会工作者建立合作关系的。

另一方面则是希望从合作关系中努力获益的利益相关者，即所谓的目标受益人群。社会工作者在开展一项项目时应该考虑到所有可能被涉及的社会人士，甚至客户、潜在的志愿者。社会工作者可以通过增加项目和行动等新策略，将在早期合作伙伴关系中形成的目标受益人群吸收进来，目标受益人群的广泛参与也将增加参与社区活动的成员数量。

在评估阶段的早期，需要鼓励社会工作者选定一个或两个主要的持相反观点的人物代表，并邀请他们参加某个规划会议，以期将其发展成合伙关系。在评估形成阶段，社会工作者还需关注那些迟疑或持反对意见的人。在合作关系的形成阶段，社会工作者须花费时间预防反对者的出现或

说服他们保持中立的态度。

（二）对参与者的利益进行评估

第一次会议的目的是吸引人们有足够的兴趣去参加后续举行的会议，并着手进行发展合作伙伴关系的计划。然后在接下来的一段时间里，议程应该侧重解释为什么这些人会被邀请，并对他们的利益进行评估。首先，社会工作者应适时地向参会者说明此次会议召开的目的，并说明邀请与会者参会的原因，让参会者对会议的目的有一些一般性的认识，为后期的合作搭建一个基于具体项目的、务实的基础。其次，客观评估与会者的个人利益。社会工作者通过提问广泛、开放式的问题方式，给参会者提供足够自由的空间表达他们的意见。作为双重身份的社会工作者——既是调解员又是合作伙伴成员，在项目中也应分享自己的利益所在。作为调解员的社会工作者，在分享信息的时候，必须让大家知道，会议的目的是评估合作伙伴在此关系中的利益，并以解决特定社会问题为目标。最后，每个成员都会有一个分享的机会，社会工作者使用倾听和沟通技巧，对突出的共同利益和大家关切领域的信息作出回应。如果收获了足够多的（共同利益和关切领域的信息）内容，在接下来还需安排另一个具体目标的会议来策划合作伙伴关系的方案。

（三）主要目标和子目标的确定

接下来的几次会议将专注于确定主要目标、子目标和实施策略。主要目标是通过合作伙伴关系要实现的终极目标。通常情况下，主要目标大致应该已经在评估背景和听取大家分享他们各自利益的过程中确立。在这一点上，各个利益团体要具体化他们想要达到的子目标。社会工作者可以发挥他们的领导才能，通过每个人的分享和提供的反馈信息，撰写一份让与会者都尽量满意的报告。这就需要社会工作者在参会时要认真记录与会者的意见和建议，以便在日后的群组分享时对与会者的不同意见和建议进行阐释和说明。通过以上各个环节的努力，最终确定合作的主要目标，并确保每个人都知道主要目标，并把自己作为实现目标的一个重要主体。

（四）策略设计以及参与者的角色的确立

策略是群体为实现他们的期望目标而必须采取的措施，而一项任务的完成也有助于合作者实现主要目标。团体制定策略的目的是确定何时何地由何人做什么，即由哪个人或者哪些团体的哪些成员来完成任务，要完成的任务是什么，以及完成任务的截止时间。其中一个关键的问题就是要搞清楚需要邀请哪些人参与到合作关系中来。为实现目标，就要求团队必须指定主要的、次要的及候补的合作者。主要的合作者参与计划进程的每一个方面，他们组织和参与所有的会议，承担大部分费时的工作，负责通知和联络其他人，通常需要8~12个人。如果可能的话，至少有一个人代表目标受益人群，还有一个人代表潜在的反对方。次要的合作者也许并不需要每次都参加会议，但是他们通常需要了解合作项目进展的最新情况，这些合作者通常具有促进团队成功的专业技能或方法。候补的合作者需要做好参与项目的准备，例如寻找募捐者和制定具体社会项目。

（五）实施行动计划

合作者最终需将他们的计划付诸行动。合作团队中前期需要开展的工作已经完成。这就需要通过开展一些项目使合作关系中的每个人都获得成就感。人们持续参与志愿服务有很多原因，并且这些原因随着时间的推移会产生不断的变化，在这个变化的过程中，不断地创造成就感能够一方面可以挖掘不同人参与志愿服务的动机，另一方面也可以激发他们持续参与志愿服务的热情。这就需要在开始着手实施行动计划时，不但要考虑首要目标的实现，还应考虑如何做更有助于建立具有主动性和持续性的志愿者责任。

从长远考虑，社会工作者需将构建互助性网络体系的技术运用到建立合作关系中来，为社区将来解决其他社会问题打好基础。换言之，就是建立一支现在乃至将来都能够参与活动的有活力且具有持续性的志愿者队伍。这就需要在初期制订方案时注意以下几点。首先，最初的行动方案应该是成功率比较高的，这就朝实现目标趋近了一大步，这种做法是为了让志愿者体验一种参与后的成就感。其次，通过鼓励人们加深合作，培养团队凝聚力和整合团队力量。当决定哪些人在何时要做哪些事的时候，团队中掌握一定专业知识和技术的人也乐于将他们的技术发挥出来。最后，无论这个团队决定实施什么样的行动方案，必须确保其成员能够获得相应的信息和相关的培训，以增强他们的自信心。在这个过程中需要注意的是就确保让志愿者完成特定任务而言，需给予志愿者适当灵活的自治权。

（六）对项目进展情况和合作关系进行评估

在一个具体背景下的最佳合作关系中，社会工作者运用搜集的数据，为团队提供积极的信息反馈以此更好地聚焦问题的中心，调整合作关系。在与志愿者合作的过程中，评估要达到监督工作运行过程、监督运行效果和评估志愿者满意度的三个主要目标。首先，评估能够监督合作的过程。过程评估主要是了解团队在项目中是如何完成工作的。包括每位成员是否都获得了相应的信息反馈，他们的意见是否都得到了适当的表达，他们开展的工作进展到什么阶段。其次，阶段评估可以更好地掌握项目的进展情况以及现阶段活动开展的初步效果。最后，在合作中，社会工作者需特别留意志愿者的态度。在合作关系中从志愿者的角度去评估他们从事志愿服务的态度、参与志愿服务的时长、频率，以此了解他们的满意度。如果志愿者对此项活动表示满意，并忠诚于这项志愿工作，他们有可能会去招募其他的志愿者。

第八章
联动服务的中国路径

第一节 治理政策解读

2005年前后，我国上海、深圳等地开始探索如何建设符合国情的社会工作人才队伍时，都不约而同地提出了要建立社会工作者与志愿者队伍联动机制，深圳市还出台了专门的文件。"十一五"期间，响应中央在《关于构建社会主义和谐社会若干重大问题的决定》中提出的关于"建设宏大的社会工作人才队伍"的号召，更多的地方开始探索建设社会工作人才队伍，在此过程中，建立社会工作者与志愿者联动机制也始终都是一个重要的政策焦点。"十二五"期间，社工与义工联动机制进入了国家政策设计者的视野。"十三五"时期是我国全面建成小康社会的决胜阶段，志愿服务队伍、社会工作专业人才队伍不断壮大，志愿服务和社会工作主动融入国家发展战略，积极参与社会重大事件和危机干预，参与主体和覆盖领域愈加多元广泛，能力水平提升深化。[①]"十四五"期间，《中共中央办公厅 国务院办公厅关于健全新时代志愿服务体系的意见》明确提出鼓励基层群众性自治组织搭建志愿者与社会组织、社会工作者合作平台，促进志愿服务融

---

① 中华人民共和国民政部.法治引领，壮大善的社会力量和专业力量——"十三五"时期慈善社会工作事业发展综述［EB/OL］.（2020-12-25）［2024-06-11］.https://www.mca.gov.cn/n152/n166/c43706/content.html.

入基层社会治理。

一、中央政策

近年来，"建立社会工作人才与志愿者队伍联动机制"已经成为我国建立宏大社会工作人才队伍、规范和推动志愿者队伍建设的重大战略举措。2010年颁布的《国家中长期人才发展规划纲要（2010—2020）》、2011年11月中央组织部、中央政法委、民政部等18个部门和组织联合发布的《关于加强社会工作专业人才队伍建设的意见》（以下简称《社工意见》）、2012年4月中央19部门联合发布的《社会工作专业人才队伍建设中长期规划（2011—2020年）》（以下简称《社工规划》）都强调要"建立社会工作专业人才与志愿者队伍联动机制"，视志愿者队伍为"社会工作专业人才开展服务的重要补充力量"（《社工意见》），认定社会工作人才能够引领、"规范相关志愿者招募注册，加强相关志愿者培训管理，建设宏大的社会服务志愿者队伍"（《社工规划》），上述文件认为，"建立社会工作专业人才和相关志愿者队伍联动服务机制"（《社工规划》），可以"丰富社会工作专业人才资源，拓展社会工作专业服务范围，增强社会工作专业服务效果"（《社工意见》），"为加强社会服务与管理提供坚实的人才资源基础"（《社工规划》）。2018年9月，《民政部关于印发〈"互联网＋社会组织（社会工作、志愿服务）"行动方案（2018—2020年）〉的通知》指出，依托"互联网＋"，促进社会组织、专业社会工作、志愿服务健康有序发展，是打造共建共治共享社会治理格局的重要方式，也是践行"民政为民、民政爱民"工作理念、增进人民福祉的重要抓手。2024年4月，《中共中央办公厅 国务院办公厅关于健全新时代志愿服务体系的意见》明确表示，需鼓励基层群众性自治组织搭建志愿者与社会组织、社会工作者合作平台，大力发展党员志愿者、青年志愿者、巾帼志愿者、社区志愿者、职工志愿者、退役军人志愿者、学生志愿者、老年志愿者等队伍促进志愿服务融入基层社会治理。

将宏大的社会工作人才队伍与宏大的社会服务志愿者队伍"捆绑"在一起发展，政策设计者的雄心不可谓不大。但二者之间的联动机制究竟建立在一种"可能"，即一种有待"建构"且在结构上开放的未来关系的基础上，还是建立在一种"必然"，即一种有待开发但确已"潜在"的秩序关系的基础上？至少上述文件并未给予明确的说明。从字面上看，《社工意见》和《社工规划》只是强调了社会工作人才能够引领和规范志愿者队伍建设，但却没有断定"只有"社会工作人才才能引领志愿者；反过来，志愿者队伍需要管理和规范，却不一定非得由社会工作人才来管理。有意思的是，与《社工意见》的要求不同，《社工规划》仅要求社会工作人才与"相关"志愿者队伍建立联动服务机制。这暗示着，《社工规划》的设计者已经认可社会工作人才无法与全部志愿者队伍全面建立联动机制。但遗憾的是，《社工规划》并没有对"相关"作出具体的说明和界定，因此无法判断政策设计者究竟想在哪些服务领域和层次上推动联动机制建设。

从志愿者队伍建设的角度看，只有《社区服务体系建设规划（2011—2015年）》明确指出要"依托社区志愿服务组织，建立党委政府倡导、社区组织扶持、共产党员带头、专业社工引领、驻区单位和居民广泛参与的社区志愿服务新格局"。也就是说，在社区志愿服务中，专业社工的引领作用得到了强调。《社会养老服务体系建设规划（2011—2015年）》虽然也提出要"加快培育从事养老服务的志愿者队伍，实行志愿者注册制度，形成专业人员引领志愿者的联动工作机制"，但没有将专业人员限定为社会工作者。而《中国慈善事业发展指导纲要（2011—2015年）》则根本没有提及"社会工作"。在与志愿者队伍建设更为直接相关的意义上，中央文明委印发的《关于深入开展志愿服务活动的意见》（2008）和中华志愿者协会公布的《中华志愿服务事业五年发展规划（2011—2015）》则只字未提"社会工作"，更谈不上所谓联动机制。《中共中央办公厅 国务院办公厅关于健全新时代志愿服务体系的意见》（2024）指出，健全全面参与的志愿服务动员体系，健全精准高效的志愿服务供给体系，健全充满活力的志愿服务队伍组织体系，健全覆盖广泛的志愿服务阵地体系，健全坚实有力的志愿服务支持保障体系。也就是说，志愿服务事业的指导机构及其负责人至少还未一致性地认识到建立社会工作人才与志愿者队伍联动机制的意义、价值或必要性，如果不是从根本上持否定态度的话。关于联动机制的建立或多或少还是社会工作人才领导机构的"一厢情愿"，抑或是"先见之明"。

从上面的文本解读可以看出，利用志愿者人力资源壮大社会工作人才队伍仅是国家社会工作主管部门的一种粗略设想，而非精心设计之政策。此外，无论是《社工意见》还是《社工规划》都没有预设社会工作人才队伍只能通过与志愿者联动才能发展。也就是说，只有部分社会工作人才是要通过与志愿者的联动才能得到发展的。但究竟是哪些类型的社会工作人才队伍需要通过联动机制建设才能建立起来，还无法从文本中找到答案。可以肯定的是，社会工作者开展工作时并不总是需要志愿者，志愿者提供服务时也并不总是需要社会工作者的引领。

二、地方政策

从地方试验中获取制定政策和法规的经验与启示是改革开放以来我国政府制定政策前通用的惯例，处于改革开放前沿的深圳也在社会工作者与志愿者联动服务机制建设方面率先进行了有效的探索，其所形成的相关文件不仅影响了其他地方政府的相关文件制定，也给中央政府制定相关的政策提供了重要参考，并对中国特色的社会工作者与志愿服务联动机制形成产生过重要影响。在实践与政策制定的过程中，各地虽然与深圳的经验有所区别，但总体上保持了相当的承继性。基于此，本文先追根溯源到深圳"1+7"文件，十多年以来，各地也制订了许多有关社会工作者与志愿服务的联动机制方案，但是总体而言，深圳的"社工＋义工"模式仍然得到了继承和发扬，以2024年宁夏回族自治区党委社会工作部印发《志愿服务助力乡村全面振兴方案》为例，实施六项志愿服务行动中明确提出了创新"志愿服务＋社工服务"的服务模式。

国家层面的政策并非就如何建立社会工作人才与志愿者队伍联动机制作出具体的说明和安排。解读地方的相关政策文件就成为一种必要的补充。这里以有关政策规范制定较为完善的深圳为例，分析有关联动机制建设的制度安排。

2007年深圳市委、市政府在出台《关于加强社会工作人才队伍建设 推进社会工作发展的意见》（以下简称《深社工意见》）后，又陆续出台了7个附加文件，合在一起就是著名的"1+7"文件。深圳的"1+7"文件，较成体系地设计了社会工作人才队伍的建设蓝图，内容涉及领导管理体制、建设目标、队伍组建模式、岗位设置、财政支持、薪酬待遇、教育培训、职业评价、民间组织等各方面。其中，《深圳市"社工、义工"联动工作实施方案（试行）》（以下简称《深联动方案》）专门涉及"社工＋义工"联动机制的建立。在这个附加文件中，深圳市明确提出要利用其已有一定基础的市、区、街道、社区四级义工服务网络来推动社会工作发展。主要的举措有五条：一是在市、区两级建立由社会工作主管部门、共青团牵头，相关的社会工作服务机构和义工组织等参加的"社工、义工"联动工作联席会议制度，定期召开联席会议，共同统筹、协调"社工、义工"联动工作；二是要求社会工作事务所根据项目需要向四级义工机构申请义工服务，义工组织则应尽可能提供义工，而且当义工组织无法提供所需义工时，社会工作机构应该以市或区义工联的团体会员单位的名义面向社会招募新义工，并负责义工的日常管理、专业培训、指导、使用和服务保障；三是以政府购买社会工作服务的方式①在市、区义工联内分别适当设置一定数量的社工岗位，负责义工的组织、管理、培训、监督工作等；四

---

① 目前，深圳市政府购买社工服务的资金主要来源于福彩基金，尚未能列入财政预算，因此，资金来源欠稳定。参见徐道稳.我国社会工作发展模式研究：以深圳、长沙试点区调查为基础［J］.华南理工大学学报（社会科学版），2010（1）.

是将义工培训纳入社会工作教育、培训规划，对义工（尤其是义工骨干）有计划、分层次、多形式地开展社会工作专业知识与技能培训，提升义工服务的专业化水平；五是鼓励优秀义工参加社会工作职业水平考试，获得专业社工资格的可优先录用为专职社工。从文件规定的上述内容看，制度设计者意图利用社会工作在政府购买岗位和服务项目方面的优势吸纳志愿者参与服务以及在义工组织中"植入"社会工作者，从而形成"社工引领义工服务、义工协助社工服务"的运行机制。在这样的运行机制中，义工（志愿者）明显处于某种被动状态。

尽管在时间上要早于国家层面的政策制定，深圳市关于"社工、义工"联动机制的制度设计却更为具体和精致，其设计思路也表现出更强烈的建构主义和"社工中心"色彩。社工—义工关系是一种在社工事业和义工事业整合发展的过程中有待建构的主从关系。从实施的角度看，"社工、义工"联动机制要取得整合发展效果，就需要满足三个方面的先决条件：一是政府开发足够的社工岗位，二是政府购买足够的社工服务项目，三是社工服务项目需要大量志愿者作为人力资源。没有足够的社工岗位，社工服务项目无论从数量还是从领域看都将是有限的；而即便社工数量足够但却没有足够的社工服务项目，社工队伍自然建立不起来，整体上"引领"数量庞大的志愿者队伍也就谈不上；但如果大量的社工服务项目都不需要义工，那么社工、义工整合发展就不可能。在这个意义上，"社工、义工"联动机制的建立有赖于二者在服务类型上有足够的交叉、在服务量上有足够的互补需要。而这种内在的逻辑需求又会反过来制约双方的发展。由于坚持"两工联动"的建设方向，政府会在岗位设置和项目设计时偏重支持社工和义工能够合作互补的服务领域，从而忽视或排挤那些可以甚至应该单独开展服务的领域，从而既制约社工的专业化进程，又限制志愿服务的功能分化。

根据《深圳市社会工作专业岗位设置方案（试行）》（以下简称《深社工岗位方案》）规定，社工岗位有两个来源：一是党政机关、人民团体、事业单位及社区工作站内在岗提升转换的和空编招录的编制内社工，① 二是通过政府购买的方式由社会公益性民间组织派驻学校、医院、社区、义工组织的非编制内社工。通过规定"不新增行政、事业编制和社区工作站专职工作人员员额的原则"②，深圳的"社工、义工"联动机制建设还谋求形成"政府主导推动、民间组织运作"的社会工作运行格局（《深社工意见》）。也就是说，"社会公益性民间组织是社会工作人才发挥作用的主要平台"，"是吸纳社会工作人才的主要载体，"而所谓"社会公益性民间组织主要是为社会大众或社会弱势群体的利益服务的民间组织"，"最贴近社会工作的目的和任务"（《深圳市发挥民间组织在社会工作中作用的实施方案（试行）》）。综合深圳"1+7"文件，可以判断，制度设计者应该已经预见到非编制内社工将是深圳社工的主要组成部分，且由于深圳"公益性的民间组织发展相对缓慢"，存在着总量不足，结构不合理，发展不平衡的问题，因此，非编制内社工岗位开发不会有预想的那么多。由此可以推断，制度设计者也应该是预见到了"社工、义工"联动机制建设中的"社工偏向"的，而不是平等合作、共同发展，因为数量不足的社工实在难以引领整个义工队伍的发展。

第二节　实践案例及联动分析

从"两工联动""三社联动""四社联动"到"五社联动"的参与要素是从社工、义工（"两工"）—社区、社会组织、社会工作者（"三社"）—社区、社会组织、社会工作者、志愿者（"四社"）—社区、社会组织、社

---

① 编制内社工数量增加并非易事，因为涉及体制内部门间利益之争。事实上，在岗转化的社工确实非常之少。

② 这一原则开启的先例在各地实践中被广泛仿效，不管其设计者出于何种考虑以及有着怎样的现实合理性，它对中国社会工作岗位开发的影响毋宁说将是负面的。

会工作者、志愿者、社会慈善资源（"五社"）的一个变化过程，实践主体一直围绕社会工作者这一身份属性的社会人进行。因此，探讨"两工联动"到"五社联动"的联动机制重点从讨论社会工作者与志愿者的联动着手显得尤为重要。社会工作者与志愿者联动，简单地说，是指个体意义上的或者集体意义上的社会工作者和志愿者在行动中建立的某种临时的或长久的合作关系。如果这种合作关系呈现出稳定和长久的特征，则可以是社会工作者与志愿者之间形成了某种联动机制。而这里所谓的合作关系是指联动过程中双方至少在一定程度上是互惠的（共赢的），而不是仅利于某一方，但也不要求双方的收益是绝对相等的。需要指出的是，社会工作者与志愿者是互为环境的，但也都不是对方环境的全部，这意味着，任何一方的发展（改变）都只能影响而不是决定另一方的变化，双方并不是对方唯一的合作伙伴。

社区社会组织是由社区居民和驻区单位为主发起成立，在城乡社区开展为民服务、公益慈善、邻里互助、文体娱乐和农村生产技术服务等活动的社会组织。近年来，各地民政部门积极引导社区社会组织在提供社区服务等方面发挥积极作用。2021年以来，各级民政部门积极开展社会组织"邻里守望"关爱行动，超过9万家包括社区社会组织在内的社会组织开展各类社区服务活动26.3万项，服务受益群众9336万人，积极为社区内残疾人、空巢老人、困难职工、失独母亲、困境儿童等困难群体提供亲情陪伴、生活照料、心理疏导、法律援助、社会融入等各类关爱服务。同时，各地社区社会组织主动参与社区环境、治安、物业、文化、养老、托育、疫情防控等群众身边事，打造群众触手可得的便捷服务。截至2022年底，各地社区社会组织超过175万个。①

今天，"流动"已成为中国最为普遍的社会和人口现象，庞大而稳定的流动人口在为流入地的经济、社会和文化发展作出巨大贡献的同时，也

---

① 中华人民共和国中央人民政府. 我国社区社会组织超过175万个［EB/OL］.（2023-07-12）［2024-05-21］. https：//www.gov.cn/lianbo/bumen/202307/content_6891511.htm.

为流入地带来社会治理和公共服务的巨大挑战。第七次全国人口普查公报
（第七号）显示，截至2020年11月1日零时，我国流动人口为3.76亿，其
中跨省流动人口1.25亿，省内流动人口2.51亿。

一、北京协作者成长之路 [①]

（一）流动人口眼中的"社会融合"

冬日的下午，北京东四街道礼堂不时传出热烈的掌声，一群自信而活
泼的流动儿童正在通过情景剧的方式向观众发布他们眼中"流动人口'社
会融合'"的十个标准：

"因为不能参加高考，我会回到老家，但现在为了跟爸爸妈妈在一起
生活，我想留在北京。"

"在浩瀚的海洋里，有各种各样的鱼，有大有小，不会有大鱼吃小鱼，
它们和谐在一起相处。希望生活中也一样没有谁欺负谁，友好地相处在
一起。"

这是一场由"北京市协作者社会工作发展中心"（以下简称北京协作
者）举办的以"融合"为主题的新年联谊会，所发布的"社会融合"标准
正是协作者所承接的项目——"社会融合视角下的流动人口社会工作综合
服务暨标准行动研究"的重要内容之一。当天，来自民政部、市民政局、
社工委、妇联、团委、高校的领导和专家以及社区的新老市民们约300人
参与了这次活动，他们大都以个人身份来参加，许多还带来了自己的家人
和朋友，"感动""激奋""启发"成为他们最大的感言。

让流动人口自己发声、鼓励他们自我争取是北京协作者一直坚持的信
念。流动人口的"社会融合"应该首先倾听他们自己的声音。因此北京协
作者分别设计了针对儿童和成年人的活动方案，通过绘画、诗歌、表演、
摄影等方式，经过多次小组讨论，最后汇集成流动儿童和成年人眼中的十

---

① 此案例来自中共中央党校（国家行政学院）社会生态文明教研部社会治理教研室马福
云教授的课程讲义。

个"社会融合"标准，之后则通过新年联谊会的平台向社会发布，发布时让流动人口自己上台表演、分享故事，以期引起政府部门、社会主流人群对流动人口的关注和接纳。

（二）在为困境人群提供各类社会工作专业服务的过程中培育志愿者

2003年，以李涛为首的几个年轻人在北京东五环外的出租屋内创办了一家民间社会组织——"协作者"，由于找不到主管单位，只能在工商局注册为企业。这个在当时连自身生存都无法保障的草根组织，却选择了以中国社会转型期最为核心的流动人口为介入点，通过能力建设、社区发展、教育倡导等专业化的服务，帮助流动人口实现其自身能力的转变。半年后，李涛从《中国妇女报》正式辞职，全心投入北京协作者的事务中。

从最开始帮助农民工抗击非典，到帮助他们找工作与维权，再发展到对农民工新市民意识的培养和新老市民的相互融入，协作者与打工者们结下了长达十多年的友谊，也让这个组织不断笃定使命——"让每个生命都有尊严，让每个弱者都有力量"。协作者利用自己专业的社会工作方法，逐渐探索出一套服务流动人口和困境人群的"助人自助的农民工服务模式"。2007年和2008年，这一模式被复制到长三角、珠三角地区，分别建立了南京市协作者社区发展中心和珠海市协作者社会工作教育推广中心，2016年，这一模式又被复制到青岛。2019年，江西协作者建立。2020年，协作者学院成立。

2010年6月，北京协作者在北京市民政局正式注册为民办非企业单位，成为北京第一家由民政部门直接主管的民办社会工作专业机构。也正是在这一年，北京协作者开始介入政府购买服务的项目中，第一次作为协办单位参与了北京市政府"购买社会组织公益服务项目暨资源配置大会"，协助政府设计、实施、评估购买公益服务的各项工作，并开始与更多的社区、政府部门、高校和民间组织合作，逐渐建立了政府、企业、基金会、高校在内的多元化战略伙伴关系。

截至2019年，北京协作者已为至少60万名困境人群提供了各类社会工作专业服务，并在服务过程中培育了3000多名志愿者，为全国8000多名社会组织负责人、社会工作者和志愿者提供了专业支持，受益人群包括困境儿童及其家庭、孤寡老人、流动人口，还有草根组织、基层社会工作者和志愿者等。此外，协作者还培育孵化了诸如"东城区社会工作联合会"等几十家社会组织。目前，北京协作者已成长为北京市5A级社会组织。

作为一个存续长达17年的民间组织，协作者一直注重培养服务对象自我表达、主动融入和自我发展的能力，也会在提供服务的过程中主动积极地培育发展志愿者。比如鼓励部分接触的流动人口以图片、诗歌、演讲和戏剧等方式表达自己的需求和梦想，并培育他们为志愿者一同影响身边的群体去与城市居民交流。2007年曾组织了由农民工原创自编自演的大型民众戏剧《一个民工的美丽期待》，这些人员里有他们一开始提供服务的对象，也有后来发展成志愿者为他人提供服务的人员。他们在全国巡回演出，多次举办农民工与政府"面对面"的研讨与交流活动。协作者始终认为农民工是有创造能力的，他们鼓励那些"没有文化"的人拿起笔来，鼓励那些"不会说话"的人走上主席台，鼓励他们与大学生和白领们一起活动……参与服务的许多人从最初的无助、抱怨，甚至是怨恨，开始转变成充满热忱的、直面生活的人。

（三）从受助者到助人者的转变

如何帮助农民工更好地了解、适应并融入城市生活，协作者的许多培训项目与活动都围绕"城市生活能力"而展开。许多农民工都被协作者强大的"黏合力"所吸引，他们感到了安全、信任、自信和乐观。

1. 社会工作者的成长之路

海英，协作者的中级社会工作师。17岁外出打工，做过流水线女工、家政工作，遇到过收容遣送、住院没钱被医院赶、找工作被人骗……后来通过报纸，了解到了李涛，成为李涛的工作对象，并在2004年2月通过面试成为协作者的工作人员。刚开始在协作者工作的时候，海英没有任何技术和方法，凭的就是一腔热情，不知道 NGO 是什么，就去问别人，自己明白了再跟打工朋友们讲；了解到打工者需要学英语，就去找一些退休老教师来讲英语；把一些维权类的新闻编成小品和歌曲，演给打工朋友们看……在慢慢的学习和服务中，她的能力和见识都有所增长。2008年海英顺利通过社会工作职业资格考试，成为一名初级社会工作师，2010年成为中级社会工作师。2009年，海英通过自考获得了大专文凭。许多打工朋友都说英语很重要，海英就去学英语，拿到了外交学院的成考大专英语文凭，2014年又拿到北外英语专业的学士学位。但是海英觉得还是不够，"我现在的梦想就是给李涛老师当翻译！有人来参观的时候，我来给他们介绍。你看，我是一个农民工出来的人，我又能给他们介绍我们的工作，这多荣耀！"

2. 在志愿服务中实现助人与自助

为了证明农民工也是有能力、有梦想的人，2010年8月，珠海协作者、北京协作者和伟创力基金共同启动了"农民工企业社会工作向日葵成长计划"。在企业里选择了11名农民工，计划在不脱产的情况下，1年内将他们培育成为具有基本社会工作服务理念与方法的企业社会工作志愿者，在助人自助中实现自我价值与社会价值。这11位打工者白天上班，晚上学习，利用业余时间开展专业实践活动。1年内他们共开展了28次以环保、交友、文艺等为主题的系列活动，其中既有开放式的社区性活动，又有持续封闭式的小组活动，服务了1013人次，带动工友参与志愿服务，累计志愿服务时间3501分钟。1年后，有两位工人通过了社会工作职业资格水平考试，第二年又通过了一个。通过他们的活动，更发展了16名农民工成长为志愿者。

十几年来，协作者帮助许多农民工实现了从受助者向助人者的蜕变，也转变了一些人对社会组织从业人员和社会工作专业人员构成的认识。

（四）链接政府资源

自成立伊始，协作者即寻求链接政府部门的资源。特别是2010年正式注册以来，承接了来自民政、妇联、共青团的各类购买服务项目，介入到各类不同层级政府所主导的社会服务，甚至经常参与政府的一些意见征求会并深入政府内部的干部培训。在外界人看来，协作者与政府的关系是比较融洽的，但在协作者自己看来，链接政府资源依然是最具挑战性的问题。

1. "盖章"之苦

以某一项目为例，××项目在发布招标通知时，曾明确要求地方民政资金"一比一"配套，且要求社会组织在提交申请时必须将配套资金承诺书交给当地民政局并由当地民政局盖章后一同上交。这个配套承诺让协作者有些为难。首先是地方民政局对口部门不给盖章，因为盖章即承诺给钱；后来通过各种关系找到社团办，对方答应盖章但却发现程序不对，因为招标通知是由社工司发文的，市社团办并未接到通知，没有资格去盖这个章。李涛一直不解："配套应该是政府内部协商的问题，怎么能让一个社会组织去协调呢？"后来在申请"三社联动"项目时，又遇到了盖章的问题。民政局要求申报书必须由街道和区民政局分别盖章，而街道和区民政局每次盖章都要研究、请示，这使得盖章的过程极其漫长而困难。协作者的工作人员跑了好几次，一次次地在办公室等，却经常无果而归。

2. "计划"与"变化"

作为一个专业的社会组织，北京协作者在项目管理、活动设计方面都要求有详细的计划，开展活动前首先要调研，然后根据服务对象的需求去设计活动，有时会具体到需要几张纸、什么样的笔、桌椅该怎么摆、签到会出现什么问题等。但是这种工作方法有时却很难满足政府的要求。比如一个任务下来之后，协作者往往希望能按计划进行，做好分工后，循序推进，但得到的答复却经常是"再说吧"，有时则会根据上级要求变化项目内容。在沟通方面，协作者经常使用邮件，一个重要的原因是成本比较低，但对方则不习惯回复邮件，打电话可以说几句，最喜欢的则是当面沟通，而且经常是下午要开会了，上午才通知。李涛感叹："我们总是追在人家屁股后面。"而在政府看来，这却再正常不过了，因为政府的事务性工作太多了，不可能计划得那么准。

3. 协作者——社会组织在协同治理中的优劣势分析

2015年，北京市民政局将原有编制35人的正处级事业单位——"北京市社会组织发展服务中心"以公开招投标的方式，将服务整体捆绑打包，签约给有资质、有能力的支持性社会组织进行社会化运营，协作者在竞标中获得承运资格。作为市级社会组织发展支持平台，北京市社会组织发展服务中心提供"一站式综合服务""创业支持""资源配置""信息支撑""党建指导""服务国际交往交流"等六大类服务，并承接市社团办转移的政策咨询、年检辅导、引荐登记注册等事务性服务职能，开启了北京乃至全国社会组织创新管理之路。北京市民政局将第6层办公楼整体改造成中心的办公服务场所，协作者组建专业管理团队进驻，市社团办委派专人，对运营方的服务质量和服务内容进行全程监管与考核，双方不定时召开协调会，每周有周报，发展到后来每天有日报，以确保各项服务的质量。

中心运营以来，打造了"资源配置大集""助力伙伴计划""服务资源联合体""公益导师计划"和"公益拍"等五大品牌活动，牵引和带动了全市社会组织扶持服务体系建设，以"互联网＋资源配置的方式"搭建了全新的社会组织资源配置平台。2017年7月—2018年7月，中心为社会组织提供各类咨询辅导9779次，涵盖登记注册、法律财务、登记评估等事项；提供场地支持187场次，10954人次直接受益；一些品牌服务项目被成功复制到东城区、昌平区等地。2020年在新冠疫情中，协作者开展3075次咨询辅导，138次专业培训活动，为17个项目开展监测评估，为其他社会组织对接资源102次，其中成功对接77次。

市社团办认为，这次合作是两种体制机制的磨合。从政府来说，他们第一次真正近距离地观察到了社会组织鲜活的生命力，由于办公地点接近，更由于这次合作的开创意义，社团办经常不定时来中心走动，随时指导并监督各类服务活动。而在协作者看来，这次合作还是一次重大的挑战，从人才支撑到管理能力上都存在许多不足，压力重重，可谓"满负荷运转"。合作的开创性也使协作者在"社会组织圈"内面临一些非议，有人甚至戏称"你们是不是要当二政府？"

这次政府与协作者的合作与李涛提及的"政社合作"链接政府资源不同，社团办坚持认为这次合作属于政府转移职能。中心应该是政府主导下的社会化运营，协作者是乙方，需要按照甲方设定的内容进行规范运营，不应有过多的选择空间，因为这牵涉到政府问责和顶层设计。他们认为中心是两种不同平台的嫁接，政府赋权给社会组织特殊的服务权利，形成一种不同于购买服务的、创新性的服务模式。但李涛则更倾向于认为是一种契约关系，他有些困惑于政府行政主导力量与社会组织动员参与力量之间的摩擦。

尽管有挑战有困惑，李涛依然认为，"这次合作的意义是历史否定不了的，不管结果和最终价值大小"。社团办也认为"我们正在探索怎么去共同治理，这个过程就像两口子一样，有碰撞，但我们都是善良的、认真的"。

在如何处理与政府之间的关系上，李涛提到了两个重要的词——"接纳"与"独立"。当遇到与政府观点和做事方式不同的时候，他觉得从专业社会工作的角度来看，一定要全心全意地去接纳和理解。但另一方，他也觉得不能走得太近，因为走得太近了可能会影响自己的独立性。"合作可以把事情做得更好，但是不合作你也要想办法把事情做好；有资助可以把服务做得更好，但没有资助你也要想办法把服务做下去。"

经过20年的发展，协作者队伍中的社会工作者和志愿者队伍都得到了不断的壮大，并拥有近百名专家构成的志愿者顾问。这些志愿者有的仅能做一些力所能及的事情，在他们能力范围内的事情他们还是很愿意去做的；也有的志愿者是专业志愿者，他们甚至可以指导社会工作者开展工作，但社会工作者与志愿者在具体工作中的区别还是很大的。让志愿者去组织一个活动，可能很快能组织好，但活动的核心环节，人与人的关系是要用专业的知识去处理的，不能只看表面的工作，还要关注在活动中深层次的人与人互动中如何去发展人的能力的问题。这个是社会工作者不能被志愿者或其他人、其他组织所替代的一个原因。从上面的案例也可以看出，协作者这一社会组织在做项目时会有一套完整的体系，这套体系在具体执行中就需要社会工作者通过专业的技巧去开展。但是当面对很大的服务群体时，他们就会采用吸引志愿者的方式和培育志愿者的方式开展活动，吸引的志愿者多是有专业能力（如教师、医生等有专业技能）又愿意参加志愿服务的人员。而培育的志愿者则多为在发起活动时愿意来主动帮忙的热心人，他们可能没有一技之长，但是愿意主动帮助别人，对于此类人群要做一些培训，如关于活动中对志愿者的具体要求、服务态度、项目理念、应该注意的问题等。

从上述案例可以看出社会组织在发展中还有很多的困难需要克服。受地方权威的政治环境的影响，社会力量的基层社会治理参与常常"仅止于在确保政治忠诚的前提下进行的服务购买"[①]，社会组织缺少对基层社会公共事务的共同决策参与和对国家资源与权力的分配参与。在此情况下，社会力量更多地承担的是公共政策的执行者，政府政策制定和评估的重要参与者，是协调国家和个人关系的中介，政府与社会在联动机制中的合作更多地体现为磨合中相互嵌入。换句话说，政府借助社会力量实现职能转变和治理能力提升，并在社会组织提供服务的过程中，为其规范化发展提供制度保障；社会组织也主动寻求嵌入国家，获得资源及制度支持，发挥专业优势提升公共服务供给质量，而志愿者在此过程中起初是在做非专业的工作，在不断成长的过程中也会不断进行调整，有的发展为长期志愿者，有的依然凭借热情做事，有的则会成长为社会工作者，但不论是哪一种模式，他们都与社会工作者有着一种密不可分的或协同或合作的关系。当然，在合作的过程中，还是会有困难，社会组织也总结了自己的经验"接

---

① 程秀英，孙柏瑛. 社会资本视角下社区治理中的制度设计再思考［J］. 中国行政管理，2017（4）.

纳"与"独立"。当遇到与政府观点和做事方式不同的时候，从专业社会工作的角度来看，一定要全心全意地去接纳和理解，当志愿者不能很好地协同完成项目时也要学会"接纳"与"理解"。另外，还是要基于使命保证组织的独立性。"合作可以把事情做得更好，但是不合作你也要想办法把事情做好；有资助可以把服务做得更好，但没有资助你也要想办法把服务做下去。"这句话是亲历者的体悟，也道出了社会组织的社会担当。在目前中国实践的联动过程中，部分政府购买社会组织的项目中仍然离不开政府对联动过程中具体流程设计的优化，尤其在基层社会，更需要政府积极参与和主导联动主体秩序的构建，无论是在社会力量（包括社会组织，志愿者）的引入培养环节、对公共服务供给的监督考核环节，还是服务效果反馈激励环节，政府除了担负起授权、引导与监督责任，使联动机制运行更加流畅、更有效率，同时也要自觉约束自身行为，调整合作方式和界限，设计逐步退出的机制。[①]

第三节 反思与结论

一、政策设计与实施中存在的问题反思

任何政策都不会对全部行为主体产生一致的影响，但政策天然具有的鼓励性、诱导性、规范性、制约性等特征肯定会对整个事态的发展产生影响。从上面的政策分析可以看出，社会工作人才与志愿者队伍联动机制的建设更多的是服从于推动社会工作发展和人才队伍建设，志愿者队伍建设更多地被视为"工具"和"伴随物"。宏观政策设计是否合理，主要看它是否有坚实的微观基础。那么，社会工作人才与志愿者队伍联动机制的微观基础究竟怎样呢？为回答这一问题，我们需要分析宏观政策设计究竟会

---

① 敬乂嘉.合作治理：再造公共服务的逻辑［M］.天津：天津人民出版社，2009.

在微观实践上对社会工作者与志愿者联动机制的建构产生怎样的影响？

首先，与政策设计的内在逻辑相一致，社会工作者与志愿者之间的关系将被人为地定义为一种主从关系。尽管在各地的探索实践中形成了不同的模式，如上海市探索的是社工、义工"两工联动"机制，深圳市尝试的是"社工、义工联动机制"，广东佛山南海区推动的是"督导带社工、社工带义工"联动体系，但都认定社工是服务项目的策划、组织、实施的主导力量，义工则是参与、协助、配合力量。理由是：专业社会工作者虽然拥有专业知识、专业价值观与职业伦理规范，但存在专业人才数量相对较少，社会认知度不高等局限；而志愿服务虽然社会认同度和群众参与度较高，但志愿者的非职业性等原因导致服务效果和质量难以保证。显然，这种关系的界定并非基于完整的事实，而是一种政策导向的结果。社会工作者可以参与所有的志愿服务活动，但并不都必然承担主导者角色。志愿者的层次很多，志愿者组织的发育程度也不一致，志愿服务的内容也多种多样，社会工作者以专业工作者的身份介入并不都是必要的。

其次，与主从关系的政策定位相一致，社会工作者与志愿者的合作被限定在一些能够体现彼此间主从关系的项目和活动内。从社工与义工合作的结果看，项目及活动要么产生社会工作服务，要么产生志愿服务。如果是前者，则对社工的专业性有较高的要求，而志愿者则较顺其自然地居于协助地位提供人力资源；如果是后者，则社工被要求承担策划、组织、实施职能，而义工的定位则要视具体的服务类型及社工的能力而定。由于各地社会工作发展经费都还没有列入财政预算，社会筹资渠道还没有畅通，在经费总体非常有限的情况下，各地政府在经济理性支配下以购买服务形式支持的社工项目实际上多数是志愿服务项目。

再次，既然社会工作者介入志愿服务项目及活动成为社会工作者与志愿者联动机制发挥作用的主要形式，那么就要求社会工作者成为整个主导力量。考虑到目前的社会工作者虽然大多数接受过一定的专业训练但也普遍缺乏实践经验，加上社工事务所普遍面临的巨大生存压力，政策预期的社工与义工主从关系事实上很可能简约为职业与非职业的关系，而并不是专业与非专业的关系。也就是说，具体案例中社会工作者的主导能力更多地来源于其职位角色，而不是基于其在熟练地运用专业知识与技能过程中产生的权威或信服力。在此类案例中，社会工作者如何才能承担起培养、引领、督导志愿者的责任呢？志愿者又如何才能接受和服从社会工作者的领导呢？即便是社会工作者有能力管理志愿者，但志愿服务的性质属于非社会工作专业的其他专业服务，也就是说，当人力资源互补让位于专业优势的互补，社会工作者又如何以主导者的身份保证志愿服务的成效呢？

最后，社会工作人才与志愿者队伍联动机制的宏观政策设计需要微观上社会工作者与志愿者之间主从关系的不断生成和再生成，这就导致人们在联动机制的建立过程中过分聚焦于社工与志愿者之间的互动，而忘了社工介入志愿服务的真正目的是在于提升志愿服务的质量，在于确保"案主中心"的服务宗旨。但在现实环境中，社会工作者与志愿者之间主从关系的政策定位不仅会给社会工作者和志愿者带来困惑及疑虑，增加双方沟通与合作的难度，而且会导致服务对象被忽视。当然，这不是说社会工作者和志愿者不能联动，也不是说社会工作者与志愿者不能在特定条件下形成主导和被主导的关系。但要将所有社会工作者与志愿者的合作关系界定为主从关系，或将社工与义工联动关系的构建当作目的本身，则显然是错误的。

以上分析说明，有必要在解构社工与义工主从关系和恢复"案主中心"原则的基础上，重新建构社会工作者与志愿者联动机制的关系原则。鉴于我国社会工作与志愿服务事业以及社会工作者与志愿者的联动服务处于初级阶段的事实，合适的策略应该是以行动研究的"计划—行动—观察—反思"的循环进阶的方式处理任何联动服务项目。

二、社会工作者与志愿者联动服务的意义

（一）在项目设计和改进方面

社会工作者介入志愿服务的重要意义在于推进项目改进和发展，可以

说，现行的志愿服务多数缺乏有效的专业评估和跟进，而项目方案的及时调整以及项目的深入实施这两个环节的缺失使很多志愿服务项目难以长久生存。

首先，社会工作者通过前期调查进入社区、了解居民需求，通过参与式观察掌握现行志愿服务的运行状况。在介入前期社工作为观察者、调查者，而非志愿服务的直接提供者，相较于志愿者更能够使服务对象放下顾虑，表达自己的真实想法，同时使用专业方法评估服务对象的满意度和期望，发现现行服务模式的缺陷，从而能够为志愿服务方案的调整和改进提出建议。

其次，社会工作者在介入志愿服务时，除了"专业方法"外，其"职业性""专职性"也是一大优势。对志愿服务工作的介入已经成为社会工作的一个领域，专职社工能够对志愿服务项目进行及时的跟进和评估，相较于政府和社区，社工能够在挖掘资源、组织推进志愿服务方面承担更多的工作，并且促进项目运行模式的建立。

最后，社工在介入志愿服务时，并不把志愿服务同社区服务相分离，而是系统地将其视为一个整体，并有效地将二者连接起来。在发现社区现行服务模式的问题后，抛弃已有的服务而重新组建一支新的服务团队、一种新的服务内容，生硬且难以被服务对象接受。尤其是在为弱势人群开展的志愿服务中，服务对象往往更倾向于信任社区内的服务群体以及自身了解的资源。从资源配置上来讲，充分调动社区本身的资源才能够促进志愿服务项目的长久发展。所以，在介入初期，社工更注重在现有志愿服务模式的基础上进行改进和调整，从而推动志愿服务质量的提升，同时不断充实志愿者，链接多方服务资源，倡导社区志愿者的参与，促使志愿服务向社区志愿服务发展。

（二）在调动和整合资源方面

志愿服务离不开相关资源的动员和整合。社工在介入志愿服务的过程中，重视资源的有效利用，重视社区外资源与社区内资源的链接。

社会工作者致力于联络并协调多方资源融入一个志愿服务项目中，希望以此为服务人群建立多方支持网络。同时注重服务对象融入社会生活的需求和社会参与期望，通过方案改进增强志愿服务项目中弱势人群参与的环节，有效地应对了知识传播类志愿服务项目"枯燥""参与性低"等问题。

社工在志愿者小组内部积极运用专业技巧促进沟通与合作，倡导主体的参与性，发现志愿者的优势并促进其发挥效用。对志愿者而言，其优势的发挥、建议的表述、感受的回应不仅能够给志愿者本身带来被尊重、被重视的感觉，使其感受到志愿服务带给自身的精神收益；对社会工作者而言，这些方面作为信息资源，是对项目运行的有效反馈。

（三）在为服务对象"增权"方面

就为弱势人群提供志愿服务而言，"增权"首先是一种唤醒"权利意识"的过程。很多服务对象表示不知道自己有什么需求，探究原因是他们不知道能够被提供什么样的服务。针对弱势人群开展的志愿服务是对体制内公共服务的补充，能够有效地拓展服务的内容和群体。社工通过介入志愿服务，加强志愿服务的多方宣传，可以使弱势人群开始意识到自己某些方面的权利。

其次，"增权"实际上是一种提供资源、拓展信息渠道、建立支持网络、促进社会参与的过程。在这个过程中，社工有意识地从弱势人群中招募志愿者参与到服务项目中，不仅为弱势人群提供了社会参与的新途径，更提升了他们的自服务能力；另外，社工通过介入将服务对象的特征、需求信息反馈给志愿者，同志愿者共同分析服务对象的特征，讨论如何针对服务群体特点而开展志愿活动，这不仅强化了服务对象的社会环境及支持网络，还能够促进志愿者反思其服务与沟通方式并不断进行改进，这对志愿者来说也是一种"增权"。

（四）在社工自身发展方面

从社区治理的实践与政策演变中，可以看出社会工作者和志愿者是贯穿始终的两个重要参与主体。挖掘这两种"非政府"力量的主体的潜能，对于实现社区的协同治理具有重要的意义。

社工介入志愿服务实际上也给社工服务创造了一个新的平台，社工由于其本身的限制，在很多方面无法直接为弱势人群提供服务，而通过介入志愿者的服务，不仅能够有效地提升志愿服务的质量，增强志愿服务项目的传播效益，还可以依此继续深入社区，发现社区需求，拓展工作领域和内容，提供更加细致、多元化的服务。

此外，社会工作者介入志愿服务也为社工提升自己的专业服务能力提供了大好机遇。社会工作在我国还是新鲜事物，社会工作机构不仅年轻而且数量依然偏少，社会工作教育者本身的实务能力和理论水平都较欠缺，这导致我国绝大多数的实务社会工作者缺乏实战经验且不具备独立开展专业社会工作的技能。因此，针对尚属稚嫩的中国社会工作者，通过社工介入志愿服务并用行动研究方法指导自己开展工作的举措，对于帮助社会工作者了解社会现实、了解服务对象的特点、了解资源的分布状况与局限具有重大的意义。

参 考 文 献

期刊类

［1］许宝君，陈伟东．"三社联动"到"五社联动"的转换逻辑及实现路径［J］．浙江社会科学，2023（9）．

［2］张晨，王霏．社会组织如何助力"五社联动"破解动迁社区治理困境？——来自S市G区B社区的个案［J］．新视野，2023（5）．

［3］唐咏．中国增权理论研究述评［J］．社会科学家，2009（1）．

［4］任敏，罗雨笛，吕江蕊．社区老年服务中心重开记：社工通过多元需求平衡促进"五社联动"的实践行动［J］．中国社会工作，2023（15）．

［5］胡鹏辉，任敏，严艺文．重建熟悉关系："五社联动"中专业社工参与乡村治理何以可为——基于Q县H村项目实践案例的探究［J］．学习与实践，2023（5）．

［6］何楠．增权理论与老年社会工作实务［J］．法制与社会，2010（2）．

［7］王秀玲，陈承新，林海．美国、加拿大和瑞典的社会工作［J］．国外社会科学，2008（6）．

［8］童敏．社会工作的专业地位、基本策略以及与志愿服务的关系：历史回顾与反思［J］．华东理工大学学报（社会科学版），2011（2）．

［9］郭伟和．"五社联动"：政府购买服务从"竞标"转向"授权"的

实际行动［J］.中国社会工作，2022（33）.

［10］姚韦伟."五社联动"机制下社区志愿服务创新发展的思考［J］.中国民政，2022（22）.

［11］魏晨.中国式慈善现代化视角下的"五社联动"［J］.中国社会工作，2023（4）.

［12］张网成."五社联动"助力新时代志愿服务融合创新发展［J］.中国社会工作，2023（7）.

［13］高天琼.论高校青年志愿者服务活动［J］.襄樊学院学报，2006（6）.

［14］徐家良，成丽姣."服务激活社会"：五社联动驱动社会建设的运行模式［J］.治理研究，2023（2）.

［15］原珂，赵建玲."五社"联动助力基层社会治理共同体建设［J］.河南社会科学，2022（4）.

［16］向德平，罗珍珍."五社联动"的运行机制和发展路径［J］.中国民政，2021（17）.

［17］赵东海，魏霞."五社联动"参与城市多民族互嵌社区治理：框架选择、实施路径与逻辑创新［J］.北华大学学报（社会科学版），2021（4）.

［18］张广济.中外志愿服务比较［J］.浙江工贸职业技术学院学报，2003（Z1）.

［19］王义.社区治理中"四社融合"的生成逻辑、现实困境与路径探索［J］.中共济南市委党校学报，2022（4）.

［20］林竹，傅艺娜.关于社会工作理念介入大学生志愿服务的思考［J］.青少年研究（山东省团校学报），2009（3）.

［21］串红丽，熊剑，魏承帅.我国新型社区养老中的人员支持体系架构：实现"社工＋志愿者"联动［J］.学理论，2010（19）.

［22］王思斌.试论我国社会工作的本土化［J］.浙江学刊，2001

（2）．

［23］李素菊.志愿服务与社会工作专业发展［J］.北京青年政治学院学报，2008，17（4）．

［24］孙璐."四社联动"治理机制的解题意蕴与实践逻辑［J］.广西社会科学，2021（4）．

［25］同春芬，李仕佳."村改居"社区合作治理研究：以青岛市 L 区 J 街道"四社联动"实践为例［J］.山东行政学院学报，2020（6）．

［26］孙剑宏.推动"社工＋志愿者"亚运志愿服务新模式：对社工介入亚运志愿服务的思考［J］.广东青年干部学院学报，2009（2）．

［27］青民.青岛市：以"四社联动"机制创新基层社区治理［J］.中国民政，2019（13）．

［28］田志梅.社会治理背景下城市社区"四社联动"机制研究（下）［J］.中国社会工作，2017（7）．

［29］李迎生.我国社会工作职业化的推进策略［J］.社会科学研究，2008（5）．

［30］赵记辉.社会工作如何参与社会治理［J］.中国党政干部论坛，2016（10）．

［31］田志梅.建立"四社联动"机制，推进基层社会治理创新［J］.中国民政，2015（23）．

［32］曹传柳，唐念东.实施"四社"联动，提升社区治理服务水平［J］.中国民政，2015（6）．

［33］张继军，吕慧.嵌入或内生：城市社区意愿共同体的构建及反思：基于"三社联动"模式的比较分析［J］.行政科学论坛，2022（12）．

［34］贺芳芳，谢树青."三社联动"视角下的农村社区社会组织培育优化策略［J］.农业经济，2022（10）．

［35］彭建军，谭静.基于多案例比较的"三社联动"社区韧性分析与优化［J］.南华大学学报（社会科学版），2022（2）．

［36］杨洪芹.社区增能："三社联动"模式下的社区居民自治：基于广州市 J 街的个案研究［J］.山西大同大学学报（社会科学版），2022（1）.

［37］田舒."三社联动"中的政府介入：形式、原因与限制［J］.安徽行政学院学报，2021（6）.

［38］陆杰华，吕智浩.北京市社区为老服务的现状、问题和政策建议［J］.北京观察，2007（5）.

［39］张子曦.探索新颖的研究视角：基于社会工作本土化的文献综述［J］.社会工作（理论），2010（1）.

［40］韩兴娟.社区法律服务模式选择的思考［J］.中国司法，2008（4）.

［41］姜鹤，汪新建.城市化过程中过渡型社区的长效治理："三社联动"的视角［J］.城市观察，2021（3）.

［42］李颖奕.居家养老服务使用观念与行为及社会工作的介入空间：基于广州市 D 区的研究［J］.中南民族大学学报（人文社会科学版），2010（3）.

［43］孙唐水.社会工作在老年照料与服务中的作用［J］.南京人口管理干部学院学报，2004（3）.

［44］彭华民，陈学锋，高云霞.服务学习：青年志愿服务与大学教育整合模式研究［J］.中国青年研究，2009（4）.

［45］何楠.增权理论与老年社会工作实务［J］.法制与社会，2010（2）.

［46］安素霞.我国老龄化社会的现实选择：社区居家养老［J］.邢台学院学报，2010（3）.

［47］雷继元.人口老龄化背景下构建为老服务体系的探讨［J］.襄樊学院学报，2009（9）.

［48］徐道稳.我国社会工作发展模式研究：以深圳、长沙试点区调

查为基础〔J〕.华东理工大学学报（社会科学版），2010（1）.

〔49〕陈仙歌，何彬.社会工作在多元协同治理中做什么、怎么做：以重庆市江北区铁山坪街道唐桂社区"三社联动"实践为例〔J〕.中国社会工作，2021（10）.

〔50〕彭建军，谭静.基于多案例比较的"三社联动"社区韧性分析与优化〔J〕.南华大学学报（社会科学版），2022（2）.

〔51〕颜克高，唐婷.名实分离：城市社区"三社联动"的执行偏差：基于10个典型社区的多案例分析〔J〕.湖南大学学报（社会科学版），2021（2）.

〔52〕安建增.主观有限理性何以影响社区治理创新："三社联动"机制建设的内在尺度〔J〕.青海社会科学，2021（2）.

书籍类

〔1〕王思斌.社会工作概论〔M〕.北京：高等教育出版社，1999（2005年重印）.

〔2〕张网成.中国公民志愿行为研究（2011）：现状、特点及政策启示〔M〕.北京：知识产权出版社，2011.

〔3〕谭建光，李森.中国和志愿者服务指南〔M〕.广州：广东人民出版社，2007.

〔4〕布拉默.助人关系：过程与技能（第8版）〔M〕.张敏等，译.北京：高等教育出版社，2009.

〔5〕何雪松.社会工作理论〔M〕.上海：上海人民出版社，2007.

〔6〕安国启.志愿行动在中国：中国青年志愿者行动研究〔M〕.北京：中央文献出版社，2002.

〔7〕马庆钰，马福云，李志明.当代中国社会建设〔M〕.北京：中国人民大学出版社，2021.

〔8〕何明宝.走向社工：专业社会工作实录〔M〕.上海：上海人民出

版社，2004.

［9］吴忠民.社会建设概论［M］.北京：中共中央党校出版社，2017.

［10］Jean Mcniff, Jack Whitehead.行动研究：原理与实作［M］.朱仲谋，译.台北：五南出版社，2004.

［11］向德平.社会工作与志愿服务关系研究［M］.北京：中国社会出版社，2011.

［12］全国社会工作者职业水平考试教材编写组.社会工作综合能力［M］.北京：中国社会出版社，2009.

［13］中国社会科学院社会发展战略研究院和中国志愿服务研究中心.志愿服务蓝皮书：中国志愿服务发展报告（2022—2023）［M］.北京：社会科学文献出版社，2024.

［14］National Association of Social Workers，Inc.，from Standards for the Classification of Social Work Practice.Policy Statement 4.p.5.

［15］GSCC：Rules and Regulation for the Diploma in Social Work（1994，document）.

论文类

［1］董建军.中国养老模式的社会化转型与社工介入［D］.济南：山东大学，2010.

［2］李金婷.五社联动机制下社会慈善资源的可持续性研究［D］.武汉：华中师范大学，2023.

［3］刘婷婷.公民社会视角下社会工作与志愿服务支持关系研究［D］.武汉：华中师范大学，2011.

［4］宋郑吉.协同治理视角下"三社联动"实践策略研究［D］.武汉：华中师范大学，2022.

［5］马康迪.城市社区"四社联动"居家养老服务模式研究［D］.北

京：中央财经大学，2022.

［6］郭家彤.“三社联动”背景下兰州市社工机构参与社区治理的问题与对策研究［D］.兰州：兰州大学，2023.

［7］刘皓文.“五社联动”嵌合式治理研究［D］.成都：中共四川省委党校，2023.

［8］田华.西安市“四社联动”实施困境及对策研究［D］.西安：西北大学，2018.

［9］李雨秋.“三社联动”模式下社会工作介入城市社区治理研究［D］.合肥：安徽大学，2018.

［10］张彩云.农村社区“四社联动”项目实施问题研究［D］.西安：陕西师范大学，2020.

网络类

［1］中华人民共和国中央人民政府.中共中央 国务院关于加强和完善城乡社区治理的意见［EB/OL］.（2017–06–12）［2024–06–30］.http：//www.gov.cn/zhengce/2017–06/12/content_5201910.htm.

［2］中华人民共和国民政部.2023年中央财政支持社会组织参与社会服务项目实施方案［EB/ OL］.（2023–05–12）［2024–07–30］.http：//xxgk.mca.gov.cn.

［3］中华人民共和国中央人民政府网.中共中央办公厅 国务院办公厅关于加强社区工作者队伍建设的意见［EB/OL］.（2024–04–10）［2024–07–21］.http：//www.gov.cn/zhengce/202404/content_6944456..htm.